Guido Happe (Hrsg.)

Innovationsfähigkeit sichern

Guido Happe (Hrsg.)

Innovationsfähigkeit sichern

Konzepte, Best-Practice-Beispiele,
Handlungsempfehlungen

GABLER

Bibliografische Information der Deutschen Nationalbibliothek
Die Deutsche Nationalbibliothek verzeichnet diese Publikation in der
Deutschen Nationalbibliografie; detaillierte bibliografische Daten sind im Internet über
<http://dnb.d-nb.de> abrufbar.

1. Auflage 2011

Alle Rechte vorbehalten
© Gabler Verlag | Springer Fachmedien Wiesbaden GmbH 2011

Lektorat: Ulrike M. Vetter

Gabler Verlag ist eine Marke von Springer Fachmedien.
Springer Fachmedien ist Teil der Fachverlagsgruppe Springer Science+Business Media..
www.gabler.de

Umschlaggestaltung: KünkelLopka Medienentwicklung, Heidelberg
Gedruckt auf säurefreiem und chlorfrei gebleichtem Papier
Printed in Germany

ISBN 978-3-8349-1733-1

Inhaltsverzeichnis

Einleitung

Guido Happe

Als Innovationen werden in diesem Buch materielle oder symbolische Artefakte bezeichnet, welche Beobachterinnen und Beobachter als neuartig wahrnehmen und als Verbesserung gegenüber dem Bestehenden erleben.

Es können sechs Typen von Innovation identifiziert und definiert werden:

■ Produktinnovation – Produktinnovationen sind neue oder verbesserte Produkte. Der primäre kaufentscheidende Faktor hier ist stets der Grund- und Zusatznutzen des jeweiligen Produktes.

■ Prozessinnovation – Diese Innovationen stellen Erneuerungen bei den Leistungsprozessen im jeweiligen Unternehmen dar. Prozessinnovationen sind beispielsweise die Erhöhung der Sicherheitsaspekte, Produktivitätssteigerung etc.

■ Marktmäßige Innovation – Bei diesem Typ von Innovation werden neue Absatz- und Beschaffungsmärkte erschlossen, wie z. B. neue Kunden- oder Lieferantengruppen, um dadurch einerseits Umsatz zu steigern und andererseits auch vorhandene Kosten zu senken sowie die Qualität der Produkte oder des Services zu verbessern.

■ Strukturelle Innovation – Strukturelle Innovationen sind beispielsweise Erneuerungen und neue Wege in der Arbeitsstruktur. Als Beispiele können genannt werden: Einführung neuer Arbeitszeitmodelle, neue Wege der Personalentwicklung, neue Vertriebsmodelle und Vertriebswege wie beispielsweise Franchising.

■ Cross-Industry Innovation – Hier werden Technologien, Wissen und Ressourcen aus verschiedenen Industrien in die Arbeitsprozesse des eigenen Unternehmens integriert, um querdenkend Kooperationen zu pflegen und neue Entwicklungen voranzutreiben. Ein Beispiel hierfür ist die Nutzung der technischen Entwicklungen aus der Raumfahrt für die Automobilindustrie.

■ Diskontinuierliche Innovation = Revolution – Dieser Typ von Innovation ist sicherlich der bedeutendste, da es hier der revolutionäre Gedanke zur kompletten Veränderung ist.

Die verschiedenen Typen von Innovationen machen schnell deutlich, dass unterschiedliche Voraussetzungen vorhanden sein müssen und das Management leichter oder schwieriger zu begeistern sein wird. Top Management und Mitarbeiter müssen mit unterschiedlicher Intensität, unternehmerischem Weitblick und Mut vorbereiten, präsentieren und entscheiden. Innovationen sind eher steuerbare Zufälle und benötigen realitätsnahes Querdenken.

Wie müssen sich Innovationen, die nicht nur vermeintliche Innovationen sind, darstellen?

■ Innovationen müssen klar formuliert umsatzsteigernd sein. Der reine Blick auf Kostenoptimierung und Prozessoptimierung reicht meist nicht aus.

■ Innovationen müssen etwas Neues schaffen, einen Sprung, einen Weitsprung oder einen Vorsprung (gegenüber der Konkurrenz).

■ Es muss durchdacht sein, welchen Einfluss „das Vorhaben" auf die Gesamtorganisation hat, haben könnte = Risikominimierung. Denn: Freigabe von Budgets, personelle Ressourcen und Umsetzung von Ideen sind stets „Entscheidung vor Erfahrung". Das heißt, machen Sie die „Entscheidung vor Erfahrung" lebbar.

■ Wenn Innovationen rein technisch hervorgehoben werden, reicht dies meist nicht aus. Im B2B-Bereich muss zudem eine Markenwirkung und Strahlkraft erzeugt, Unabdingbarkeit geschaffen werden (Customer Experience)

■ Das Innovationsteam muss sich zwar überzeugt und passioniert positionieren, aber ebenso deutlich machen, dass es in der Lage ist, sich und alle Ideen stets in Frage zu stellen, sowie frei von Politik und persönlichen Eitelkeiten ist.

■ Kostenoptimierung und -minimierung wird eher als Projekt angesehen. Die Erschließung neuer Märkte und Umsätze sowie die diskontinuierliche Innovation, also Revolution, sind keine Projekte in der Wahrnehmung. Innovationen finden mehr Gehör als Projekte.

Was müssen Mitarbeiter mitbringen, um das Top Management von Innovationen begeistern zu können?

1. Die Erkenntnisfähigkeit eines möglichen Scheiterns

2. Entscheidungsfähigkeit

3. Nachhaltigkeit und Verlässlichkeit

4. Kommunikationsstärke

5. Bedarfswecker und Bedarfsdecker sein

6. Realistische Selbsteinschätzung und eine Fähigkeit zur Selbstkritik

7. Anpassungsfähigkeit an ständig wechselnde Umgebungen

Was muss ein Unternehmen und dessen Top-Management kulturell und strukturell bieten und leben, um fähig zu sein, Innovationen zu sehen, zu spüren, zu verstehen und umzusetzen?

1. Phantasievoll muss es sein (Viele Top Manager bleiben beim Etablierten, weil sie sich das Neue gar nicht vorstellen können)

2. Gelebte Offenheit zu denken

3. Dasein des Schön- und Schlechtwetter-Kapitäns

4. Die Existenz von Freiräumen – Scheitern ist nicht nur erlaubt, sondern gewünscht, um zu lernen!

5. Die revolutionäre Leidenschaft für Veränderung und Neues

Die innovativsten Unternehmen zeichnen sich aus durch die sogenannte Customer Experience, durch die Fähigkeit, jeden Stein umzudrehen und dadurch erfolgreiche Produkte auf den Markt zu bringen.

Kulturell zeichnen sich die innovativsten Unternehmen dadurch aus, dass Mut zur Entscheidung vor Erfahrung in einem ausgeprägten Maße vorhanden ist. Dieser Mut führt zu professionellen Prozessen und starken Produkten.

Nur wenn sich Unternehmen in Frage stellen können, können sie sich weiterentwickeln.

Am Beispiel der drei weltweit innovativsten Unternehmen lassen sich grundlegende Muster erkennen.

Die Top drei sind gemäß Business Week und Boston Consulting Group: Apple, Google und General Electric. General Electric ist von den 100 größten Unternehmen weltweit, die 1917 in die Forbes Liste eingetragen waren, das einzige Unternehmen, das heute noch existiert.

Innovationsmuster, also die Kriterien, top zu sein und zu bleiben, sind:

■ Bei Apple die sogenannte Customer Experience, das Gespür für sexy Produktdesign, effektives Marketing und die Schaffung der Unabdingbarkeit der Produkte.

■ Bei Google die Produktvielfalt, die Schaffung der Customer Experience, Neues zu entdecken und verfügbar zu machen, die hohe Entscheidungsgeschwindigkeit und die auf permanente Veränderung aufgebaute Unternehmenskultur.

■ Bei General Electric die vorbildliche Prozessarbeit, neue Wege des Managements, der Führung und Effizienz. GE hat die Reputation, neue Produkte klar durchdacht zu haben und die Umsetzung durch interne Prozesse sicherzustellen.

Diese kurze Abhandlung zeigt die Komplexität der Notwendigkeiten an das Management und die Mitarbeiter, Innovationen nicht nur zu treiben, sondern vielmehr überhaupt für eine Innovationsfähigkeit zu sorgen. Best Practices sind ein kluges Mittel – Mut und Leidenschaft bleiben aber die entscheidenden Merkmale. Diese gilt es zu fördern und zu fordern.

Die Beiträge in diesem Buch zeigen, wie es gelingt, in den Themenfeldern

■ Organisationsmodelle

■ Management & Unternehmenskultur

■ Talent- und Personal-Management

■ Demografie-Management

■ Marken-Management

die Voraussetzungen für nachhaltige Innovationen zu schaffen und die Innovationsfähigkeit zu sichern. Experten aus renommierten Unternehmen stellen praxisbewährte innovative Tools, Instrumente und Strategien vor und bieten Ideensuchern eine Fülle von Anregungen.

Organisationsmodelle

1 Innovationsfähigkeit durch organisatorische Verankerung eines Fehlermanagements

Hans-Peter Kleitsch

Innovationen können in sehr unterschiedlichen Bereichen eines Unternehmens stattfinden. Dabei richtet sich der erste Gedanke natürlich auf das Kerngeschäft mit den Produkten eines Unternehmens. Historische Beispiele wie die Erfindung des Penizillins oder selbstklebender Notizzettel lassen Fehler als Innovationsfaktoren denkbar werden. Doch der Anteil an solchen zufälligen Innovationen in Unternehmen ist heute ausgesprochen gering. Innovationen bedürfen heute meist einer gezielten langjährigen Forschung und Entwicklung. Insbesondere im Bereich der Hochtechnologie haben Fehler als Ursache einer Innovation meist sehr wenig miteinander zu tun. Hier sind die Entwicklungs- und Produktionsprozesse so komplex, dass nur gezielte Planung Innovation vorantreiben kann. Doch eben diese komplexen Entwicklungs- und Produktionsprozesse mit den vor- und nachgelagerten Aufgabenketten innerhalb eines Unternehmens machen klar, wie stimmig Arbeitsschritte ineinander greifen müssen, um Innovation zu ermöglichen.

Wo Menschen arbeiten, werden immer auch Fehler gemacht. Fehler können in allen Prozessabschnitten auftreten und die Innovationsfähigkeit eines Unternehmens in Entwicklung, Produktion und angrenzenden Bereichen beeinträchtigen. Je stärker der Innovations- und Wettbewerbsdruck, desto relevanter werden Fehler als Faktor in der Wertschöpfungskette eines Unternehmens. Wenn Innovationskraft zu einem zentralen Wettbewerbsfaktor eines hochtechnologischen Marktes geworden ist, müssen die Voraussetzungen zunehmend durch adäquate Fehlerkultur und professionelles Fehlermanagement gewährleistet werden. Dies wird umso wichtiger, je stärker Innovationen der entscheidende strategische Gewinntreiber eines Unternehmens sind.

1.1 Die MTU Aero Engines

Moderne Triebwerke sind technologische Spitzenprodukte mit einer Laufzeit von 30 bis 50 Jahren. Damit sie insgesamt mehr als 100.000 Flugstunden im Einsatz bleiben können, müssen sie regelmäßig instand gehalten und mit Ersatzteilen versorgt werden. Der gesamte Lebensweg ist das Geschäftsfeld der MTU Aero Engines.

Mit ihren Vorgängerunternehmen prägt die MTU Aero Engines seit fast einem Jahrhundert die technischen Ideen, Produkte und die Instandhaltungsexpertise der Luftfahrt – von den ersten Flugmotoren bis zu den heutigen und künftigen Luftfahrtantrieben. Die MTU entwickelt, fertigt und betreut zivile und militärische Antriebe für Flugzeuge und Hubschrauber sowie Industriegasturbinen. Sie ist Deutschlands führender Triebwerks- und Ersatzteilhersteller und zählt in ihren Kerngeschäftsfeldern zu den bedeutendsten Anbietern weltweit.

Die drei Hauptgeschäftsfelder der MTU sind das zivile und militärische Triebwerksgeschäft sowie die zivile Instandhaltung. Mit ihren Produkten ist sie in allen Schub- und Leistungsklassen vertreten. Weltweit fliegt fast jedes dritte Verkehrsflugzeug mit MTU-Technologie an Bord. Vom Geschäftssitz in München werden das globale Netz der Tochterunternehmen, die Instandhaltungs-Aktivitäten sowie Forschung und Entwicklung gesteuert.

Das Geschäftsfeld der MTU mit technologischen Spitzenprodukten der Luftfahrt ist direkt mit Fragen der Sicherheit und der Innovationsfähigkeit verknüpft. Fehler können in einem solchen Geschäftsfeld katastrophale Folgen haben. Daher ist der Umgang mit Fehlern seit langem ein zentraler Teil des Kerngeschäfts der MTU. Innovationen verschaffen Wettbewerbsvorteile, die die Position des Unternehmens in Gegenwart und Zukunft sichern und ausbauen. Der enge Zusammenhang von Fehler- und Innovationsmanagement tritt im Geschäftsfeld der MTU besonders deutlich zutage.

1.2   Fehler - eine Frage der Perspektive

Ein Fehler ist heute gemäß ISO 9000 schlicht die „Nichterfüllung einer Anforderung". Jedoch ist letztlich die Fehlerbewertung abhängig vom zugeordneten Referenzrahmen, der sehr unterschiedlich sein kann.

In einigen Wissensbereichen wie der Mathematik oder Physik kann auf objektiv nachvollziehbare, feststehende Regeln zurückgriffen werden. Ein Verstoß gegen die Regeln ist objektiv nachvollziehbar und damit eindeutig als Fehler identifizierbar.

In sozialen Prozessen gibt es keine Regeln, die unabhängig von Zeit und Gruppe gelten, wie die Geschichte und kulturelle Unterschiede anschaulich zeigen. Regeln sozialer Prozesse bilden und verändern sich im Laufe der Zeit. Alle Gruppen sind soziale Beziehungsgeflechte, in denen Menschen in Abhängigkeit von einander handeln und sich gegenseitig beeinflussen und verändern. Objektiv richtige Regeln kann es daher im Handeln von Gruppen nicht geben, sondern nur Regeln, die für das Beziehungsgeflecht mehr oder weniger funktional, konsistent und kontextangemessen sind. Ein Fehler innerhalb sozialer Prozesse kann damit keine objektive, sondern immer nur eine relative Größe sein.

In einem Fertigungsprozess vermischen sich naturwissenschaftliche und soziale Referenzrahmen. Denn hier gilt der im Laufe der vergangenen 150 Jahre entwickelte Referenzrahmen der Ingenieurwissenschaften. Bei der anwendungsorientierten Umsetzung von naturwissenschaftlichen Erkenntnissen in Forschung, technischer Entwicklung, Konstruktion sowie Produktionstechnik hat sich umfangreiches Wissen entwickelt. Die ingenieurwissenschaftlichen Regeln fassen Anwendungserfahrungen zusammen, die bei der Erreichung von technischen Zielen gesammelt wurden. Prozesse können daher ebenfalls funktional, konsistent und kontextangemessen sein, aber eben in Hinblick auf technische Ziele.

In einem Unternehmen der Hochtechnologie wie der MTU ist der ingenieurwissenschaftliche Referenzrahmen von grundlegender Bedeutung. Er ist bereits im Gründungsmythos seiner Vorgängerunternehmen fest verankert und bildet seitdem die unverzichtbare Basis des Kerngeschäfts. Mehr noch: Die Weiterentwicklung des anwendungsorientierten Referenzrahmens ingenieurwissenschaftlichen Fachwissens ist zentraler Bestandteil der Unternehmenspositionierung der MTU im internationalen Wettbewerb. Doch gleichzeitig ist die MTU der Arbeitsplatz von mehr 7.000 Menschen weltweit und damit immer auch ein komplexes soziales Beziehungsgeflecht. Es wirken also immer der ingenieurwissenschaftliche und der soziale Referenzrahmen nebeneinander. Wobei auch dies eine Vereinfachung ist, denn natürlich sieht jeder Mensch durch seine Brille auf die MTU als Unternehmen und verbindet damit explizite oder implizite Erwartungen. Ob Aktionär, Betriebsrat, Entwicklungsingenieur, Buchhalter oder Vertriebsmitarbeiter – alle haben ihr eigenes Verständnis, was aus ihrer Sicht dysfunktional und damit ein Fehler sein könnte.

Nicht nur die jeweilige persönlich-funktionale, sondern auch die zeitliche Perspektive relativiert die eindeutige Benennung eines Fehlers. Was durch technische und organisatorische Normen als Abweichung vom Sollzustand definiert ist, kann sich in der abschließenden Gesamtbetrachtung eines Produktes oder eines Ablaufes als unkritisch herausstellen – und umgekehrt. Ohne Aussagen zur strategischen Gesamteinordnung entsteht für den einzelnen Mitarbeiter eine überkomplexe Entscheidungssituation und damit eine schwierige Gratwanderung im Arbeitsalltag.

Nur aus der strategischen Gesamtsicht des Managements eines Unternehmens kann entschieden werden, welche Abläufe als funktional und als dysfunktional einzustufen sind. Jede Unternehmensstrategie beinhaltet daher immer auch – implizit oder explizit – die zentralen Grundaussagen, an denen sich die Fehleridentifikation auf allen Ebenen des Unternehmens orientiert. Sie beinhaltet damit wichtige Aussagen für die weitere Entwicklung der im Unternehmen bestehenden Fehlerkultur.

1.3   Zukunftsfähigkeit und Fehlerkultur

Für die Zukunftsfähigkeit eines Unternehmens ist es von zunehmender Bedeutung, die Unternehmensstrategie sowie die daraus abgeleiteten strategischen Planungen und Maßnahmen auf ihre Aussagen zur Fehlerkultur zu überprüfen. Fehlerkultur bezeichnet den Umgang von sozialen Systemen mit Fehlern, deren Risiken und Folgen. Doch wie der Hinweis auf die Entwicklung der MTU zeigt, bildet sich diese nie im zeitlosen, luftleeren Raum und entwickelt sich zudem ständig weiter.

Fehlerkulturen sind immer abhängig von der Umgebung einer Gruppe oder Organisation, deren Aufgaben, Bedingungen, Vergangenheit und vielem mehr. So haben soziale Systeme jeweils unterschiedliche Fehlerkulturen, wie im Vergleich von Ländern wie USA, China, Deutschland, Japan und anderen schnell deutlich wird. Auch soziale Systeme wie Unternehmen, Schulen, Kliniken oder Kirchen haben in ihren Bereichen jeweils eine eigene Fehlerkultur entstehen lassen. Unternehmen unterscheiden sich in der jeweils herrschenden

Fehlerkultur aufgrund ihrer Geschichte, ihres Geschäftsfeldes und anderem. Entsprechend den jeweiligen Funktionserwartungen kann eine Handlung oder ein Geschehen in einem Umfeld erwünscht, im anderen Umfeld ein Fehler sein. Auch die Sichtweise von Fehlern selbst ist in der jeweiligen Fehlerkultur verankert: Werden sie als Schicksal, Problem oder Indikator verstanden?

Die ersten und grundlegenden Erfahrungen mit gesellschaftlicher Fehlerkultur jenseits der eigenen Familie machen Menschen in der Schule. Dem deutschen Schulsystem attestiert Weingardt[1] in seinem Grundlagenbuch zur Fehlertheorie eine äußerst schwach ausgeprägte Fehleroffenheit hinsichtlich Fehlertoleranz, -nutzung und -neubeurteilung. Dies ist für Menschen eine prägende Erfahrung der Kindheit und Jugend, die sie auch ins Arbeitsleben begleitet, wie Unternehmen bei der Beschäftigung mit Fehlerkultur zunehmend feststellen. Die vielfach als negativ erlebte Fehlerkultur des Schulsystems wirkt bei Menschen oft noch ein Leben lang nach – und sei es etwa in der Ablehnung von Beurteilungssystemen, die Ähnlichkeiten zum schulischen Notensystem aufweisen. So lehnten beispielsweise MTU-Mitarbeiter ein Leistungsbeurteilungssystem mit sechs Bewertungsstufen ab, so dass es auf eine andere Stufenzahl umgestellt wurde. Aber auch Unternehmen haben bis heute meist keine grundsätzlich andere Fehlerkultur und senden selbst viele direkte und indirekte Botschaften geringer Fehleroffenheit. Denn meist wird Fehlerkultur als weicher Faktor für die Zukunfts- und Wettbewerbsfähigkeit eines Unternehmens übersehen.

Auch in der MTU ist die Fehlerkultur ein weicher Faktor, der aber direkte Auswirkungen auf harte Faktoren wie Produktionskosten und Produktivität hat. Im Geschäftsfeld der MTU lassen sich für die Fehlerkultur vier zentrale Themenbereiche der Zukunftsfähigkeit des Unternehmens identifizieren: Technologie, Qualität, Kosten und Kommunikation. Für jeden dieser Bereiche ist der Umgang mit Fehlern von entscheidender Bedeutung.

1.3.1   Bereich Technologie

Als technologische Spitzenprodukte sind die Triebwerke und die Instandhaltungsleistungen der MTU Benchmark im internationalen Wettbewerb. Technologische Lösungen werfen angesichts der zunehmenden Komplexität immer häufiger und vielfältiger die Frage nach der Beherrschbarkeit auf. Eine wesentliche Bedingung, um diese Herausforderung zu meistern, ist das schnelle Erkennen, Benennen und Analysieren von Fehlern sowie das Lernen aus Fehlern zur Vermeidung von Wiederholungen. Prozesse zur nachhaltigen Fehlervermeidung sind für die MTU ein zentraler Erfolgsfaktor im technologischen Wettbewerb. In der praktischen Umsetzung innerhalb eines Unternehmens wie der MTU wird jedoch schnell klar, dass dabei nicht nur Fachwissen, Erfahrung und Dokumentation gefragt sind, sondern auch der Austausch der Mitarbeiter untereinander. Voraussetzung zum Erhalt der MTU-Technologieführerschaft sind Mitarbeiter, die durch ihre hohe Qualifikation, Motiva-

---

[1] Weingardt, M.: Fehler zeichnen uns aus. Transdisziplinäre Grundlagen zur Theorie und Produktivität des Fehlers in Schule und Arbeitswelt. Kempten 2004.

tion und innere Unabhängigkeit zu einem nachhaltig produktiven Umgang mit Fehlern in der Lage sind.

1.3.2   Bereich Qualität

Qualität und Sicherheit sind im Bereich der Luftfahrt untrennbar miteinander verbunden. Die Sicherheit eines Triebwerkes ist eine wichtige Grundlage für die Sicherheit eines Fluges. Deswegen sind Qualitäts- und Sicherheitsstandards für alle relevanten Prozesse und Verfahren der MTU definiert. Hier ist das Null-Fehler-Ziel nicht nur als Ideal und Vision, sondern als gelebte und vom Mitarbeiter verinnerlichte Praxis verankert. Jeder Mitarbeiter ist für die Qualität seiner Arbeit und damit auch für die Zukunft der MTU verantwortlich. Um dieses hohe Maß an Verantwortung wahrzunehmen, werden Mitarbeiter von Anfang an in der Beurteilung von Fehlern geschult und unterstützt: Jeder Mitarbeiter kann so für seinen Verantwortungsbereich beurteilen, wann ein Fehler vorliegt, welche Abweichungen tolerabel und wann andere Mitarbeiter zur Beurteilung hinzuzuziehen sind.

Jenseits messbarer Frühindikatoren sind bei der Beurteilung aber letztlich immer auch die Sensibilität und Erfahrung eines Mitarbeiters gefragt. Ziel ist es, beim Mitarbeiter selbst das Anliegen zu verankern, Fehler festzustellen, zu beheben und in Zukunft zu vermeiden. Der im Produktbereich hohe Qualitätsanspruch hat sich auch auf die anderen internen und externen Leistungsbereiche der MTU übertragen. Qualitätsbewusstsein ist damit im gesamten Unternehmen einerseits die Basis der Qualitätssicherung. Gleichzeitig tritt hier aber auch klar zutage, was häufig als Fehlerparadox bezeichnet wird: Qualitätsbewusstsein kann nämlich andererseits Mitarbeiter davon abhalten, eigene Fehler zuzugeben – denn wer einen Fehler zugibt, bekennt quasi den Verstoß gegen die geltenden Qualitätsnormen. Diese widersprüchliche Wirkung von Qualitätsbotschaften muss in Unternehmen zunächst erkannt, thematisiert und praxisorientiert gelöst werden.

1.3.3   Bereich Kosten

Technologische Benchmarks und Qualitätsmarktführerschaft sind wichtige Wettbewerbsvorteile der MTU. Im zunehmend harten internationalen Wettbewerb wird jedoch der Preis durch ein vorgegebenes Preisniveau immer wichtiger. Die Wettbewerbsfähigkeit hängt daher auch davon ab, inwieweit Fehler reduziert oder verhindert werden können. Denn Fehler können sich im Bereich der Hochtechnologie zu enormen Kostenfaktoren entwickeln. Umgekehrt können Kosten vermindert werden, indem Fehler, nachhaltig und dauerhaft beseitigt werden – denn so sinken die Kosten für Nacharbeit, Rückruf, Neuproduktion und zeitintensiven Koordinationsaufwand. Je früher ein Mitarbeiter bereit ist, einen Fehler zu erkennen und zu benennen, desto geringer werden die Folgekosten für das Unternehmen. Unternehmen fast aller Branchen machen immer wieder die teilweise existenzbedrohende Erfahrung, dass die Vermeidung eines Fehlers in den Entwicklungsphasen oder während der Produktionsvorbereitung nur einen winzigen Bruchteil von einer Rückrufaktion mit anschließendem Imageverlust kostet.

Angesichts zunehmenden Preiswettbewerbs wird in vielen Branchen die Kostenreduktion jedoch als zentrale Stellschraube der Zukunftssicherung gesehen. Der starke Abbau von Redundanzen in komplexen Systemen führt allerdings häufig zu Ausfällen, die von den verbleibenden Ressourcen im System nicht mehr kompensiert werden können. Ein anschauliches Beispiel dafür ist das in vielen Unternehmen vorhandene SAP-System. Durch eine Wirtschaftlichkeitsrechnung zur finanziellen Rechtfertigung der Systemeinführung wird die Streichung von Mitarbeiterkapazitäten oftmals erzwungen. In der Folge können nur noch aktuelle Funktionalitäten bedient werden, während zusätzliche Prüf- oder Reportprozesse nicht mehr leistbar sind. So kann auch eine hohe Kostenfixierung zu Fehlern durch mangelnde Ressourcen führen – ein Tribut an eine Zukunftsvorsorge, die im Wesentlichen kapitalgetrieben ist.

1.3.4   Bereich Kommunikation

Ergänzend zu Technologie, Qualität und Kosten ist in allen sozialen Systemen Kommunikation ein unerlässlicher Erfolgsfaktor. Schon in den vorgenannten Bereichen werden meist Prozesse definiert, die die Übermittlung von Informationen gewährleisten. Das Bereinigen eines auftretenden Produktionsfehlers allein ist als Sofortreaktion sicherlich das Gebot der ersten Stunde. Es gilt, eine schnelle Schadensbegrenzung einzuleiten und die sachgerecht ausgewählten Schnittstellenverantwortlichen zu informieren. Wenn jeder jeden informiert haben wir eine Informationsflut, die in der Regel kontraproduktiv ist. Die Wahrnehmung durch die tatsächlich Zuständigen wird erschwert und ungewünschte Nebeneffekte können auftreten. Darüber hinaus muss eine auch für Außenstehende verständliche Dokumentation die Entscheidungen nachvollziehbar festhalten.

Doch Information ist eben noch keine Kommunikation. Tatsächlich geht es insgesamt um einen intelligenten, angemessenen Rückkopplungsprozess, der Voraussetzung für die Funktionsfähigkeit und Entwicklungsfähigkeit jedes sozialen Systems ist – gerade auch im Zusammenhang mit Fehlern. Erst durch die Synthese und Integration des vielfältigen Wissens der Mitarbeiter kann sich ein Unternehmen weiterentwickeln. Je komplexer die Geschäftsprozesse eines Unternehmens sind, desto verflochtener und anspruchsvoller sind solche Rückkopplungsprozesse.

Es muss immer wieder von neuem überprüft werden, ob die Prozesse in den Bereichen Technologie, Qualität und Kosten nicht als bloße Informationseinbahnstraßen zur Absicherung von Mitarbeitern genutzt werden. Machtdifferenzen und Selbstschutzreflexe legen dies oft nahe. Erst wenn die Prozesse tatsächlich mit Leben gefüllt werden und der Kommunikation zur Synthese und Integration des Wissens dienen, ist die Grundlage für eine Fehlerkultur gelegt, die für die Zukunftsfähigkeit eines Unternehmens zentral ist.

1.4   Fehlerfreundliche Unternehmenskultur als Basis

Unternehmenskultur ist das unsichtbare Muster von Traditionen, Werten, Regeln, Glaubenssätzen und Haltungen eines Unternehmens, das von Mitarbeiterverhalten geformt wird und dieses gleichzeitig wieder formt. Wie in Bezug auf die relevanten Referenzrahmen bereits beschrieben ist das Geschäftsfeld der MTU zentraler Ankerpunkt ihrer Unternehmenskultur. Ingenieurwissen und -denken haben das Unternehmen auf der Basis seiner laufenden Innovationen und seines hohen Qualitätsstandards entstehen und wachsen lassen. Sie prägen die MTU nicht nur in ihren technischen Arbeitsbereichen, sondern auch in anderen Abteilungen vom Personalwesen über das Controlling bis in die Unternehmenskommunikation. Das extrem hohe Leistungsniveau ist im gesamten Unternehmen gelebter Anspruch an die Arbeit.

Die unbeabsichtigte, gegenteilige Wirkung des Qualitätsanspruchs kann sich jedoch durch das Sichern von Wissensmonopolen, als Angstkultur oder Finger-Pointing tief in die Unternehmenskultur eingraben – flankiert von mangelnden oder nicht gelebten Führungsgrundsätzen.

Wenn Informationen nicht lückenlos weitergereicht werden, verfestigt sich in einem Unternehmen der Grundsatz: „Wissen ist Macht". Je höher er in einer Unternehmenshierarchie anzutreffen ist, desto größer ist seine Multiplikatorwirkung und desto destruktiver wirkt er. Mitarbeiter erhoffen sich einen Vorteil, wenn sie Informationen sehr selektiv oder gar exklusiv weitergeben. Bei dieser Motivation besteht häufig per se kein Interesse, andere an dem Wissen über Fehlervermeidung partizipieren zu lassen. Fehler anderer werden als Potenzial des eigenen Machtzuwachses gesehen.

Darüber hinaus behindert eine ausgeprägte Angstkultur im Unternehmen das Lernen und damit die Innovationsfähigkeit. Wenn Mitarbeiter sich angesichts eines Fehlers vor Repressalien fürchten, fehlt die Offenheit für einen entsprechenden Lernprozess. Auch die Angst vor noch nicht gemachten Fehlern erstickt die Suche nach neuen, besseren Lösungen im Keim. Selbst in einem hoch sicherheitssensiblen Geschäftsfeld wie der Luftfahrt muss Experimentieren ermöglicht werden. Dazu müssen von der Führungsebene klare Signale gesetzt werden, innerhalb welchen Rahmens Risiken eingegangen werden können. So wird Mitarbeitern eine differenzierte Einschätzung der Prozesse möglich – echte Sicherheitsbereiche sind als solche durch entsprechende Prozesse abgesichert und andere Bereiche erhalten größere Spielräume für Veränderungen. Für selbständige, motivierte Mitarbeiter stecken diese Signale den Rahmen für eigene Risikobereitschaft und Kreativität ab. Nur in einem klar fehlerfreundlich gestalteten System führen die Auswirkungen risikofreudigen Entscheidens nicht zu unkalkulierbaren Risiken. Ein Übermaß an Regeln ist oftmals das schriftlich dokumentierte Abbild einer ausgeprägten Angstkultur, die Mitarbeiter zu Statisten werden lässt.

Von der Angstkultur ist es nur ein kleiner Schritt zum Finger-Pointing. Hier steht nicht die Abschaffung oder die Vermeidung des Fehlers im Vordergrund, sondern vielmehr das

Bloßstellen eines Mitarbeiters. Egal ob der eigene Nutzen, der Schaden des anderen oder weiterreichende Wirkungen dabei im Vordergrund stehen, sobald sich in einem Unternehmen aus solchem Verhalten Vorteile ziehen lassen, schadet es der Fehlerkultur grundlegend.

Voraussetzung für eine fehlerfreundliche Unternehmenskultur, im Sinne von intensiver Beschäftigung mit Fehlern, ist in jedem Fall die Einrichtung von Systemen, die Produktionsprozesse und soziale Prozesse jeweils innerhalb definierter Abschnitte absichern, um weit reichende Fehlerfolgen zu verhindern – sei es durch maschinelle Prüfungen oder anhand von Mitarbeitern wie beispielsweise im Vier-Augen-Prinzip. Fehlerfreundliche Abläufe fördern Innovation, da ohne unverhältnismäßige Risiken für Mitarbeiter und Unternehmen aus Fehlern gelernt werden kann. Eine fehlerfreundliche Kultur ist wachsam bezüglich des im Fehlerparadox enthaltenen Dualismus: Null-Fehler-Ziel vs. Fehleroffenheit. Dieser Dualismus verleitet im Arbeitsalltag zur Ausprägung antagonistischer Fehlerstrategien, die sich gegenseitig behindern bzw. blockieren.

Auf Managementebene muss die Gefahr dieses Dualismus erkannt und angesichts komplexer Unternehmenswirklichkeiten ein Umgang damit entwickelt werden. Wie so oft bei strategischen Managemententscheidungen geht es auch hier nicht um dualistische Schwarz-Weiß-Entscheidungen zu einem bestimmten Zeitpunkt. Es geht vielmehr um die immer wieder neue Beantwortung der Frage nach der situativ und kontextangemessenen Balance zwischen Null-Fehler-Ziel und Fehleroffenheit. Jeder Mitarbeiter – vom CEO über die Führungskraft und den Facharbeiter bis zum Auszubildenden – muss bereit sein, für seine Funktionsbereiche diese Frage immer wieder neu zu beantworten. Doch der hohe Grad der Arbeitsteilung in Unternehmen bringt enge Arbeitsgebiete und damit geringe Verantwortungsspielräume einer vernetzten Welt mit sich. Auf Managementebene müssen daher die Kompetenz und die Bereitschaft, in Gesamtzusammenhängen zu denken und die Vernetztheit des Systems zu verstehen, als zentrale Herausforderungen auf allen Ebenen des Unternehmens verstanden werden.

1.5   Führungsgrundsätze und Fehlerkultur

Wie leben Führungskräfte die Fehlerkultur im Unternehmensalltag vor? Diese Kardinalfrage lässt sämtliche Hochglanzdrucke zur Unternehmenskultur und Workshop-Ergebnisse zu Führungsgrundsätzen erblassen. Denn meist sind die darin formulierten Botschaften nur als Anforderungen an die eigenen Mitarbeiter gedacht, nicht aber als Appelle an das eigene Verhalten.

Nicht im sorgfältig vorbereiteten Mitarbeitergespräch, sondern vor allem bei unvorhergesehenen Krisen schlägt die Stunde der Wahrheit. Jetzt zeigt das Verhalten des Managements gelebte Fehlerkultur. Kann eine Führungskraft den Versuchungen des Fingerpointing, der Vertuschung oder der eigenen Profilierung widerstehen? Während eine Führungskraft jetzt unter enormem Handlungsdruck steht, wird sie von den Mitarbeitern mit höchster Aufmerksamkeit beobachtet und liefert Verhaltensschemata, die als Vorbild wirken – mit ihrem gesamten negativen wie positiven Potenzial. Tatsächlich ist auf Mitarbeiterseite bei Fehlern meist eine große Hemmschwelle beobachtbar, sich zu den selbst gemachten Fehlern zu bekennen. Bei genauem Hinsehen kann das Mitarbeiter-Verhalten als aussagekräftige Spiegelung des eigenen Führungsverhaltens dienen.

Fehlerkultur beginnt daher immer auf Top-Management-Ebene und pflanzt sich von dort über die Führungshierarchien bis zu jedem Mitarbeiter fort. Nur selten gelingt es starken Führungskräften, ihre Bereiche von der auf Management-Ebene gelebten Fehlerkultur abzukoppeln. Umgekehrt kann eine schwache Führungskraft die Fehleroffenheit eines Unternehmens in der eigenen Abteilung ins Gegenteil verkehren. Die durch Führungshierarchien installierten Machtdifferenzen dürfen in ihrer Wirksamkeit nicht unterschätzt werden. Nur wenn Führungskräfte sich zu selbst gemachten Fehlern bekennen, hat die Unternehmenskultur und mit ihr die Fehlerkultur sowie die Innovationsfähigkeit eines Unternehmens eine echte Chance sich weiterzuentwickeln. Grundsätzlich muss eine Führungskraft dem Mitarbeiter einen Vertrauensvorschuss entgegen bringen, einen Fehler nicht ausschließlich als unerwünschten Rückschritt und Kostenverursacher, sondern als Chance erkennen. Nur so kann es ihr gelingen, immer wieder kreatives Potenzial für Innovationen beim Mitarbeiter zu erzeugen.

Ein klassisches Feld lebendiger Fehlerkultur im Gesamtunternehmen ist der Umgang mit Mitarbeiterbefragungen. In den meisten größeren Unternehmen werden sie regelmäßig durchgeführt. Doch die geringe Teilnahmebereitschaft spricht vielfach Bände über mangelnde Rückmeldungen zu Ergebnissen und resultierenden Maßnahmen. Die Fehleroffenheit auf Managementebene ist angesichts dieses mächtigen Feedback-Instruments meist ausgesprochen gering.

Bei der MTU werden die Mitarbeiterbefragungen gezielt genutzt, um Verbesserungspotenziale zu identifizieren. Die Ergebnisse der jüngsten Mitarbeiterbefragung wurden auf zwei Ebenen bearbeitet: einerseits die Aufarbeitung der konkreten Verbesserungspotenziale zu Führung, Kommunikation und Zusammenarbeit in den jeweiligen Teams sowie andererseits das Verständnis der Mitarbeiter für gesamtunternehmerische Zusammenhänge und die Ausrichtung der MTU im Rahmen des Leitbildprozesses. Intensive Kommunikation der Umsetzung macht die Veränderungen für alle Mitarbeiter sichtbar und ermöglicht die Zuordnung zu benannten Kritikpunkten.

1.6 Maßnahmen des Fehlermanagements

Fehlermanagement ist die gezielte Steuerung von Aktivitäten im Umgang mit Fehlern, sei es durch direkte oder indirekte Maßnahmen. Solche Maßnahmen können sowohl auf strategischer Ebene als auch auf der Ebene von mehr oder weniger komplexen Arbeitsprozessen ansetzen.

1.6.1   Strategische Verankerung

Fehlerkultur und -management der MTU sind als wichtiger Teil der Unternehmenskultur strategisch verankert. Bei der jüngsten Aktualisierung des Leitbildes wurden diese Aspekte als wichtige Bestandteile mit aufgenommen. Innerhalb der fünf Schwerpunktbereiche wird im Bereich Mitarbeiter und Führung der Umgang mit Fehlern als gemeinsamer Beitrag zum Unternehmenserfolg betont: „Wir nutzen Chancen, wägen Risiken ab und gehen mit Fehlern konstruktiv um. Klares Feedback ist die Basis für gemeinsamen Erfolg."

Durch die intensive und anschauliche Implementierung des aktualisierten Leitbilds wurde die MTU-Fehlerkultur auf allen Ebenen und in allen Teams des Unternehmens thematisiert. Dies war ein wichtiger Schritt, um Fehlerkultur als einen wichtigen Bestandteil der MTU-Unternehmenskultur darzustellen und in den Teams konkret zu diskutieren. Die inhaltliche Diskussion weist Fehlerkultur und Fehlermanagement damit als zentrales Thema mit hoher Priorität aus. Funktional zugeordnet sind diese Themen hinsichtlich technischer Ziele dem Zentralbereich Qualität und hinsichtlich personalpolitischer sowie unternehmenskultureller Ziele dem Personalbereich und dort jeweils als strategische Themen verankert. So ist sichergestellt, dass führungsrelevante Ziele neben den technischen Zielen im Unternehmen zusätzliches Gewicht erhalten.

1.7   Breite Maßnahmenpalette

Zur Verbesserung von Fehlerkultur und -management wurden zahlreiche bestehende Prozesse und Maßnahmen weiterentwickelt sowie neue Maßnahmen definiert. Dabei war es von Bedeutung, vorhandene Prozesse mit anzubinden, das Thema mit Leben zu füllen, aktuell zu halten und gerade auch Führungskräfte in der Wahrnehmung der Vorbildrolle zu stärken.

1.7.1   Grundsätze des Fehlermanagements

Um ein gemeinsames Verständnis des MTU-Fehlermanagements zu gewährleisten, wurden vier prägnante Grundsätze festgelegt:

1. Meldung

    Offenheit und Ehrlichkeit des Melders sowie Verständnis des Meldungsempfängers sind Voraussetzungen für eine „Kultur des Vertrauens", die keine Angst vor Fehlern entstehen lässt.

2. Umgang

    Differenzierung zwischen bedeutenden und unbedeutenden Fehlern, adäquate Fehlerdiagnose und schnelle Schadenbegrenzung sind von grundlegender Relevanz.

3. Erfahrung

Der Umgang mit Fehlerkonsequenzen erfolgt fair und konstruktiv und ermöglicht eine nachhaltige Fehlerkorrektur.

4. Vorbild

Zu eigenen Fehlern zu stehen ist wichtiges Vorbildverhalten.

Die Grundsätze dienen als Klammer und Richtschnur, um im Unternehmensalltag eine schnelle Berücksichtigung zu ermöglichen. Sie sind bewusst nicht hochgradig differenziert, sondern mitarbeiter- und alltagsnah formuliert.

1.7.2 Vielfältige Systeme stützen Fehlermanagement

Die komplexen Produktions- und Instandhaltungsprozesse der MTU stehen seit langem im Fokus verschiedenster Systeme zur Verbesserung und Weiterentwicklung – vom Betrieblichen Vorschlagswesen über den Zentralbereich Qualität bis hin zum Kontinuierlichen Verbesserungsprozess oder der Idee der Lernenden Organisation. Mit jeweils unterschiedlichen Schwerpunkten und Methoden geht es dabei auch um Fehler innerhalb dieser Prozesse. Voraussetzung für die Effektivität ist für all diese Systeme eine gut ausgeprägte Fehlerkultur und die Vermeidung eines dualistischen Verständnisses von Null-Fehler-Ziel vs. Fehleroffenheit.

Das Betriebliche Vorschlagswesen ist sicherlich eines der ältesten und langjährig bewährten Systeme des Fehlermanagements. Es stellt den Mitarbeitern eine Struktur jenseits der eigenen Abteilung zur Verfügung, um Verbesserungsvorschläge zu ihrem Arbeitsumfeld zu entwickeln. Mit einer Mitarbeiterbeteiligung von mehr als 40 Prozent verzeichnet es in der MTU eine hohe Akzeptanz und trägt einen beachtlichen Teil zum Wertschöpfungsprozess des Unternehmens bei.

Der Zentralbereich Qualität ist in der MTU seit langem fester Bestandteil der Organisationsstruktur. Seine Zugriffsberechtigung reicht in alle Teile des Unternehmens. Wie ein zentrales Nervensystem kann er jederzeit in die Prozesse der MTU eingreifen und notfalls jeden Prozess stoppen.

Das Prinzip des Kontinuierlichen Verbesserungsprozesses (KVP) wird innerhalb der MTU seit 1997 systematisch eingesetzt, um die Stärke im Wettbewerb zu festigen und auszubauen. Ziel ist in erster Linie die Unterstützung der Mitarbeiter bei der Optimierung ihrer täglichen Arbeitsabläufe. Im Gegensatz zur radikalen Innovation bietet die inkrementale Innovation nach dem KVP-Prinzip Raum für eine schrittweise Einführung und einen adäquaten Lernprozess.

Das Kennzeichen der Lernenden Organisation ist die Anpassungsfähigkeit eines Unternehmens an äußere und innere Veränderungen. Jeder auftretende Fehler wird als Anreiz für einen Verbesserungsprozess gesehen. Das Lösen von Problemen muss hierbei nicht nur ausdrücklich gefördert, sondern der Lernprozess zusätzlich unterstützt werden. Wesentliche Voraussetzungen sind ein gut ausgeprägter Kooperationswille, die Befähigung zur Beherrschung der Problemlösung sowie gegenseitiges Vertrauen und Teamgeist, die Mündigkeit der Gruppen, Prozessorientierung, Belohnung von Engagement und die Fehlertoleranz beim Betreten von Neuland. Die Verbesserung der organisationalen Wissensbasis steht in der lernenden Organisation immer im Vordergrund.

Abbildung 1.1:   Fehlermanagement im Qualitätswesen

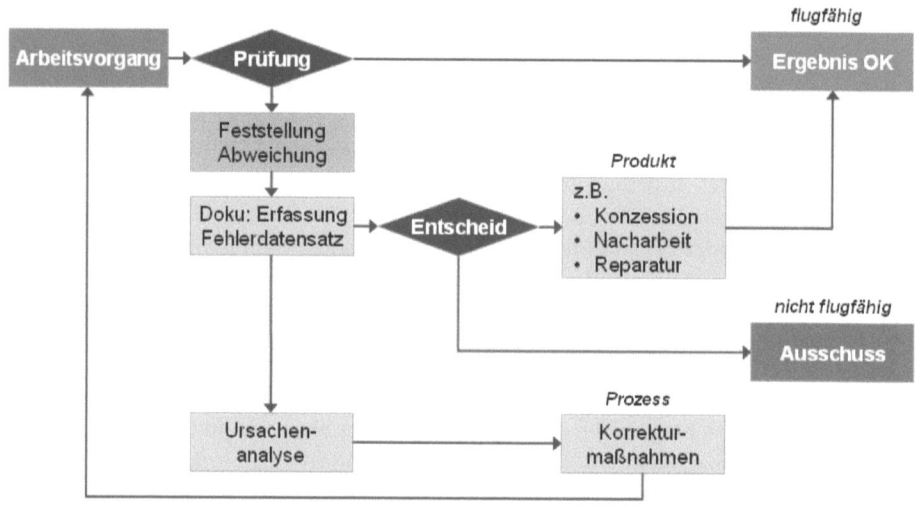

1.7.3   Integriertes Managementsystem

Das Integrierte Managementsystem (IMS) der MTU dient der zielorientierten Umsetzung von Unternehmenspolitik und -strategie. Es fasst Methoden und Instrumente zur Einhaltung von Anforderungen in den Bereichen Qualität, Arbeits- und Umweltpolitik in einer einheitlichen Struktur zusammen, die der Leitung und Überwachung der MTU dienen. Im Zuge der Festigung und Stützung der Fehlerkultur wurde im Abschnitt zu „Vision, Strategie, Politik und Führung" als Verantwortung der Leitung folgende Formulierung hinzugefügt:

„Die Geschäftsführung schafft eine Umgebung, in die alle Mitarbeiter einbezogen sind und in der Qualitätsmanagement, Arbeits- und Umweltschutz wirksam betrieben und verbessert werden. Die Grundlagen hierzu sind (...) Ermutigen der Mitarbeiter, grundsätzlich alle festgestellten oder vermuteten Fehler zu melden und an deren Aufklärung mitzuwirken. Oberste Zielsetzung ist dabei die Ermittlung der Fehlerursache und nicht die Bestrafung von Schuldigen."

Die Aufnahme dieser expliziten Formulierung ist ein erster wichtiger Schritt auf der Ebene des Top-Managements zur Relevanz des Themas Fehlerkultur. Wie alle expliziten Formulierungen unterliegt auch sie der Spannung zwischen pragmatisch-verständlicher Wortwahl und idealem Anspruch.

1.7.4   Gate-Prozess

Der MTU-Gate-Prozess ist ein verbindlich vorgeschriebener Review-Prozess für alle Triebwerks- und Technologieprogramme der MTU. Mit diesem präventiven Instrument wird die Reife eines Programms geprüft – von der Produktentstehung bis zur Produktbetreuung. Hierzu wird der Gesamtprozess in einzelne Zeitabschnitte gegliedert, die die jeweiligen Gate-Kriterien erfüllen müssen. Ziel des Gatings ist es, anhand von einheitlichen Gate-Kriterien für Transparenz und Entscheidungssicherheit in jeder Phase zu sorgen, Programmrisiken und mögliche Fehlerquellen zu erkennen und hierfür rechtzeitige Maßnahmen einzuleiten.

1.7.5   Zyklische Audits

Im Rahmen von zyklischen Audits erfolgt die Beurteilung und Verbesserung der Wirksamkeit unseres Qualitätssicherungssystems. In einem systematischen Prozess wird nachgehalten, inwieweit ein Produkt oder ein Ablauf vom Soll-Zustand abweichen. Im Gegensatz zum Gate-Prozess werden zyklische Audits auch in nichttechnischen Bereichen angewendet.

1.7.6   8D-Methode

Die 8D-Methode ist eine Standardmethode zur Durchführung einer teamorientierten und systematischen Problemlösung bei Soll-Ist-Abweichungen, deren Ursachen unbekannt und nicht durch einfache Lösungsansätze dauerhaft abstellbar sind. Als Fehleranalyseinstrument in definierten Prozessschritten wird diese Methode in der MTU sehr effektiv genutzt. Im Vordergrund steht nach der Abstellung der aufgetretenen Auswirkungen, vor allem die Faktenanalyse zur Abstellung der Fehlergrundursache. Die Ergebnisse werden in einem 8D-Report zusammengefasst und sollen helfen, das Auftreten gleicher oder ähnlicher Fehler in der Zukunft zu vermeiden. Wie die zyklischen Audits wird auch die 8D-Methode sowohl in technischen als auch nichttechnischen Bereichen angewendet.

Abbildung 1.2:   Prozessuale Abarbeitung nach der 8D-Methode

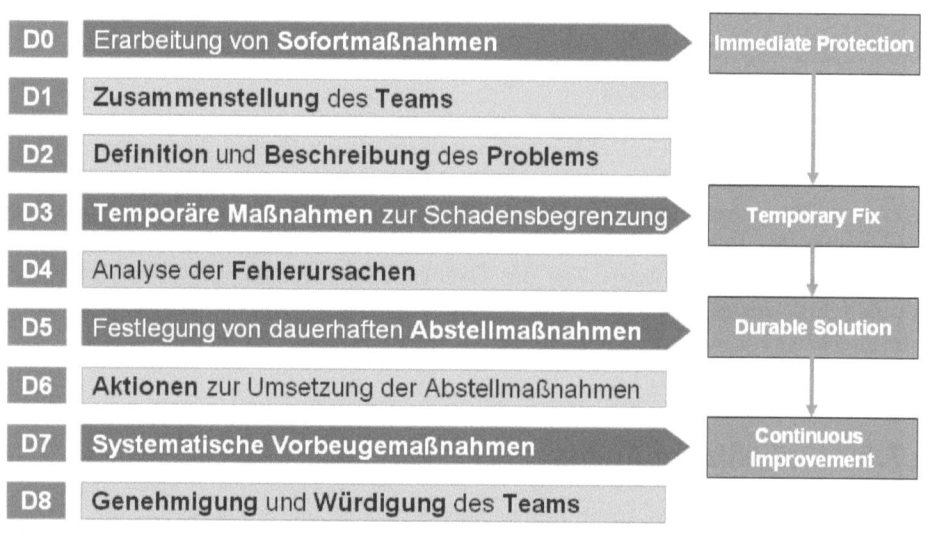

1.7.7   Lessons Learnt

Nach jedem Projekt, Projektmeilenstein oder größeren Arbeitsaufgaben ist es in der MTU bereits heute üblich, einen Lessons-Learnt-Prozess einzuleiten. In einem Brainstorming werden systematisch alle gemachten Erfahrungen durch die Verantwortlichen und eine Auswahl von Projektmitgliedern gesammelt. Alle Erkenntnisse werden anschließend auf Verbesserungspotenziale, Risiken und Fehlerquellen untersucht. Das Verlassen eingefahrener Wege ist hierbei ausdrücklich erlaubt, wodurch Mitarbeiter häufig großes Interesse an konstruktiver Kritik und ideenreichen Verbesserungsvorschlägen entwickeln. Die regelmäßige Anwendung dieser Methode bereitet den Boden für ein klares Bekenntnis zu gemachten Fehlern und der laufenden, offenen Suche nach Verbesserungsmöglichkeiten. Die Erfahrung zeigt zudem, dass das gegenseitige Vertrauen innerhalb der Teams gestärkt wird.

1.7.8   Kurz-Workshop zu Verbesserungspotenzialen

In einem eigens geschaffenen Workshop werden in vielen Unternehmensbereichen die Verbesserungspotenziale von Arbeitsprozessen unter Leitung einer Führungskraft identifiziert. Innerhalb von maximal 60 Minuten sammeln 5 – 7 Teilnehmer innerhalb eines offenen Brainstormings ihre Sichten, was überflüssig ist, anders gemacht werden muss und welches die Hauptfehlerquellen sind. Zwei Wochen vor dem Workshop werden alle Teilnehmer aufgefordert, Themen zu sammeln. Die Form des Brainstormings erlaubt es explizit, auch alte und abgelehnte Vorschläge vorzubringen und auf die Machbarkeit zunächst keine Rücksicht zu nehmen. Voraussetzung für einen Vorschlag ist lediglich dessen Verständlichkeit für alle Teilnehmer. Innerhalb einer Woche besprechen die Führungskraft und deren Vorgesetzter die vorgeschlagenen Themen und entscheiden, welche Ideen weiter verfolgt werden. Die Ergebnisse sowie eine kurze Begründung für abgelehnte Ideen werden an die Teilnehmer zurückgemeldet. Abschließend erfolgt die weitere Umsetzungsplanung mit Benennung von Zeitrahmen und Verantwortlichen.

1.7.9   Bildungsangebot

Das MTU-Bildungsangebot bietet ein breites Angebot hochwertiger Qualifizierungsmaßnahmen. In Seminaren oder durch Coaching erhalten Führungskräfte und Mitarbeiter neben dem aktuellen Fachwissen neue Anregungen und Impulse, um künftige Herausforderungen erfolgreich zu bewältigen. Veranstaltungen zum konstruktiven Umgang mit Fehlern durch externe Anbieter sowie interne Angebote fördern den Austausch zum Fehlermanagement und das Bewusstsein der Bedeutung von Fehlern im betrieblichen Alltag.

1.7.10   Zielvereinbarungsprozess

Ein auf allen Ebenen des Unternehmens nutzbares Instrument zur Verankerung von Fehlerkultur und -management sind Zielvereinbarungen. Sie werden in der Regel zweimal jährlich zwischen Führungskraft und Mitarbeiter thematisiert – im jährlichen Mitarbeitergespräch zur Zielerreichung und neuen Zielvereinbarung sowie im Zwischengespräch zum unterjährigen Zielerreichungsstand. Um die Interaktion von Führungskraft und Mitarbeiter immer wieder auf die Wichtigkeit des Umgangs mit Fehlern hinzuweisen, wird dies als Basisaspekt von Mitarbeitergesprächen verankert. Allein das gezielte Thematisieren und Delegieren von Verantwortung durch Führungskräfte an ihre Mitarbeiter kann schon das Interesse wecken, übergreifende Zusammenhänge zu erkennen und sich mit fehlerhaften Prozessen auseinanderzusetzen. Durch unterstützende Gesprächsleitfäden werden Führungskraft und Mitarbeiter zur laufenden Auseinandersetzung mit dem bestehenden Fehlerumgang angehalten.

1.7.11   Mitarbeiter-Gespräch für Führungskräfte

Für Mitarbeitergespräche entwickelt die MTU derzeit eine Ergänzung des bestehenden Leitfadens.. Auf dieser Basis können sich Führungskraft und Mitarbeiter auf das Gespräch vorbereiten, um Arbeitsergebnisse, Verhalten und Motivation nach feststehenden Kriterien zu besprechen. Unter den Aspekten von Fehlerkultur und -management sollen folgende Fragen für MTU-Führungskräfte ergänzt werden:

■ Wenn Ihnen ein Fehler gemeldet wird, reagieren Sie besonnen, angemessen und konstruktiv? („nichtstrafende Grundhaltung")

- Loben Sie explizit die Weitergabe der Information, also die Meldung des Fehlers, und betonen Sie positiv die Chance für die Organisation, aus dem Fehler lernen zu können?

- Haben Sie Ihren Mitarbeitern verdeutlicht, dass Ihnen ein Lernen mit Fehlern lieber ist als ein Stillstand ohne Fehler?

- Konzentrieren Sie bei Fehlern die Aufmerksamkeit vor allem auf die Lektionen, die gelernt werden können und nicht auf den entstandenen Schaden?

- Geht es bei Ihrer Fehleranalyse vor allem um Wege zur Vermeidung zukünftiger Fehler statt um Schuldzuweisungen?

- Belohnen Sie die Offenheit von Mitarbeitern als Vertrauensbeweis auch dann, wenn der Inhalt unangenehm ist?

- Stehen Sie zu eigenen Fehlern, um Ihren Mitarbeitern ein Vorbild zu sein?

- Sind Sie bereit, für Fehler Ihres Teams einzustehen, statt sie auf Mitarbeiter abzuwälzen?

- Stellen Sie sich vor Ihre Mitarbeiter und übernehmen gegenüber Ihren Vorgesetzten die Verantwortung für Fehler, die Ihr Team gemacht hat?

1.8   Überprüfung Umsetzungsstand

Maßnahmen zu Förderung von Fehlerkultur und -management sind grundsätzlich von mittel- bis langfristiger Wirkung. Nur teilweise lassen sich kurzfristige Wirkungen auf der Ebene von Führungskraft und Mitarbeiter identifizieren. Genau wie die Maßnahmen muss daher die Kontrolle auch langfristig sein und sich an den bestehenden Systemen der MTU orientieren. Ein Gesamteindruck über Veränderungen wird durch das Feedback aus Mitarbeitergesprächen sowie durch die zweijährliche Mitarbeiterbefragung entstehen. Darüber hinaus geben Programme des Kontinuierlichen Verbesserungsprozesses und der Qualität wichtige Rückmeldungen über den Umsetzungsstand der Maßnahmen zu Fehlerkultur und -management.

Aufgrund des hohen Qualitätsanspruchs und des überdurchschnittlichen Qualifizierungsgrads der MTU-Mitarbeiter muss sehr genau auf die Gratwanderung zwischen pragmatisch-verständlicher Wortwahl und idealem Anspruch bei Fehlerkultur und -management geachtet werden. Eine erfolgreiche Implementierung muss die Einschätzungen von Mitarbeitern und Führungskräften auf allen Ebenen des Unternehmens ernst nehmen. Trotz aller Planung und Systematik der Vorgehensweise darf der direkte Austausch mit Meinungsführern innerhalb des Unternehmens nicht fehlen. Bewährungskriterium aller Bemühungen um Fehlerkultur und -management ist nicht zuletzt die Frage, wie gut es gelingt, die komplexen Prozesse eines Großunternehmens immer wieder zurück in die Hände der Mitarbeiter zu legen und alltagstaugliche Orientierung zu ermöglichen.

1.9 Ausblick

Der Dualismus zwischen Null-Fehler-Ziel und Fehleroffenheit ist für Unternehmensstrategie und Arbeitsalltag eine Herausforderung. Gerade in einem sicherheitssensiblen Geschäftsfeld wie der Luftfahrt ist die Versuchung groß, das Null-Fehler-Ziel für Produktionsprozesse und Fehleroffenheit für soziale Prozesse zwischen Mitarbeitern anzustreben. Zwei so entgegengesetzte Fehlerstrategien können zwar auf dem Papier nebeneinander existieren, doch im Unternehmensalltag blockieren sie sich gegenseitig und schränken die Innovationsfähigkeit eines Unternehmens ein. Die Spielräume der jeweiligen Arbeitsbereiche zwischen Null-Fehler-Ziel und Fehleroffenheit müssen auf Führungsebene klar benannt und im Führungsalltag gelebt werden. Geschäftsfeld, Unternehmenskultur und vor allem entschiedenes Engagement des Top-Managements ermöglichen eine Fehlerstrategie, die die Basis für die Innovationsfähigkeit des Unternehmens bildet. Der Umgang mit Fehlern wird in all den Branchen zu einem zentralen Wettbewerbsfaktor werden, in denen komplexe Entwicklungs- und Produktionsprozesse mit Innovationsfähigkeit kombiniert sind.

Im Laufe ihrer Geschichte hat die MTU als Unternehmen ihre Innovationsfähigkeit stets von neuem unter Beweis gestellt. Das frühe und entschiedene Engagement zur Thematisierung und Verbesserung von Fehlerkultur und -management ist ein weiterer Schritt, um die MTU als Ideengeber mit enormer Schubkraft weiterzuentwickeln.

2 Innovation in der strategischen Personalplanung durch dynamische Szenariosimulation

Ulrich Bormann[2]

Die Anforderungen an die Personalplanung sind heute höher denn je. Die lange Zeit durchgeführte Fortschreibung von Mitarbeiterbeständen in die Zukunft („Copy-and-Paste-Planung") ist passé. Als Bestandteil einer einen Wertbeitrag liefernden strategischen Personalarbeit muss die Personalplanung heute weltweit die Geschäftsstrategie(n) eines Konzerns bzw. Unternehmens unterstützen. Dafür reicht es nicht aus, die Personalplanung für ein sich stabil entwickelndes Umfeld beizusteuern. Gefordert ist vielmehr eine strategische Personalplanung, die Antworten liefert auf Strategiewechsel, Bewegungen in den Wachstumsmärkten und -feldern, Unternehmensreorganisationen und -restrukturierungen – und nicht zuletzt auf die Herausforderungen des demografischen Wandels in seinen weltweit sehr unterschiedlichen Erscheinungsformen. Kurzum: Die Personalplanung muss kompatibel und schnell anpassungsfähig sein im Hinblick auf zuweilen rasant wechselnde Annahmen über die Geschäftsentwicklung.

Die hohe Wichtigkeit der Personalplanung gründet dabei auf der Prämisse, dass es das Portfolio der Mitarbeiter[3] – der oder die Richtige zur rechten Zeit am rechten Platz – ist, das im Wettbewerb den entscheidenden Unterschied macht oder eine Erfolg versprechende Geschäftsidee oder Wachstumsstrategie erst „zum Fliegen bringt".

Gefragt ist also eine Personalplanung von hoher Präzision – und dies aus einem weiteren guten Grund: Ein planvoller und vorausschauender Umgang mit den Human Resources spiegelt auch das Verantwortungsbewusstsein eines Unternehmens bezogen auf die Sicherung von Arbeitsplätzen und damit die Lebensgrundlage der in diesem Unternehmen und seinem Umfeld arbeitenden Menschen. Jüngstes Beispiel ist die angesichts der gravierenden, weltweiten Finanz- und Wirtschaftskrise erstaunliche Beschäftigungsstabilität. Neben dem Zutrauen, die Krise durch zupackendes Handeln meistern und bald die Mitarbeiter wieder voll einsetzen zu können, dürfte dies auch der vorausschauenden Einsicht geschuldet sein, zur Sicherung der eigenen Zukunftsfähigkeit bei knapper werdenden Ressourcen an den guten Auszubildenden, Fachkräften, Absolventen der Hochschulen und Managern festhalten zu wollen.

---

[2] Für die Unterstützung dieses Beitrags, insbesondere durch die Beschreibung der durch sie betreuten Simulationen danke ich Linda Stelzner, Corporate Human Resources der Evonik Industries AG.
[3] Zwecks Lesefreundlichkeit wird auf die weibliche Form verzichtet.

Wie aber nun den zahlreichen Faktoren und damit auch Unwägbarkeiten, die bei der Personalplanung zu berücksichtigen sind, Herr werden? Die Lösung, für die wir uns seit dem Jahr 2007 bei Evonik entschieden haben, heißt dynamische Szenariosimulation, das dazugehörige Projekt Plan@HR.

2.1   Ausgangssituation

Spätestens zur Mitte dieses Jahrzehnts hatten sich die Erkenntnisse über die Auswirkungen des demografischen Wandels derart verbreitet, dass die Frage, wie diesen begegnet werden könne, zu einem wichtigen Thema in allen um die Zukunftsfähigkeit besorgten Unternehmen erstarkt war. Ein erster Schritt bei Evonik war die konzernweite Aufnahme und Analyse der Altersstruktur der Mitarbeiterschaft (2005). Obgleich diese Analyse noch in der Chemietarifrunde 2008, die den Tarifvertrag „Lebensarbeitszeit und Demografie" hervorbrachte, eine prominente Rolle als Unternehmensbeispiel bei der Verdeutlichung des Handlungsbedarfs spielte, war klar, dass es dabei nicht bleiben konnte. Über die Darstellung hinaus, wie sich die Alterskohorten über die Zeit entwickeln würden, waren Analysen darüber gefordert, in welchen Bereichen der Unternehmen und Betriebe und bei welchen Funktionen sich die deutlichsten Probleme abzeichneten. Die daraus zu gewinnenden Erkenntnisse mussten so präzise sein, dass sie die Ableitung konkreter Maßnahmen zur Gegensteuerung zuließen.

Mit dieser Aufgabenstellung wurde beginnend im Jahr 2007 das Projekt Plan@HR aufgelegt. Es führte zunächst zu einem regen Austausch mit solchen Unternehmen, die in ihren Erkenntnissen schon einen Schritt voraus waren. Auf diese Weise gelang auch der Zugang zu Beratungsunternehmen, die bewiesen hatten, dass sie die komplexe Materie beherrschten. Wir entschieden uns für die Malik Managementberatung St. Gallen. Ausschlaggebend dafür waren die Methodik der Erstellung von Planungsmodellen und Szenariosimulation, die dafür verwendete innovative Software Dynaplan Smia sowie die Transparenz im Vorgehen bei vollständiger Einbindung des Anwenders.

Im Detail wartet Evonik mit den Geschäftsfeldern Chemie, Energie und Immobilien mit einer Vielzahl spezieller Fragestellungen auf. Deren Erfassung und Beantwortung gelang aber vollständig mit der Methodik von Modellierung und Simulation. Für den Bereich Produktion Chemie drängt z. B. die Frage nach der Auswirkung des demografischen Wandels auf die Schichttauglichkeit der Belegschaft. Erfahrungen zeigen, dass es bei älteren Mitarbeitern vermehrt zu Einschränkungen der Schichttauglichkeit kommt. Die daraus erwachsenden Probleme werden in Zukunft verstärkt angesichts des angehobenen Renteneintrittsalters sowie des notwendigen Umsteuerns von der bis heute weit verbreiteten Altersteilzeit im Blockmodell hin zu verlängerten Erwerbsphasen auftreten. Aufgabe ist es also, ein Ungleichgewicht zwischen Wechselschichtarbeitsplätzen und schichttauglichen Mitarbeitern frühzeitig zu erkennen und dem mit gezielten Maßnahmen entgegenzuwirken.

Im Geschäftsfeld Energie stellt die sehr lange Ausbildungsdauer (bis zu sieben Jahren) von Kraftwerkern die planerische Herausforderung dar. Die verschiedenen Varianten der Geschäftsentwicklung und ihre Auswirkungen auf den zukünftigen Personalbedarf sollten daher validiert und bewertet sein, um darauf basierend frühzeitig Maßnahmen zur Ausbildung und Qualifikation von Mitarbeitern anzustoßen.

2.2   Vorgehen

Für das Verständnis des Vorgehens ist es grundlegend, dass es beim „Bau" der Planungsmodelle und der Simulation von Szenarien immer darum geht, auf der Grundlage eines einheitlichen Jobfamilienkonzepts den aus dem bekannten aktuellen Status in die Zukunft entwickelten Personalbestand dem zukünftigen Personalbedarf gegenüberzustellen (= Nettobedarf)und die beiden in die Zukunft projezierten Größen möglichst weitgehend in Deckung zu bringen.

Im Einzelnen lässt sich das Vorgehen schematisch auf fünf Schritte aufteilen (**Abbildung 2.1**).

Abbildung 2.1:   Simulation als grundsätzlicher Dreh- und Angelpunkt der Planung mit Plan@HR

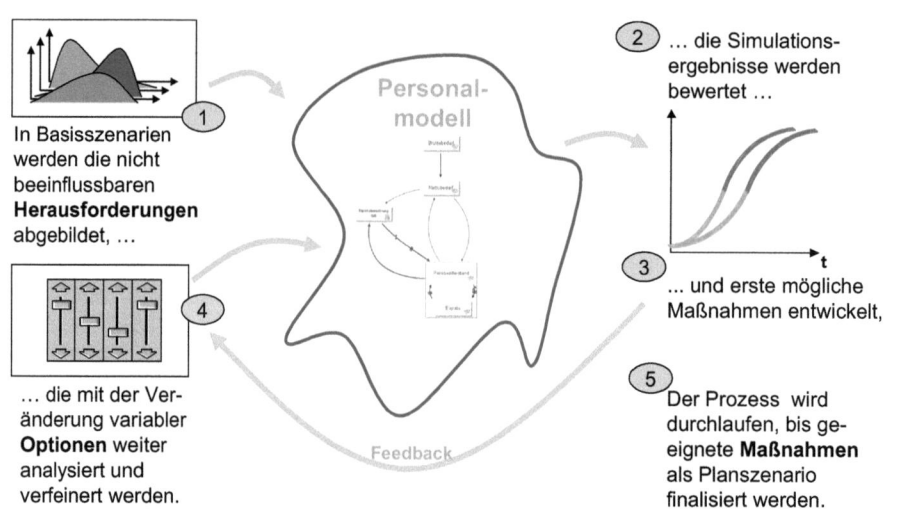

Stets basierend auf der ausgewählten Software Dynaplan Smia werden zunächst die feststehenden (auch: nicht beeinflussbaren) Faktoren sowohl für den Personalbestand als auch den -bedarf in einem sogenannten Basisszenario abgebildet. Feststehende bestandswirksame Faktoren sind z. B. geplante Austritte aufgrund von Altersgrenzen oder vertraglich vereinbarten Altersteilzeitregelungen oder die Annahme einer bestimmten Fluktuationsrate, feststehende bedarfswirksame Faktoren ergeben sich z. B. aus definierten Investitionsentscheidungen mit Auswirkung auf den Personalressourcenbedarf. In einem (Personal-)Modell werden solche Einflussgrößen mit variablen, gestaltbaren Einflussgrößen wie z. B. einer Einstellungs- oder Ausgebildetenübernahmepolitik verbunden und – soweit dies wie bei dem Beispiel in Abschnitt 3 eines typischen Entwicklungspfades eines Mitarbeiters erforderlich ist – einschließlich ihrer Dynamik abgebildet („Wirkungsgefüge"). Mit den Echtdaten aus den operativen Personalsystemen befüllt und mit dem gewünschten Planungszeitraum (z. B. zehn Jahre) versehen kann dann eine erste Simulation erfolgen. Dabei wird sichergestellt, dass bei der Festlegung der Parameter und des Wirkungsgefüges die relevanten Spezialisten und Stakeholder aus Unternehmensentwicklung, HR, Controlling und insbesondere aus der betreffenden Organisationseinheit eingebunden sind. Besonders zu berücksichtigen sind die spezifischen Herausforderungen des betreffenden Bereichs sowie die Bedarfstreiber und deren Wechselwirkung.

Das Ergebnis einer Simulation ist im Folgenden zu bewerten, und es sind erste Überlegungen über gegensteuernde Maßnahmen anzustellen, wenn die Simulation unerwünschte und möglicherweise behebbare Risiken in Bezug auf die wesentlichen Gesichtspunkte Altersstruktur, Kapazität oder Qualifizierung offengelegt hat. Die möglichen Maßnahmen können dann durch die Veränderung variabler Parameter des Modells (z. B. Erhöhung der Ausgebildetenübernahme; spezifische Qualifizierungsmaßnahmen) eingepflegt und bei einem nächsten Durchgang der Simulation bereits auf ihre Wirkung untersucht werden. Dieses Vorgehen lässt sich theoretisch beliebig häufig verfeinern, bis schließlich das Planszenario entsteht, bei dem sich künftiger Personalbedarf und -bestand möglichst weitgehend decken.

Strukturgeber Modellrahmen

Beim Aufsetzen eines Plan@HR-Modells ist in einem ersten Schritt die Frage nach dem Modellrahmen zu klären. Evonik unterscheidet drei Kategorien von Modellen.

Bei den sogenannten Standort-Modellen werden alle Mitarbeiter eines (Produktions-)Standorts betrachtet. Der Fokus liegt hierbei regelmäßig auf Fragestellungen, die sich auf die Tarifmitarbeiter beziehen. Typische Punkte sind die Auswirkungen von Kapazitätseinschränkungen in Abhängigkeit des Alters oder die Planung der Auszubildenden-Bedarfe für die nächsten Jahre. Die Standortperspektive ist hier sinnvoll, da die Mobilität von Tarifmitarbeitern – wenn nicht schon arbeitsvertraglich, so jedoch mindestens tatsächlich – begrenzt ist. Die Standort-Modelle sind folglich in erster Linie auf die Nutzung von Standortsynergien gerichtet.

Business-Unit-Modelle erfassen die Mitarbeiter eines Geschäftsbereichs. Der Fokus liegt hier häufig auf den AT-Mitarbeitern. Wesentliche Punkte sind das frühzeitige Erkennen relevanter Austrittswellen und das daraus resultierende Risiko eines Know-how-Verlustes oder die Steuerung von Auslandentsandten. Bei der Betrachtung der außertariflich angestellten Mitarbeiter hat die Differenzierung nach Standorten eine weniger große Bedeutung, da eine hohe Flexibilität der Mitarbeiter bezüglich des Einsatzortes erwartet wird.

In Regionen-Modellen abgebildet werden die Mitarbeiter einer ganzen Region (Deutschland, USA, China usw.). Diese Modellart beantwortet primär Konzernthemen wie die nach Ausbildungs- oder Übernahmequoten oder allgemeinen Qualifizierungsbedarfen.

Strukturgeber Modellzweck

Im Anschluss an die Festlegung des Modellrahmens ist je nach dem Modellzweck der für das Modell notwendige Detaillierungsgrad zu klären („Flughöhe").

Dieser Detaillierungsgrad richtet sich danach, in welcher Detaillierung bezogen auf das bei jeglichem Modell hinterlegte Jobfamilienkonzept der Kern der Simulation, nämlich der Abgleich von Personalbedarf und Personalbestand (= Nettobedarf) (**Abbildung 2.2**), Erkenntnisse liefert.

Abbildung 2.2:   Anforderungen an die strategische Personalplanung

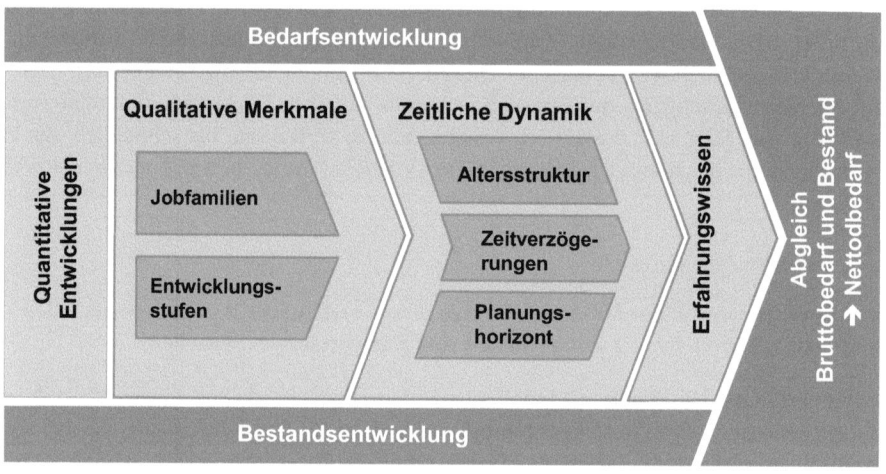

Als Hauptstrukturgeber fungiert folglich das konzernweit einheitliche Jobfamilienkonzept, bei dem jede Stelle konkret einer der (14) Jobfamilien zugeordnet wird. Eine Stelle bildet somit die feinste Detaillierung, die Jobfamilie die gröbste. Dazwischen liegen Jobklassen und Jobgattungen, die eine Zwischendetaillierung darstellen. Es gilt stets, dass eine Stelle genau zu einer Jobklasse, genau zu einer Jobgattung und genau zu einer Jobfamilie gehört (**Abbildung 2.3**).

Abbildung 2.3:   Konzernweit abgestimmtes vierstufiges Jobfamilienkonzept
als Strukturgeber

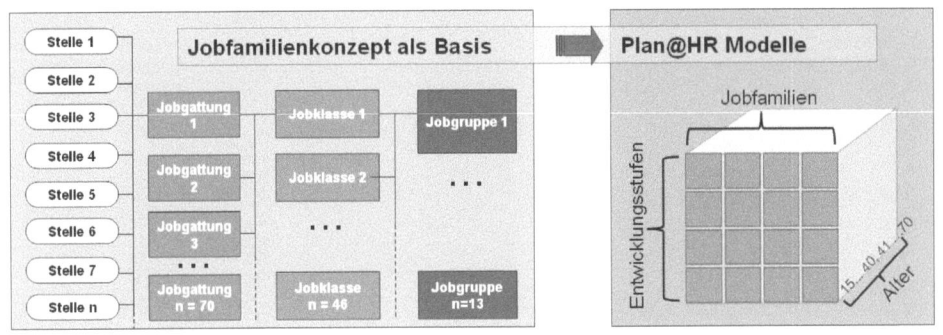

Die Entscheidung über die Detaillierung ist nach dem Grundsatz „so viel Detail wie nötig, so wenig Detail wie möglich" zu treffen. Das Risiko eines zu geringen Detaillierungsgrades liegt darin, dass bestimmte Alters- oder Kapazitätsrisiken verborgen bleiben, das Risiko einer überzogenen Detaillierung liegt in überkomplexen Simulationen mit dem Ergebnis von Scheingenauigkeit.

2.3   Exemplarische Simulationsergebnisse

Im Folgenden werden einige Beispiele aus der Praxis beschrieben, bei denen mit Hilfe von Plan@HR ein bedeutender Mehrwert bei der Beantwortung komplexer Fragestellungen erzielt werden konnte.

Beispiel 1: Temporäre Kapazitätslücken (Abbildung 2.4)

An einem der Standorte einer Business Unit soll eine neue Anlage in Betrieb genommen werden. Zur Unterstützung der Anfahrprozesse werden von einem anderen Standort zwei erfahrene Meister und zwei erfahrene Facharbeiter mit Zusatzqualifikation für zwei Jahre an diesen Standort entsandt. Das Simulationsergebnis (Abbildung 2.4) zeigt den Verlauf des Personalbestands (dunkle Linie) sowie des Bruttobedarfs (helle Linie) sowie den sich daraus ergebenden Nettobedarf (Balken). Deutlich zu erkennen ist die zeitweise Unterdeckung in den Jahren 2014 und 2015, die durch die Entsendung der Mitarbeiter zur Anfahrunterstützung entsteht.

Abbildung 2.4:   Auswirkung Anfahrunterstützung auf die Nettopersonalbedarfsentwicklung

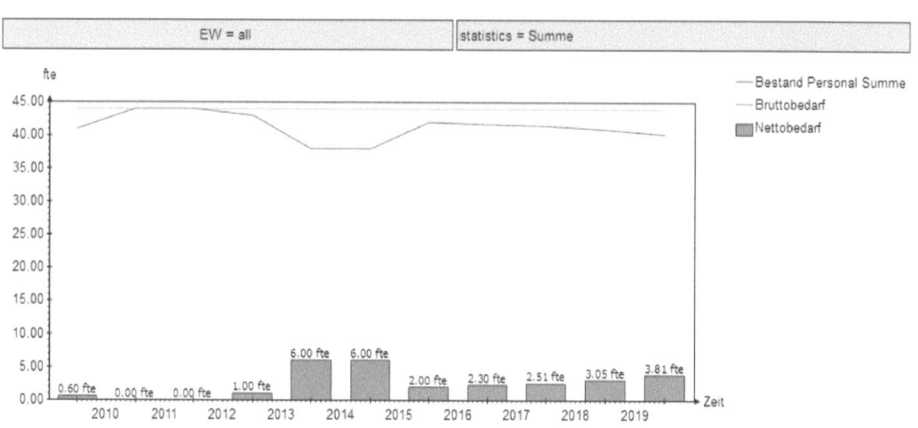

Mehrere Optionen der Gegensteuerung kommen nun in Betracht, die direkt zur Überprüfung ihrer Wirksamkeit in dem Modell abgebildet werden können. Eine Möglichkeit stellt die Deckung der Lücke durch Ausgebildeten-Übernahmen dar. Da die Ausgebildeten nicht direkt die erfahrenen Mitarbeiter ersetzen können, könnten zunächst Mitarbeiter entlang des typischen Entwicklungspfades zur Nachbesetzung herangezogen werden. Facharbeiter erwerben Zusatzqualifikationen und Facharbeiter, die bereits eine Zusatzqualifikation haben, werden zum Meister entwickelt, so dass die Personallücke auf unterster Ebene bei den Facharbeitern entsteht, die dann durch die übernommenen Ausgebildeten geschlossen werden könnte.

Sollten in dem entsendenden Standort zum Zeitpunkt der Rückkehr der entsendeten Kollegen keine Mitarbeiter altersbedingt das Unternehmen verlassen, tritt unweigerlich die Problematik ein, dass gerade bei den hoch qualifizierten Mitarbeitern eine Überdeckung entstünde. Interessant wird nun, ob nach Rückkehr der Entsandten ähnliche Funktionen in anderen Betrieben des Standorts altersbedingt vakant und nachzubesetzen wären. Auch könnte es parallel Umstrukturierungen am Standort geben, die über Arbeitsplatztausch die Wiedereingliederung der entsandten Mitarbeiter erlauben würden. Der maßgebliche Vorteil des Plan@HR-Ansatzes dabei ist es, dass diese Optionen mit Detailinformationen zu Qualifikation oder Alter auf Knopfdruck transparent werden.

Beispiel 2: Qualifikation versus Entwicklungsstau (Abbildung 2.5)

Die Möglichkeit, die Bedarfe und Bestände von mehreren Betrieben eines Standortes transparent zu machen, bietet in vielen Fällen ein bisher wenig genutztes Potenzial. Dies ist bei Kapazitätslücken oder -überhängen, beim Ausgleich von Altersstrukturen, aber auch beim Thema Qualifikation der Fall.

Plant ein Betrieb, einen Teil einer Anlage zu automatisieren, wodurch weniger, dafür höher qualifizierte Mitarbeiter benötigt werden, so ließe sich der resultierende Minderbedarf im ersten Schritt zunächst durch eine Reduzierung von Ausgebildeten-Übernahmen abfedern. Die größere Herausforderung wird sichtbar, wenn man die nötigen Wechsel zwischen den Entwicklungsstufen betrachtet. **Abbildung 2.5** zeigt die Anzahl der Mitarbeiter, die über die Zeit (Abszisse) in eine übergeordnete Entwicklungsstufe wechseln müssten (grauer Balken), und die entsprechenden Zugänge auf der übergeordneten Entwicklungsstufe (violette Balken).

Abbildung 2.5: Qualifizierungsherausforderung durch verändertes Anforderungsprofil

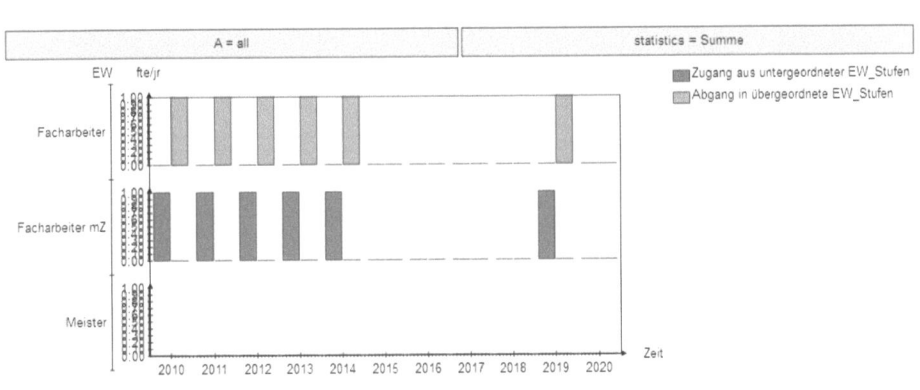

Die Frage, die nun geprüft werden muss, ist die nach der Anzahl potenzieller Mitarbeiter, die in der Lage und willens sind, sich weiterzuentwickeln. Hier kommt wieder der Punkt der Synergienutzung innerhalb von Jobfamilien auf den Plan, denn häufig tritt ein solches Problem eher andersherum auf: Es gibt viele motivierte Mitarbeiter, die sich weiterentwickeln wollen, eventuell sogar schon Weiterentwicklungsmaßnahmen durchlaufen haben wie beispielsweise die Meisterausbildung. Aufgrund der zu erwartenden langfristigen Besetzung der Stellen („Entwicklungsstau") sehen sie aber im selben Betrieb keine Perspektive und daraus erwächst das Risiko, dass die Mitarbeiter das Unternehmen verlassen.

Beispiel 3: Auswirkung des Leiharbeitnehmereinsatzes auf die Altersstruktur (Abbildung 2.6 und 2.7)

Es geht bei diesem Beispiel um einen Bereich, in dem aus Wettbewerbs- und Kostengründen seit einigen Jahren verstärkt Leiharbeitnehmer eingesetzt werden. Betrachtet man die künftige Altersstruktur bei Fortführung dieser Strategie, wird die eigene Belegschaft in einigen Jahren ein Durchschnittsalter von über 52 Jahren haben. In **Abbildung 2.6** ist diese künftige Alterstruktur dargestellt. Auf der Abszisse ist bezogen auf die Zukunft pro Jahrgang die Anzahl der Mitarbeiter abgetragen (violette Balken). Zum Vergleich stellt die graue Linie die momentane Altersstruktur dar.

Abbildung 2.6:   Prognostizierte Altersstruktur bei ausschließlicher Deckung des Netto-
                  personalbedarfs durch Einsatz von Leiharbeitern

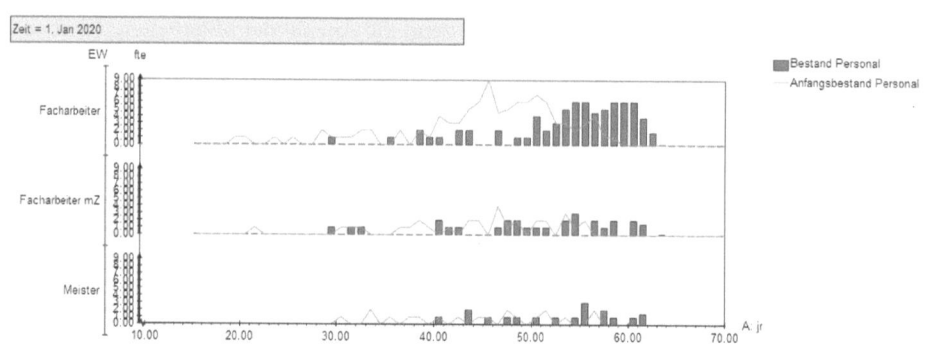

Diese Analyse gab den Ausschlag, die Strategie zu überdenken. Eine erste Idee war, die
Anzahl der Leiharbeiter nicht weiter zu erhöhen und sämtliche entstehenden Kapazitätslücken durch die Übernahme von Ausgebildeten zu decken. Die resultierende Altersstruktur
ist in Abbildung 2.7 dargestellt. Das Bild zeigt, dass ein solches Verhalten zur Bildung von
zwei „Blöcken" führen wird: einem Block junger Mitarbeiter und einem Block älterer Mitarbeiter.

Abbildung 2.7:   Prognostizierte Altersstruktur bei ausschließlicher Deckung des Netto-
                  personalbedarfs durch Ausgelernte

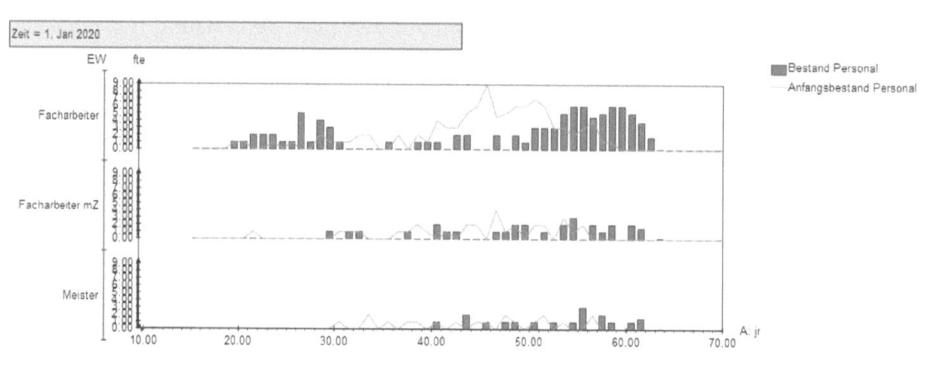

Eine weitere Option wäre hier, Mitarbeiter mit anderen Betrieben am gleichen Standort
auszutauschen. Ob dies realistisch wäre, würde sich wiederum nach nur wenigen „Maus-
klicks" erweisen.

2.4 Lerneffekte

Aller Anfang ist schwer – diese „Weisheit" hatten uns schon diejenigen mit auf den Weg gegeben, die früher als Evonik mit der Szenariosimulation als Grundlage für den Personalplanungsprozess gestartet waren. Konkret war dies der Hinweis darauf, dass wir mit unserem Ansatz, der ohne ein durchaus hohes Maß an Aufwand, Engagement und Durchhaltevermögen nicht zum Erfolg führen wird, auf Skepsis in der Organisation stoßen würden. Derart präpariert, setzten wir schon bei der Auswahl eines Pilotprojekts darauf, die Geschäfts- und Standortverantwortlichen in der Sache zu überzeugen statt eine „Corporate-Idee" überzustülpen.

Die Zusammenarbeit aller Beteiligten gelang daher schon bei dem ersten Piloten an einem Produktionsstandort des Geschäftsfelds Chemie so überzeugend, dass schnell weitere Interessenten für neue Modelle gefunden werden konnten. Zwar begegneten wir hin und wieder denjenigen, die meinten, die Themen Personalplanung und Auswirkungen des demografischen Wandels auch ohne leistungsfähige und innovative Software im Griff zu haben. Solche Skeptiker konnten durch die gemeinsame Arbeit an den Modellen und die daraus generierten Ergebnisse aber schnell überzeugt werden; sie verließen sich fortan doch besser nicht mehr auf ihr „Bauchgefühl".

Rückschläge waren äußerst selten und beruhten ausschließlich darauf, dass vereinzelt z. B. wegen paralleler, anderweitiger Belastungen das ohne Zweifel erforderliche hohe Commitment für das Plan@HR-Projekt fehlte.

Ein großer Erfolg des Projekts war die Zusammenarbeit in fachübergreifenden Projektteams. Dies beförderte in hohem Maße das Verständnis von anderen, häufig bisher nicht näher bekannten Teilen des Konzerns und eröffnete tiefe Einblicke in andere Fachfunktionen. Die beteiligten Personalverantwortlichen nutzten die Gelegenheit, den unmittelbaren Wert und Nutzen ihres Tuns für das operative Geschäft zu belegen und so die – gelegentlich immer noch schwierig zu erreichende – uneingeschränkte Akzeptanz der Kollegen anderer Bereiche zu gewinnen.

Des Weiteren gaben die konzernweiten Plan@HR-Aktivitäten den Anlass, ein konzern- und weltweit geltendes und anwendbares Jobfamilienkonzept zu etablieren; ein bedeutsamer Schritt für den Konzern, der mit dem Begriff „Nebeneffekt" sicherlich unzureichend umschrieben wäre.

Herauszustellen ist schließlich, dass eine maßgebliche Motivation für die Beraterentscheidung sich als tragfähig erwies. So war es uns bereits zu Beginn des Projekts wichtig, eine Beraterunterstützung zu bekommen, die Raum ließ für die eigene Mitarbeit an den Modellen und Transparenz gewährleistete für das in der verwendeten Software Dynaplan Smia hinterlegte Wirkungsgefüge. Diese Transparenz war es auch, die sowohl den grundsätzlichen Buy-in der Beteiligten aus den operativen Organisationseinheiten als auch eine fundierte Diskussion zwischen diesen und den beteiligten Personalverantwortlichen über notwendige Maßnahmen ermöglichte. Mit einem in einer „Black Box" angelegten Wirkungsgefüge wäre dies wohl kaum gelungen. Aufgrund der unmittelbaren Mitarbeit an den Modellen hat auch ein Know-how-Transfer stattgefunden, der nun eigene Mitarbeiter befähigt, Plan@HR-Modelle zu erstellen und bei Bedarf zu überarbeiten und anzupassen.

2.5   Ausblick

Die Szenariosimulation hat sich nach eindrucksvollen Anfangserfolgen in Pilotprojekten und dem inzwischen auch auf die USA und China erstreckten Roll-out von Plan@HR fest als Instrument einer validen und verlässlichen Personalplanung etabliert.

Sichtbare Weiterentwicklungen ergeben sich hinsichtlich der stetigen Verbesserung der Nutzung der Simulationssoftware Dynaplan Smia wie auch hinsichtlich der Ausweitung der Modellkategorien. So wird zunehmend der Bedarf gesehen, Reorganisations- oder Restrukturierungsszenarien – und damit eher kurzfristig angelegte Szenarien – schon im Planungsstadium durch ein maßgeschneidertes Modell begleiten zu lassen. Auch hat die anerkannte Qualität der Planungsmodelle dazu geführt, dass erste sogenannte „Funktionenmodelle", also Modelle für bestimmte Fachfunktionen wie z. B. „Finanzen", nachgefragt und begonnen wurden.

Mit Nachdruck wird in den kommenden Monaten in den analysierten Bereichen des Konzerns weiter an der Ableitung konkreter Maßnahmen aus den Plan@HR-Modellen zu arbeiten sein. Erst wenn nachgewiesen ist, dass mit solchen Maßnahmen die in den Modellen ermittelten Alters-, Kapazitäts- und Qualifizierungsrisiken abgewendet oder deutlich gemildert werden können, wird sich abschließend der volle Erfolg des Projekts Plan@HR einstellen.

3 Innovationsfähigkeit durch konsequente Vernetzung

Guido Happe

3.1 Allgemeines

Beim Begriff „Netzwerk" denkt man mittlerweile oft zunächst an die vielfältigen Netzwerke, die sich im World Wide Web tummeln. Kontakte werden dort eher virtuell und oft anonym gepflegt. In diesem Beitrag geht es jedoch vor allem um die transparenten, gefühlten und physischen Netzwerke.

Netzwerke sollen dazu dienen, das eigene Unternehmen, die eigene individuelle Arbeit innovativ zu halten und die permanente Neu- und Weiterentwicklung einer Organisation(seinheit) zu unterstützen.

Das natürlichste aller existierenden Netze ist das Netz der Spinne. Wenn man einen ersten Blick wagt, so erscheint das Spinnennetz recht einfach aufgebaut und strukturiert. Radial verlaufende Spinnenfäden sind durch viele Querverbindungen verbunden und bilden hierdurch eine Art sternförmiges Gerüst. Wenn man aber genauer die Struktur betrachtet, dann ist das Spinnennetz keineswegs einfach aufgebaut: Die Radialfäden weisen keine Symmetrie auf und keine der Querverbindungen gleicht der anderen. Die Abstände und Längen scheinen ohne ein erkennbares Muster zu variieren. Spinnen haben offensichtlich in ihrer Evolution gelernt, ihre Netze so zu spinnen, dass diese ihren jeweiligen Zweck in der jeweiligen Umgebung erfüllen. Angepasst an ihre veränderten Umgebungen, an die verschiedenen Jahreszeiten, an das Beutespektrum. Spinnen haben es beim Netzwerken in einer langen Evolutionszeitspanne zur Meisterschaft gebracht.

Abbildung 3.1:   Ausprägungen im Netzwerk

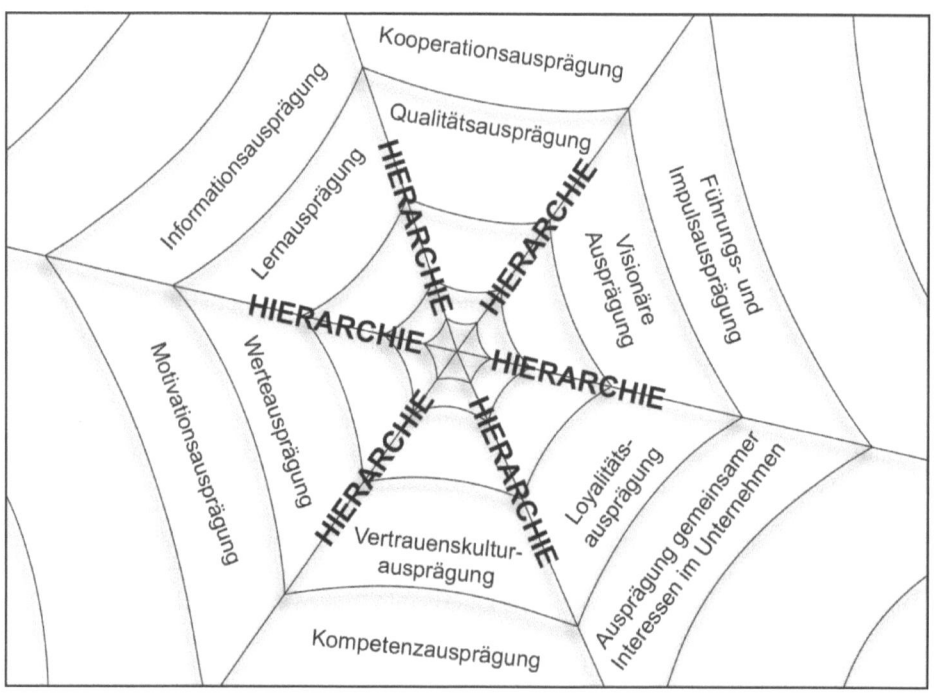

In unserer Gesellschaft und dem „Daily Business" wird Networking als essenziell angesehen, aber pragmatisch und aktionsbezogen betrachtet. Gute Manager sehen sich in der Rolle des Netzwerkers und nutzen zeitgemäße Netzwerkkanäle wie selbstverständlich. Dabei wird oft übersehen, wie viel Aufwand, Geschick, Konsequenz und guter Wille für den Aufbau von lebendigen und funktionierenden (Kommunikations-)Netzwerken nötig sind. Netzwerke sind eben keine Modeerscheinungen, sondern auf Nachhaltigkeit und Eigendynamik sowie automatische und permanent abrufbare Wiederherstellung angewiesen und ausgerichtet. So stark, wie sie sind, so sensibel sind sie auch. Die Gefahr von sensiblen Gebilden wird nicht nur oft unterschätzt, sondern auch oft nicht durchdacht, bevor „man etwas in Gang setzt". Netze sollen hierarchieneutral sein und bleiben. Aus diesem Grund bewegen sich auch viele Menschen in Netzwerken, da diese vermeintlich unverbindlich und offen gestaltet sind. Dies ist aber nur eine oberflächliche Betrachtung. Netzwerke müssen sich permanent gegen zwei Gefahren wehren:

1. Auf der einen Seite kann ihr hoher Grad an (gewünschter und erwarteter) Selbstregelung dazu führen, dass sich um das Netzwerk herum eine unsichtbare Wand bildet, wodurch die naturgemäße und gewünschte Offenheit des Netzes verloren geht. Dies geschieht oft unbemerkt und rasant. Eine „Closed-Shop"-Mentalität tritt auf.

2. Auf der anderen Seite kann ein zu hoher Grad an Fremdregelung genau die hierarchie-ähnlichen Gebilde hervorbringen, denen man ursprünglich ausweichen wollte. Netzwerke wollen auch „geführt" sein.

Grundlegend sind demnach folgende Voraussetzungen für Netzwerke:

- Netzwerke müssen hierarchiefrei sein.

- Netzwerke dürfen keine Eintrittsbarrieren haben.

- Netzwerke müssen jeweils dieselben Interessen verfolgen.

- Netzwerke dürfen aber nicht zu groß werden, sonst entsteht die Gefahr einer negativen Rückkoppelung und Hierarchiebildung zum Zwecke der Selbstverwaltung, nicht mehr zum Zwecke einer gemeinsamem Zielerreichung.

- Allen Mitgliedern eines Netzwerkes muss klar sein, dass es ein dünner Faden ist zwischen „eintrittsbarrierefrei sein" und dem „Closed-Shop"-Effekt.

3.2 Formen

Netzwerke sind im Grunde „wirtschaftliche Koordinationsmöglichkeiten". Grundsätzlich kann in der ökonomischen Netzwerkidee zwischen vier Arten und Formen von Netzwerken unterschieden werden:

- Organisationsnetzwerke: Organisationsnetzwerke sind Sozialsysteme innerhalb eines in der Regel stark profit- und cost-center-lastigen, multidivisionalen (in sehr autonomer Ausprägung) Unternehmens. Organisationsnetzwerke entstehen besonders dann, wenn die einzelnen, autonomen Einheiten des Unternehmens hierarchisch geprägt sind und durch zwar autonome, aber dennoch für das Unternehmen ziemlich identische Aufgaben und Funktionen agierende Einheiten sowie redundante Führungsstrukturen aufweisen. Durch die gegenseitige Abhängigkeit der Unternehmenseinheiten, gepaart mit ausgeprägter Führungsredundanz, kann es in Organisationsnetzwerken zu Konflikten kommen, die Entscheidungen und Flexibilität beeinträchtigen. Konflikte werden größer, je ausgeprägter die Redundanzen sind. Auch von den Individuen gefühlte Redundanzen reichen aus, um Konfliktpotenzial abzurufen, es müssen nicht immer die reellen Redundanzen sein.

- Marktnetzwerke (wie z. B. Franchising-Netze): Marktnetzwerke entstehen auf Basis geringer Redundanzen zwischen den „Netzwerkteilnehmern" hinsichtlich hierarchischer Strukturen. Die Hierarchie in Marktnetzwerken ist jedoch essenziell, um einen Auftritt auf dem Markt zu haben. In Marktnetzwerken wird ein gemeinsam vereinbartes Weisungs- und Kontrollsystem eingebaut. Hier findet man entsprechend einem einheitlichen Auftritt – idealerweise – eine Netzwerkidentität. Marktnetzwerke sind meist ohne gegenseitige Abhängigkeit und können flexibel austauschbar sein. Hier liegt die Gefahr in der Sicherung der gemeinsamen Qualitätsansprüche und Stabilität der Netzwerke.

■ Strategische Netzwerke (z. B. Allianzen, Einkaufspartnerschaften etc.): Strategische Netzwerke entstehen, wenn hauptsächlich Funktionen externalisiert werden sollen und/oder Kosten geteilt bzw. reduziert werden sollen/müssen, um flexibler mit Transaktionskosten umgehen zu können. Strategische Allianzen haben ähnlich wie Marktnetzwerke eine Netzwerkidentität, sind aber wesentlich definiert durch klare Ziele und klare Rollenverteilungen, jedoch ohne hierarchische Ausprägungen. Strategische Netzwerke sind klar geprägt von fokussierten Handlungen und sind nach Gründung in einer hohen Verantwortung für die beteiligten Unternehmen.

■ Regionale Netzwerke (z. B. Arbeitskreise, Initiativen etc.): Regionale Netzwerke entstehen meist durch informelles Zusammentreffen von Personen zum Austausch von Informationen und zur freiwilligen Erarbeitung spezifischer Themen sowie zur Erweiterung des persönlichen Kontaktnetzwerkes, ohne Abhängigkeitscharakter und ohne hierarchische Ordnung.

3.3 Unternehmensführung und Vernetzung

Die vier Ebenen der Unternehmensführung sind in unterschiedlicher Ausprägung von Vernetzungen, von Netzwerken beeinflusst. Vernetzung kann top-down getrieben sein wie auch bottom-up. Unternehmensführung spielt sich ab auf den vier Ebenen

■ visionäre Ebene

■ normative Ebene

■ strategische Ebene

■ operative Ebene

Auf der obersten Ebene der Unternehmensführung, der **visionären Ebene**, geht es hauptsächlich darum, in den Menschen im Unternehmen Begeisterung hervorzurufen, damit möglichst viel positive Energie in eine bestimmte, gewünschte – idealerweise für das Unternehmen richtige und zukunftsträchtige – Richtung gelenkt werden kann. Die **normative Ebene** der Unternehmensführung bestimmt die Grundwerte des Unternehmens, mit denen die Kultur unterstrichen oder auch verändert werden soll. Auf der **strategischen Ebene** werden bestimmte Absichten in konkrete Ziele formuliert und Wege skizziert, um genau diese Ziele auch zu erreichen. Die **operative Ebene** schließlich ist die Ebene, auf der alle Spannungen zwischen notwendiger Effizienz, also dem Verhältnis von Mitteleinsatz zu Ergebnis, und ebenso notwendiger Effektivität, d. h. dem Verhältnis von erreichtem zu geplantem Ergebnis, im Tagesgeschäft ausgetragen werden. Und genau aus diesen Perspektiven werden Netzwerkformen betrachtet und sollten von Anfang an von allen freiwilligen und auch unfreiwilligen Teilnehmern/Mitgliedern von Netzwerken intensiv betrachtet werden.

Selbstverständlich existiert auf allen vier Ebenen eine Vernetzung, jedoch in wesentlich unterschiedlicher Ausprägung. Auf der **visionären Ebene** findet man Vernetzung am seltensten. Der Grund dafür ist, dass Netzwerke Strukturen sind und die Struktur hierdurch nicht unbedingt zu einem visionären, innovativen Begeistern und Sprengen von Grenzen passt. Auch wenn dies einen ironischen Beigeschmack hat, so trifft dies meist auf große Unternehmen zu. Bei kleinen Unternehmen findet man dennoch zahlreiche Beispiele, wo auf der visionären Ebene starke Netzwerke aufgebaut werden, meist aus Gründen der Gestaltung virtueller Unternehmensgrößen oder weil nur auf diese Weise neue Technologien entstehen können, da die eigenen personellen Ressourcen sowie finanziellen Mitteil nicht reichen.

Auf der **normativen Ebene** dient die Idee der Vernetzung oft dazu, einen Wertewandel im Unternehmen anzustoßen. Ein beispielsweise ganz auf Wettbewerb ausgerichtetes Unternehmen (mit gleichzeitigem Kooperations- und Konkurrenzansatz) etwa könnte eine Richtungsänderung durch die Verwendung der Metapher Vernetzung greifbarer machen für die Mitarbeiter. Letztendlich ist es eine spannende und trickreiche Aufgabe, einer durchweg kompetitiven Belegschaft plötzlich Werte wie Fairness, Toleranz oder Offenheit nahezubringen. Da hilft es, wenn ein Begriff wie eben der der Vernetzung nicht direkt als moralische Instanz wirkt. Vernetzung gefällt den pragmatisch Orientierten im Unternehmen, weil Vernetzung ein Geben und Nehmen ist und eher einen Tauschcharakter besitzt. So hilft im hoch-kompetitiven Umfeld die Metapher Vernetzung auch jenen, die in einer Konkurrenzkultur intern oder extern den sogenannten Kürzeren ziehen und sich daher nach einem Rest an Geborgenheit in einer Organisation sehnen. Und dies kann eine Vernetzung bieten.

Am ausgeprägtesten und stärksten kommt die Idee und Umsetzung auf der **strategischen Ebene** zur Geltung. Hohe und steigende Kosten für Produktentwicklung, Markteinführung und Marktdurchsetzung, auf volatilen Märkten mit abnehmenden Branchengrenzen und mit Produktzyklen, die teils gedankenlos so verkürzt werden, dass Unternehmen reihenweise in Beschleunigungsfallen tappen (können), fördern und fordern immer mehr ein strategisches Handeln kollektiver Ausprägung.

Die **operative Ebene** zeigt die Stunde der Wahrheit. Was normativ und strategisch beschlossen wurde, muss permanent im Tagesgeschäft verwirklicht werden. Im Ergebnis also: normativ + strategisch = operativ.

Es gilt:

1. Verteilt wird erst, wenn etwas da ist. Niemals vorher! Falsche Erwartungen und fehlender Realismus zerstören ein ganzes Netzwerk.

2. Keep it simple: Weg vom individuellen, hin zum kollektiven Denken und Handeln sowie weg vom kurzfristigen Denken hin zum langfristigen Denken und Handeln, geprägt von der Überzeugung, dass Netzwerke auf Sicht eine Balance von Geben und Nehmen schaffen und jeder Teilnehmer eines Netzwerkes seine persönlichen Interessen und Ziele stets mit denen der anderen abgleichen muss.

3.4 Was sind die Besonderheiten und Grundlagen erfolgreicher vernetzter Beziehungen?

Es lassen sich fünf Faktoren als Grundlage für eine erfolgreiche interne oder externe Beziehung durch Vernetzung ausmachen:

1. **Langfristigkeit, Stabilität, Identitätsstiftung und Agilität**

   Der zeitliche Horizont und die Begrifflichkeiten hier in Einklang zu bringen, erscheint manchmal als paradox. Einerseits müssen Netzwerke langfristig genug sein, um den Aufbau von Vertrauen zu ermöglichen und dem Netzwerk eine Identität zu verleihen. Die Teilnehmer eines Netzwerkes müssen sich stets darauf verlassen können, dass das Netzwerk morgen auch noch da ist und lebt. Viele virtuelle Organisationen scheitern daran, dass die Virtualität zu wörtlich genommen wird und der Charakter eines Luftschlosses vermittelt wird. Andererseits sollen Netzwerke aber auch so flexibel und „lose" aufgelegt sein, um die abhängige Bindung zu vermeiden. Netzwerkbeziehungen innerhalb des Unternehmens und auch außerhalb zwischen Partner, Lieferanten etc. müssen also gleichermaßen agil und identitätsstiftend sein. Das erscheint zunächst schwierig in der Umsetzung. Auf den zweiten Blick ist dies nicht schwierig, wenn alle Teilnehmer einen realitätsgeprägten Blick wagen und das gesamte Netzwerk vor ihre eigenen Interessen stellen, auch wenn die Erfüllung der eigenen Interessen Ziel des Beitritts zu einem Netzwerk war/ist. Gemeint ist an dieser Stelle jedoch, dass jeder Teilnehmer bei Gründung bzw. Beitritt eines Netzwerkes die Vorstellung hat, ein Netzwerk lebt auch weiter, wenn man nicht mehr dabei ist. Dies ist sicherlich eine gültige und hilfreiche Regel, erfolgreich in einem Netzwerk zu agieren: mit Realismus sich nicht zu wichtig nehmen.

   Das Beste, was einem Netzwerk passieren kann, ist, dass es sich in Summe immer wieder erneuert und dennoch als Einheit Stabilität signalisiert. Grundlagen sind also – idealerweise – ein Vertrauensvorschuss untereinander im Netzwerk und ein ständiges Überdenken des Systems, evtl. auch eine kontinuierliche Auswechslung von Teilnehmern, Mitgliedern usw.

2. **Kooperatives Verhalten**

   Auch der zweite Faktor, die Überlegenheit kooperativen Verhaltens, mündet durch den flexiblen Zeithorizont in einem Dilemma. Wird die Teilnahme im Netzwerk zeitlich beschränkt, so lohnt sich kooperatives Verhalten nicht oder nur wenig. Geben und Nehmen als langfristige Komponente sind dann nur schwer nachvollziehbar. Kooperation findet meist nur dann statt, wenn die Zukunft relativ zur Gegenwart wichtig genug ist für den Einzelnen. Das wiederum verlangt, dass die Beziehungen dauerhafter anzulegen sind, was jedoch den jeweiligen Akteuren die Agilität und dem Netzwerk einen wichtigen Vorzug raubt.

   Netzwerke sind also Gefahren, Risiken und Dilemmata ausgesetzt. Es gibt aber Möglichkeiten, diesen Risiken, diesen Dilemmata zu entkommen bzw. von Anfang an entgegenzuwirken. Grundsätzlich gehen wir davon aus, dass nur Kooperationswillige einem

Netzwerk beitreten. Bei freiwilligen Netzwerken ist dies ohnehin der Fall. Bei unfreiwilliger Teilnahme und Mitgliedschaft können die folgenden Empfehlungen helfen, unkooperatives Verhalten und Handeln zu verhindern:

– Man kann die Interaktion im Netzwerk häufiger stattfinden lassen. Durch die Menge der Interaktionen können kooperatives Verhalten und Vertrauen häufig geprobt werden. Regelmäßigkeit + Intensität = Stabilität

– Man kann die Interaktionen auch auf kleine Gruppen konzentrieren, indem sich öfter nur die Mitglieder treffen, die exakt auf einer Welle sind. Größere Gruppen können inhaltlich schweifen und blockieren. Konzentrierte Interaktionen können aber andererseits auch Gruppenbildungen nach sich ziehen und Offenheit verhindern.

– Man kann den Verhandlungs- bzw. Themengegenstand in Teile aufspalten, wodurch es wiederum zu einer höheren Anzahl von Interaktionen untereinander kommt. Dies wird als sogenannte fraktionale Annäherung definiert. Die einzelnen Teilschritte werden so klein gehalten, dass sich verdeckte Kommunikation, und damit unkooperatives Verhalten, gar nicht erst lohnt.

3. Macht

In stark hierarchischen Systemen ist Macht stets ein zentraler Punkt. Macht hat dann eine Abhängigkeitsausprägung. Geschäftsbeziehungen unterliegen stets einem Machtgefüge. Machtgefüge bedeuten in „klassischen Organisationsformen" die Abfolge immer wiederkehrender Episodenarten, in denen das existierende Machtgefälle zwischen zwei oder mehr Protagonisten immer wieder neu zu definieren ist. Hier ist dann Macht als Ergebnis eines Aushandlungsprozesses zu verstehen, in dem Protagonist A versucht, Protagonist B seine Machtüberlegenheit zu beweisen, indem er seine Machtressourcen einbringt, wobei B das Gleiche tut, um die Machtüberlegenheit des A aufzuheben, abzumildern oder zu testen. Dieser Prozess schließt in der Regel alle Mittel von der Drohung über die Belohnung bis zum Bluff ein.

In Netzwerkbeziehungen verliert Macht die zentrale Rolle. Wenn Netzwerke die Dynamik behalten und auch zielorientierte Abhängigkeiten existieren, treten Machtgefälle nicht ein bzw. ebnen sich rasch wieder ein. Sicherlich versucht ein Teilnehmer immer wieder, die zentrale Figur zu sein, jedoch kann kein wirkliches Machtgefälle stabil bleiben. Macht ist in vernetzten Beziehungen, in Netzwerken viel mehr verteilt als in klassischen Zweierbeziehungen oder gar in der Hierarchie, so dass Macht als Steuerungsinstrument für Netzwerke keine Relevanz hat.

Eine Ausnahme können strategische Netzwerke bilden, wenn ein Unternehmen, eine Organisationseinheit die originär dominante Rolle hat und alle anderen sich dieser anschließen – also keine Zusammenkunft von Gleichen stattgefunden hat. Dann kann es zu einer hierarchischen Mischform kommen, die aber nicht als Netzwerk oder Vernetzung zu verstehen ist im Rahmen der Betrachtung des Zusammenhangs von Vernetzung und Innovation.

Netzwerke müssen also machtfreie oder machtverteilte Systeme sein.

4. Vertrauen

Da Netzwerke meist nicht auf vertraglicher Basis gebunden sind, spielt Vertrauen in
diesem Modell des Beziehungsmanagements eine tragende Rolle. Netzwerke sind ver-
tragsfreie Systeme, sie basieren auf dem Vertrauen der Mitglieder in die gegenseitige
Loyalität und Zielerreichungsunterstützung während der Laufzeit des Netzwerkes bzw.
der Laufzeit der persönlichen Teilnahme.

Nur wer vertrauen kann, kann netzwerken!

Nur Menschen, die zu einer loyalen Selbstbindung fähig und bereit sind, können netzwerken!

5. Commitment und innere Bereitschaft zur Bindung

Innerhalb eines Netzwerkes zeigt die Erfahrung, dass eine auftretende Distanz zwischen
den Mitgliedern des Netzwerkes von Zeit zu Zeit beobachtet wird. Commitment ist hier
ein zentraler Faktor. Das Commitment zwischen Unternehmen oder zwischen Organisationseinheiten wird zunächst nur durch die innere Verpflichtung der beteiligten Menschen entstehen. Bei Netzwerken privater Art und funktionsorientierten Netzwerken ist
es ohnehin ein freiwilliges, von allen Beteiligten gesuchtes Commitment. Zuvor wurde
die rationale Betrachtung des Gebens und Nehmens angesprochen. Es gibt natürlich
auch die emotionale Betrachtung von Situationen und Transaktionen innerhalb eines
Netzwerkes. Ist ein Teilnehmer von einem anderen Teilnehmer enttäuscht oder tritt ein
schlechtes Gefühl einem anderen Teilnehmer gegenüber auf, und hat der fühlende Teilnehmer noch den rational-geprägten Eindruck, dass es eine für ihn negative Kosten-
Nutzen-Betrachtung ergibt, so bröckelt es nicht nur in einem Netzwerk, sondern zukünftige Situationen werden schnell weniger ergebnisoffen betrachtet. Wichtig in Netzwerken ist also die Betrachtung emotionaler und rationaler Ebenen.

Was dem einen hilft, soll dem anderen nicht schaden, aber was dem einen hilft, muss
dem anderen nicht auch helfen.

Eine auf Innovation ausgerichtete Vernetzung wird dann stabil und auch robust, wenn
das zunächst rein individuelle Commitment auf die Ebene der Orientierung der Gleich-
gesinntheit der Netzwerkpartner gebracht wird.

Netzwerke müssen die Fähigkeit haben, Enttäuschungen zu überwinden und stets erneut Vertrauen aufzubringen. Innovationen sind langfristige Prozesse und Netzwerke
müssen sich dem „unterordnen".

3.5   Vernetzung und Top Management

Vernetzte Beziehungen innerhalb eines Unternehmens zur Innovationsförderung oder Projektarbeit sowie zwischen Unternehmen zur Transaktionskostenteilung oder technologischen Kompetenzbündelung sind, wie zuvor beschrieben, hierarchiefrei in der Ausprägung.
Dies macht ebenso neue Funktionswahrnehmungen der Unternehmensleitung notwendig.
Im Rahmen einer idealen, erfolgreichen und robusten Vernetzung innerhalb eines Unter-

nehmens besteht die Aufgabe der Unternehmensleitung nicht mehr in der hierarchischen Leitung und Kontrolle, sondern vielmehr in der Steuerung und Ermöglichung nichthierarchischer Entscheidungsprozesse. Für die Unternehmensleitung bedeutet dies, die von Netzwerk-Akteuren getroffenen Entscheidungen zu legitimieren. Diese Kontextsteuerung beinhaltet primär und transparent Aspekte wie Vertrauen statt Misstrauen. Für das Top Management heißt Innovationsfähigkeit fördern, fordern und sicherstellen jetzt das Kreieren eines innovationsfreundlichen Umfeldes, die Dezentralisierung von Entscheidungen und dadurch die Realisation des reinen Netzwerkgedankens auf normativer, strategischer und operationaler Ebene.

Verbesserungen und Neuerungen gegenüber dem Bestehenden wahrzunehmen kann nur, wer auch top-down Neuerungen zulässt. Mit der Anerkennung einer netzwerkorientierten Notwendigkeit von Vertrauen in einem Unternehmen durch das Top Management geht die Überzeugung einher, dass sich Prozesse in sozialen, ökonomischen Systemen eigendynamisch entwickeln und im Zuge dessen erst Innovation möglich wird. Angenommen wird, dass sogenannte „technische Freigeister" stets mehr Neuerungen produzieren als „strukturell Gefangene" – Vertrauenskultur vor Hierarchiekultur. Entscheidend ist, seitens der Unternehmensleitung die Bedeutung von Innovationen zu signalisieren und die Bedeutung von Vernetzung und Netzwerken für Innovationen mit gleichbleibender Vertrauenskultur. Hierdurch verfolgen interne Unternehmensnetzwerke – Organisationsnetze – gemeinsame und klare Ziele.

3.6 Rahmenbedingungen und Chancen auf Mitarbeiterseite

Wie auch die Unternehmensleitung positioniert und definiert sich ein jeder Mitarbeiter über sein spezifisches, netzwerkförderliches Fachwissen und nicht durch seine entsprechende Positionierung im Organigramm. Jeder Mitarbeiter hat im Rahmen eines Netzwerkes wesentlichen Kompetenzspielraum und muss diesen entsprechend nutzen. Für den einzelnen Mitarbeiter geht es hier um Begriffe wie eigenverantwortliches Denken, Motivation, Mobilität, Konfliktfähigkeit, Kommunikations- und Kooperationsbereitschaft, Lernfähigkeit etc. – also eigentlich keine neuen Eigenschaften gegenüber der Tätigkeit und Funktion innerhalb des Organigramms. Viel wichtiger ist das Bewusstsein, dass eine Vernetzung Hierarchien wegfallen lassen kann und verantwortungsvolles, uneitles Handeln im Sinne des Unternehmens entscheidend ist.

- ■ Die Chance für die Unternehmensleitung aus Sicht der Mitarbeiter ist: Kein Hierarchiedenken führt zu idealer Vernetzung führt wiederum zur Ergebnisorientierung und Loyalität zum Unternehmen führt wiederum zur Stärkung der Unternehmensleitung …

- ■ Wollen – Können – Dürfen: Alle drei Attribute müssen gefördert und gefordert werden.

Die kulturelle Einschätzung an dieser Stelle ist, dass Unternehmensleitung und Mitarbeiter im Rahmen einer Diskussion über das Unternehmen als Innovationssystem ein „neues, altes

Menschenbild" entwickeln: Dies wird als „positivistisch" bezeichnet und in der Wissenschaft seit vielen Jahren im Rahmen der Vertrauensorganisation behandelt. Für den Mitarbeiter sind fokussierte Vernetzungen die Chance, seinen eigenen Fähigkeiten und Schwerpunkten mehr Raum zu geben und bestehende informelle Netzwerke nicht nur neben offiziellen Beziehungen zu pflegen, sondern aktiv in die tägliche Arbeit einzubeziehen.

Wie würde ein Unternehmen aussehen, wenn das Organigramm nicht aus Funktionsbeschreibungen und Hierarchien, sondern aus reinen Netzwerken bestünde? Hätten Unternehmen bestimmter Branchen und Größen Vorteile dadurch oder ist dies nicht zu realisieren? Bei allem Schwärmen von Netzwerken und Vernetzungen sind dies berechtigte Fragen und sollten in der Unternehmensleitung ernsthaft diskutiert werden. Als Planspiel hierfür ist es empfehlenswert, das Unternehmen einmal fiktiv zu spiegeln und Aufgaben zu verteilen und nicht Funktionen; sowie Aufgaben anhand von Fähigkeiten zu verteilen, ohne Blick auf Führungsebenen. Eine berechtigte Vermutung ist, dass hierdurch ein neues Unternehmen geschaffen werden würde und sich neu entdecken könnte. Hierzu gehören natürlich nicht nur Mut und Fortune, sondern ebenso finanzielle Möglichkeiten, Ressourcen und Zeit für ein derartiges Projekt. Hierarchie soll an dieser Stelle bewusst nicht negativ dargestellt werden, da Hierarchien dem Mitarbeiter in funktionaler Weise Orientierung vermitteln. Eine komplette Reorganisation, um die bisherigen hierarchischen Strukturen zugunsten einer Netzwerkorganisation abzulösen, könnte im Extremfall eine Orientierungslosigkeit seitens der Mitarbeiter nach sich ziehen. Dies sei ebenso zu bedenken und in ein mögliches Planspiel mit einzubeziehen.

3.7 Innovationsnetzwerke als notwendige Reaktion auf ein verändertes Wettbewerbsumfeld

Sich selbst und Produkte, Dienstleistungen und Beratungsscherpunkte ständig neu zu erfinden, entdecken und zu erleben begleitet uns nahezu täglich und ist geprägt durch stetig hohen Wettbewerbs- und Innovationsdruck. Erst der entstehende Wettbewerbsdruck veranlasst Unternehmen und deren Unternehmensleitungen vielfach dazu, die tradierten Organisationsstrukturen zu überdenken und von Zeit zu Zeit zu verändern. Von Zeit zu Zeit kann hierbei durchaus alle fünf, alle zehn Jahre bedeuten. Wir brauchen ohnehin viel mehr Mut und Gespür für notwendige Anpassungen. Meist ist Innovationsmanagement in Unternehmen eine rein technik-getriebene Instanz. Das reicht natürlich bei Weitem nicht aus.

Wenn Unternehmen und Unternehmenseinheiten sich nicht mehr als die tragenden Wirtschaftssäulen im Kampf um Marktanteile und wirtschaftliche Quartalsstärke sehen würden, sondern sich als Komplementatoren und Kollaboratoren betrachteten, wäre eine Kultur der gemeinschaftlichen Formen der Leistungserbringung geschaffen. Das Schlagwort Vernetzung begleitet hierbei ständig den Paradigmenwechsel.

Es geht also um das Zusammenspiel von Unternehmen und Unternehmenseinheiten – die Vernetzung von Wissen und nicht Funktionen und Hierarchien. Vertikale Netzwerke sind in der Netzwerkforschung die zentralen Netzwerke zum Innovationserfolg von Unternehmen. Vertikale Netzwerke sind jedoch rein auf Unternehmen ausgerichtet, nicht auf Unternehmenseinheiten innerhalb eines Unternehmens. Hier wird beides gleichermaßen betrachtet, weil grundsätzlich vom gleichen Sinn und gleichen Erfolg auszugehen ist.

Partnerschaften und Netzwerke zwischen Unternehmen direkt aufeinanderfolgender Wertschöpfungsstufen erlangen hierbei zunehmend praktische Bedeutung und sind die Grundlage von vertikalen Netzwerken. Unternehmen versprechen sich dadurch eine nachhaltige Steigerung des (Innovations-)Erfolges durch Reduktion von Zeit und Kosten im Innovationsprozess. Betrachtet man diesen Ansatz nicht nur aus technischer Sicht, sondern vielmehr aus der Balance zwischen Technik, Kultur, Management und Wissen, dann lässt sich ein vertikales Netzwerk in jedem Unternehmen ebenso aufsetzen. Erleichtert wird dies, da die meisten Bereiche, Unternehmenseinheiten ohnehin als Kostenstellen geführt werden.

Grundsätzlich ist es notwendig, interne Einheiten stärker zu vernetzen. Würde ein Unternehmen alle Bereiche in eigene Unternehmen aufteilen, so würde es ein Leichtes sein, die Vernetzung zu bejahen. Dass Unternehmenseinheiten hierarchisch in Organigramme eingeteilt werden (müssen), hat wohl vielmehr mit bestehenden Führungsstrukturen als mit sinnvollen Organisationsformen zu tun. Eitelkeiten und falsch verstandene sowie falsch gelebte Führungsstrukturen waren immer schon der „hidden blocker". Gehen wir aber davon aus, dass es sowohl zwischen Unternehmen als auch zwischen Unternehmenseinheiten eine überzeugte, gemeinsame, hierarchiefreie – lassen Sie uns es besser hierarchieentspannte bezeichnen – Kultur und Zielsetzung gibt, dann können komplementäre Kompetenzen gebündelt werden und ein praktischer Blick in die Zukunft erfolgen.

3.8 Handlungsempfehlungen und -notwendigkeiten für das Management interner und externer vertikaler Innovationsnetzwerke

Für das Netzwerkmanagement erscheinen einige wesentliche Indikatoren als Grundlage für den gemeinsamen Erfolg:

- Das Interesse am Erhalt der Netzwerkbeziehung

- Die Formulierung einer einstimmigen kollektiven Innovationsstrategie

- Eine Übereinstimmung grundlegender Werte und Normen innerhalb des Netzwerkes

- Die permanente Optimierung der Querverbindungen

- Eine Offenheit für den Erwerb neuer Kompetenzen und Fähigkeiten

- Die gelebte Wertschätzung des „externen" Wissens

- Die Anpassung und „Revolution" der eigenen Prozesse an die der Netzwerkpartner

■ Der regelmäßige Informationsaustausch

■ Die Herstellung einer gelebten Vertrauenskultur

Im Rahmen der netzwerkinternen Gestaltung der Koordinations- und Steuerungsprozesse sollten die Netzwerkteilnehmer vor allem **das individuelle Interesse am Erhalt der Netzwerkbeziehung ständig überprüfen.** Es reicht nicht aus, aufgrund von Traditionen oder anderen Beweggründen Netzwerke aufrechtzuerhalten, wie leider in der Praxis vielfach zu beobachten ist. Es gilt, ein gemeinsames Ziel zu erreichen und Ressourcen, Wissen und Energie zu teilen. Wenn ein Teilnehmer dies nicht mehr als gegeben ansieht, sollten die anderen Teilnehmer umgehend informiert werden, um einen Ausstieg so zu planen, dass entweder Ersatz organisiert wird oder ein existierender Teilnehmer die Wissenslücke schließen kann und will. Hierzu bedarf es Mut, sich Sinn und Unsinn einzugestehen.

Die Formulierung einer kollektiven, einstimmigen (!) Strategie hat sich als eine der relevantesten Determinanten für Erfolg oder Misserfolg gezeigt. Nur wenn eine einstimmige Strategie existiert, können sich Rollen sinnvoll verteilt auch ergänzen. Wichtig ist eine gemeinsame Analyse von Stärken, Schwächen, Chancen und Risiken, welche für die Teilnehmer in unterschiedlicher Ausprägung aber dennoch gleichbedeutend sind.

Da viele internen und auch externen Netzwerke aus Bauchentscheidungen heraus oder aus wirtschaftlicher Not gebildet werden und entstehen, erscheint es als notwendig und lebensnotwendig für Netzwerke, auf die **Wichtigkeit der Übereinstimmung grundlegender Werte und Normen** hinzuweisen. Auch wenn vordergründig eine Vernetzung sinnvoll erscheint, so ergeben sich zwangsweise früher oder später unüberwindliche Differenzen, wenn Werte und Normen nicht zu 100 Prozent geteilt werden. Ansonsten macht es Sinn, das Netzwerk auf eine kurze, bestimmte, einem spezifischen kurzfristigen Ziel ausgerichtete Zeit zu befristen. Ein langfristiger Erfolg ist damit aber nicht zu realisieren. Kompatibilität innerhalb von Netzwerken hinsichtlich von Werten und Normen ist zudem die Grundlage für die Prägung einer Netzwerkkultur und Netzwerkidentität. Identifizieren Sie Übereinstimmungen und Abweichungen hier beschriebener Art.

Um **Querverbindungen nutzen und optimieren zu können**, ist es grundlegend, diese zunächst zu erkennen und zu verstehen. Es müssen also mögliche Bruchstellen und Kontaktstellen identifiziert und verstanden werden. Dann müssen die Individualziele der identifizierten Querverbindungen gebündelt werden zu der zuvor beschriebenen kollektiven Strategie.

Ein Netzwerkunternehmen bzw. ein Netzwerkteilnehmer muss sich im Rahmen der lern- und Anpassungszeit und -prozesse die Frage stellen, ob er **von den Ressourcen und Kompetenzen der Partner profitieren und einen Lerngewinn realisieren kann und offen dafür ist, diesen Lerngewinn auch anzunehmen.** Dieser Lerngewinn wird umso höher ausfallen, wenn die Ressourcen der Netzwerkteilnehmer komplementär sind und sich optimal ergänzen. Dies ist innerhalb eines Unternehmens leichter zu sichten als zwischen Unternehmen. Innerhalb eines Unternehmens sollte es grundsätzlich nicht viele Redundanzen geben. Im Rahmen des Analyseprozesses und Netzwerkannäherungsprozesses sollten die Beteiligten daher auch die Ressourcenausstattung und die Kompetenzen der potenziellen Partner sorgfältig bewerten. Unternehmensleitung und Mitarbeiter müssen eine Kultur schaffen, in der Wissen nicht nur zu nehmen ist, sondern Wissen barrierefrei zu teilen ist. Nur wenn in einem Netzwerk ein gleichmäßiges Geben und Nehmen von Wissen und Kompetenzen stattfindet, kann eine Innovationskultur entstehen.

Des Weiteren muss eine Organisation(seinheit) die Fähigkeit haben, **das externe Wissen und die externen Kompetenzen wertzuschätzen**. Nur dann wird externes Wissen nutzbar für den Innovationsprozess. Wenn Werte, Normen, Strategien und Ressourcen sich in möglichst identischer Ausprägung zeigen, wird es kein Problem für Unternehmen(seinheiten) sein, eine gelebte Wertschätzung zu zeigen.

Als Teil eines gespannten Netzes ist es zudem grundlegend, dass Netzwerkteilnehmer **die eigenen Prozesse nicht nur überdenken, sondern auch die Bereitschaft haben, ihre eigenen Prozesse denen der Partner des Netzwerkes anzugleichen und gegebenenfalls komplett zu verändern**. Meist werden die Vorteile von (Innovations)Netzwerken gesehen und verstanden, aber vor der eigenen Tür zu kehren wird vielmals – speziell in etablierten Führungsstrukturen mit ausgeprägtem Hierarchiegedanken – als Revolution von außen verstanden. Dadurch wird leider zu häufig ein Abwehrmechanismus aufgebaut, der dem Netzwerkgedanken entgegenarbeitet. Auch hier ist es erneut notwendig, dass die Unternehmensleitung eine offene, hierarchiefreie Netzwerkkultur schafft.

Der **Austausch strategisch relevanter Informationen sowie der regelmäßige allgemeine Informationsaustausch** zeigten sich als wichtige Grundlage für nachhaltiges Netzwerkmanagement. Nur wenn alle Teilnehmer das Gefühl des offenen und zeitnahen Informationsaustausches haben, kann eine Netzwerknähe aufgebaut werden. Sind die Beweggründe der Gründung bzw. des Aufbaus von Netzwerken eher geprägt von Opportunismus oder harten Verhandlungen von Preisen oder Margen, so werden sich früher oder später schleichend „Informationsbunker" bei allen Teilnehmern aufbauen und eine Abwartetaktik vorherrschen. Hier angelangt, werden die meisten Netzwerke nicht mehr innovationsförderlich sein, sondern innovationshemmend wirken, wenn nicht sogar innovationszerstörend. Auch wenn es im originären Interesse alle Netzwerkpartner sein sollte, niemals in die Informationsfalle zu treten, und das Bewusstsein darüber vorhanden ist, scheitern die meisten Netzwerke nach wie vor an der schlechter werdenden Qualität des Informationsaustausches. Und zwar immer dann, wenn das Gefühl des Gebens größer ist als das des Nehmens oder das Gefühl des Zwanges des Annehmens größer ist als die Möglichkeit des Gebens von Prozessen und Wissen und Kompetenzen. Eine reziproke Akzeptanz ist der Schlüssel zum erfolgreichen Innovationsnetzwerk.

Last, but not least kann als allumfassende Voraussetzung für den Aufbau und den Erhalt von Netzwerken die **Herstellung einer Vertrauenskultur** angesehen werden. Zu beachten ist an dieser Stelle, dass die Reputation des eigenen Unternehmens, der eigenen Unternehmenseinheit die Einschätzung der Vertrauenswürdigkeit bei den (potenziellen) Netzwerkpartnern beeinflusst. So sollten die eigenen Handlungen auch aus der Sicht der Partner/Teilnehmer beurteilt werden und primär in den eigenen Aufbau einer hochwertigen

Reputation investiert werden. Niemand wird ein stabiles Netz spinnen und eine Vertrauenskultur schaffen, mit Partnern, die eine schlechte Reputation haben. Auch die Spinne scheint zu verstehen, wo die Querverbindungen in welcher Qualität und Intensität sein müssen, um nicht immer ein neues Netz spannen zu müssen, sondern die Stabilität des existierenden Netzwerkes weiterentwickeln zu können. Das spart Energie, die für das Tagesgeschäft sinnvoller eingesetzt werden kann und sollte.

3.9   Fazit

Die grundlegende Dynamik von (vertikalen) Netzwerken erfordert von allen Beteiligten, jedoch in besonderem Maße von der Unternehmensleitung und den Führungskräften die Bereitschaft, sich flexibel, traditions- und hierarchiefrei den notwendigen Veränderungen anzupassen und die Chancen durch gegenseitiges Lernen wahrzunehmen. So sind (vertikale) Innovationsnetzwerke eher ein Lern- als ein Planungsprozess.

Innovationsmanagement wird entsprechend mehr und mehr zu einem Netzwerkmanagement. Ein Netz hängt und lebt an und von seiner Umwelt, seiner Umgebung. Ist hier kein Fit, wird ein Netz früher oder später reißen bzw. zumindest in seinem Nutzen stark eingeschränkt sein.

Nur wer die Fähigkeit des Netzspannens und Netzwerkens beherrscht und lernfähig ist, wird im Wettbewerb der Zukunft bestehen können. Zusammenarbeit ist daher intern und extern der Schlüssel für einen erfolgreichen Innovationsprozess.

4 Arbeitszeitmodelle der nächsten Generation

Jens Trompeter

Der Bankensektor und allen voran die Insolvenz des US-amerikanischen Investmenthauses Lehman Brothers stürzten die Weltwirtschaft 2009 in die schlimmste Krise der Nachkriegszeit. Die Folgen sind auch heute noch spürbar, doch mittlerweile mehren sich die Zeichen, dass die Talsohle durchschritten ist. Umso entscheidender ist es nun, dass sich die Unternehmen und ihre Mitarbeiter sicher für die Zukunft aufstellen. Innovationen sind dabei aus mikro- und makroökonomischer Sicht von existenzieller Bedeutung, da sie Stagnation und Rezession entgegenwirken. Ziel einer Innovation ist es, sich einen möglichst großen Wettbewerbsvorteil zu erarbeiten, z. B. durch die Erschließung eines neuen Absatzmarktes oder die Einführung einer neuen Produktionsmethode. Jedoch stellt sich die Frage, wie ein Unternehmen in die Lage versetzt werden kann, Innovationen hervorzubringen.

Dieser Beitrag zeigt am Beispiel der IT-Unternehmensberatung itemis AG, wie die Kreativität der Mitarbeiter gefördert und in Markterfolge umgesetzt wird. Wesentliche Bausteine der itemis-Unternehmensstrategie zur Stärkung der Innovationskraft sind das 4+1-Arbeitszeitmodell, der Aufbau einer starken Arbeitgebermarke, konsequentes Wissensmanagement, intensive Forschungsaktivitäten und eine Unternehmens- und Führungskultur, die offen und konstruktiv mit neuen Ideen umgeht.

> Die itemis AG, die ihren Stammsitz in Lünen hat, wurde im Jahr 2003 gegründet und beschäftigt mittlerweile 140 Mitarbeiter an mehreren Standorten in Deutschland, Frankreich und der Schweiz. Das IT-Beratungsunternehmen ist Spezialist und Technologieführer im Bereich der *modellbasierten Softwareentwicklung* – eine innovative Softwareentwicklungsmethode, bei der es um die Automatisierung und Standardisierung des Softwareentwicklungsprozesses geht. Die industrialisierte Herstellung von Software führt zu einer deutlichen Verbesserung der Qualität und einer höheren Entwicklungsgeschwindigkeit – und damit letztendlich zu einer Optimierung der Geschäftsprozesse.[4]

4.1 Das 4+1-Arbeitszeitmodell

In der IT-Branche und besonders für die Mitarbeiter von IT-Beratungsunternehmen gehört eine hohe Arbeitsbelastung zum Alltag. Neben umfangreichen Reisezeiten müssen die Mitarbeiter oft auch schwierige organisatorische Rahmenbedingungen und ineffiziente Prozesse in Kauf nehmen. So verlangt bei Off-Shore-Projekten allein die Zeitverschiebung ein ho-

---

[4] Vgl.http://www.itemis.de/

hes Maß an Flexibilität. Eine immer kürzer werdende Time-to-Market für Softwaresysteme und der gleichzeitige Personalabbau in vielen Bereichen der Unternehmen verschärfen die zeitliche Belastung für die Mitarbeiter.

In diesem Umfeld ist es eine besondere Herausforderung, Zeit für die kontinuierliche Weiterbildung zu finden. Das ist aber nicht nur in der IT-Branche von zentraler Bedeutung. Daher benötigt man ein Arbeitsplatzmodell, das zeitlich, räumlich und organisatorisch größtmögliche Flexibilität bietet, um Weiterbildung und Wissensaustausch im Unternehmen zu fördern. Denn stetige Fortbildung erhöht die Kreativität und die Innovationskraft der Mitarbeiter und ist Hintergrund für das itemis-Arbeitszeitmodell „4+1": Jeder Mitarbeiter hat pro Arbeitswoche einen vertraglich zugesicherten Tag für die persönliche Weiterentwicklung.

Ausgangspunkt für die Überlegungen, die zur Entwicklung des 4+1-Modells geführt haben, sind Erkenntnisse aus Bewerbungsgesprächen und einer Mitarbeiterbefragung. Demnach sorgen für die Attraktivität des Arbeitsplatzes nicht in erster Linie monetäre Aspekte, sondern die inhaltlichen und qualitativen Seiten der Arbeit. Am häufigsten äußerten die Befragten, dass ihnen interessante und abwechslungsreiche Tätigkeiten mit einer guten Mischung aus Projektalltag und Forschung besonders wichtig sind. Zudem wünschten sich Mitarbeiter und Bewerber Freiräume zur Weiterbildung, hohe Flexibilität und Eigenverantwortung.

Daher hat itemis eine Vier-Tage-Woche eingeführt und gibt den Mitarbeitern einen Tag zur individuellen Nutzung, um die persönliche Weiterentwicklung zu gestalten. Was genau unter Weiterentwicklung zu verstehen ist, wurde dabei nicht definiert. Im Gegenteil: itemis hat die Definition bewusst offen gehalten und sie in die Hände der Mitarbeiter gelegt. Ausschließlich sie selbst bestimmen, was Weiterbildung ist und was nicht. Letztlich behält sich der Arbeitgeber lediglich ein Vetorecht vor, von dem allerdings noch kein Gebrauch gemacht werden musste.

Die Spannweite der Aktivitäten ist groß und beschränkt sich keineswegs nur auf die Kernkompetenz des Unternehmens, die Softwareentwicklung. Sicherlich werden hier die meisten Weiterbildungen organisiert und durchgeführt. An erster Stelle sind die Open-Source-Projekte [5] und die sogenannten Study-Groups zu nennen, in denen es um Erfahrungs- und Wissensaustausch geht. Hier werden neue Technologien ausprobiert, auf ihre Praxistauglichkeit getestet und weiterentwickelt. Dabei steht den Gruppen ein Experte als Ansprechpartner zur Verfügung.

Auch mit dem Schreiben von Büchern und Fachtexten beschäftigen sich die Mitarbeiter im Rahmen von „4+1". Es wird jedoch nicht festgelegt, wo sich der Arbeitsplatz befindet. Einige nutzen gerne die Ruhe im eigenen Wohnzimmer, andere entfalten ihre Kreativität unterwegs im Zug.

---

[5] Vgl. http://de.wikipedia.org/wiki/Open_Source

Der Englischunterricht ist eine weitere beliebte Fortbildungsmöglichkeit. Er wird seit 2007 von den Mitarbeitern im Haus selbst gestaltet. Dagegen wurden die vom Arbeitgeber angebotenen externen Kurse in der Vergangenheit nicht angenommen.

Ergänzend zu diesen selbstorganisierten Fortbildungsaktivitäten koordiniert der itemis-Personalbereich ein Einarbeitungs- und Schulungsprogramm. Im Rahmen der sogenannten „Training Series" werden zweitägige Trainings durchgeführt – von Mitarbeitern für Mitarbeiter. Neben den technischen Themen wie Software-Architektur, Modellierung und Software-Entwicklung umfasst das Programm auch Soft-Skill-Themen, z. B. „Präsentationen vorbereiten und durchführen" und „Teamwork". Zusätzlich zu dem Trainings-Curriculum setzt der Personalbereich je nach Projekt- und Auslastungssituation interne Einarbeitungsprojekte auf, bei denen anhand eines Beispiels neue Technologien angewendet werden. Darüber hinaus organisiert das Unternehmen eigene Sportkurse wie Schwimmen und Golf sowie die Rückenschule „Rücken fit", in der die Rückenmuskulatur für den Büroalltag gestärkt wird.

Natürlich gibt es auch Rahmenbedingungen, die die Flexibilität von „4+1" einschränken. So sind viele der IT-Berater vor Ort beim Kunden aktiv, und auch die Projektsituation bietet manchmal keinen Freiraum für Weiterbildung. Deshalb sind die 20 Prozent Weiterbildungszeit als Quote festgelegt, die dann oft en bloc erreicht wird. Das bedeutet, die Mitarbeiter nutzen Pausen zwischen zwei Projekten oder ruhigere Projektphasen besonders intensiv für ihre Weiterbildung.

Auch Umsatzüberlegungen sprechen auf den ersten Blick gegen das 4+1-Modell, denn bei einem Beratungsunternehmen bedeutet jeder Tag Weiterbildung, dass der Mitarbeiter an diesem Tag nicht fakturierbar im Projekt tätig sein kann. Mit dieser kurzfristigen Sichtweise macht man jedoch einen Fehler. Zum einen zeigt die Praxis, dass es immer „Leerlaufzeiten" gibt, in denen ein Mitarbeiter nicht abrechenbar im Kundeneinsatz ist. Es gilt also, die ohnehin vorhandenen Freiräume effektiv zu nutzen. Zum anderen hat die Erfahrung belegt, dass kontinuierliche Weiterbildung mittel- bis langfristig zu einer erheblichen Steigerung der Produktivität führt. Gut ausgebildete IT-Berater mit einem breiten und tiefen Know-how über aktuelle Technologien und Methoden arbeiten weitaus effizienter und führen die Kundenprojekte schneller zum Erfolg.

Insgesamt sind die Erfahrungen mit dem 4+1-Modell sehr positiv, denn es kommt nicht nur bei der Belegschaft gut an, sondern ist auch zu einem zentralen Baustein der Arbeitgebermarke itemis geworden.

4.2   Employer Branding

„In order to keep the pipeline full of talented people, almost all of the companies are starting to take nontraditional approaches to recruiting."

Ed Michael, Direktor der Unternehmensberatung McKinsey

Talente stellen im Informationszeitalter die wichtigste und gleichzeitig knappste Ressource des Unternehmenserfolges dar. Darauf weist auch Ed Michael, Direktor von McKinsey, mit Nachdruck hin. Das erfolgreiche Buhlen um sogenannte High Potentials erfordert neue Wege im Personalmarketing, vor allem für ein junges Unternehmen des Mittelstands wie itemis, das nur mit einem vergleichsweise geringen Kommunikationsbudget und lediglich begrenzter Bekanntheit um die Talente kämpft. Diese Situation erfordert ein gezieltes und bewusstes Employer Branding sowie eine effiziente Gestaltung der Personalrekrutierung, um von den führenden IT-Fachkräften als attraktiver Arbeitgeber wahrgenommen zu werden. Die itemis AG hat sich deshalb für den professionellen Aufbau einer authentischen Arbeitgebermarke entschieden.

Eine starke Arbeitgebermarke richtet sich dabei nicht nur nach außen an potenzielle Bewerber, sondern sie dient ebenfalls der Pflege des Images aus Sicht der derzeitigen Belegschaft. Hintergrund ist die langfristige Bindung der Mitarbeiter an das Unternehmen und die dadurch zu erzielende Festigung der gewünschten Unternehmensidentität und -wahrnehmung. Die Mitarbeiter sollen zu Botschaftern der Marke itemis werden.

Für das Employer Branding sind die folgenden Parameter von fundamentaler Bedeutung:

■ Glaubwürdigkeit

■ Unverwechselbarkeit

■ Attraktivität für den potenziellen Mitarbeiter

■ Automatische Selektionsfunktion unter allen Bewerbern

Abbildung 4.1:   Schritte zum Employer Branding

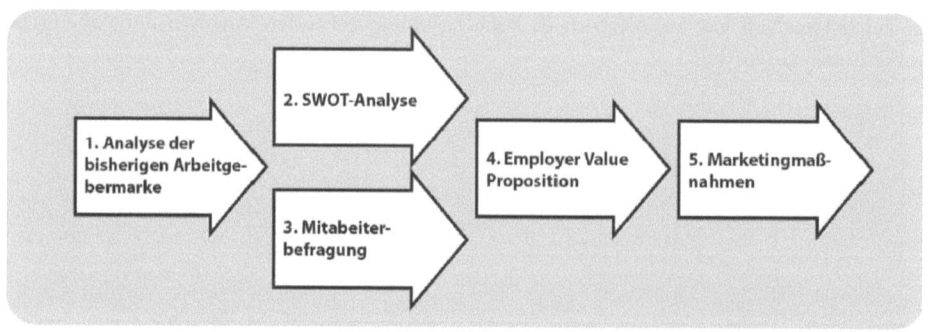

In der Praxis wurde dieses Projekt in fünf Schritten umgesetzt. Zunächst wurden umfangreiche Informationen über den bisherigen Status der Arbeitgebermarke gesammelt mit dem Ziel, sowohl die Entwicklung der bisherigen Marke zu beurteilen als auch einen Bezugspunkt für das zukünftige Employer Branding zu schaffen. Die Analysen waren daher sowohl unternehmensintern als auch extern ausgerichtet. Die Schlussfolgerungen daraus bildeten die Ausgangsbasis der weiterführenden Markenentwicklung.

Im nächsten Schritt wurden sowohl externe als auch interne Stärken und Schwächen sowie Chancen und Risiken des Arbeitgebers itemis betrachtet. Diese sogenannte SWOT-Analyse fand in Kooperation der Abteilungen Marketing und Human Resources statt. Als Chancen zur Stärkung der Arbeitgebermarke wurden hierbei unter anderem die Teilnahme an Arbeitgeberwettbewerben, die Verankerung von Wissensmanagement in der Führungsstrategie und der gezielte Ausbau von Partnerschaften (z. B. Hochschulkooperationen) ermittelt. Als Risiko wurde beispielsweise bewertet, dass das Unternehmen nicht über kommerzielle Produkte verfügt, sondern der Umsatz allein durch Dienstleistungen generiert wird. Der allgemeine Fachkräftemangel von hochqualifizierten Informatikern hat damit unmittelbare Auswirkungen auf die Wachstumsziele des Unternehmens. Zudem besteht bei einem sehr jungen Unternehmen, das viele Berufseinsteiger eingestellt hat, die Gefahr einer potenziell höheren Mitarbeiterfluktuation.

Anschließend haben die Personal- und Marketingabteilung eine interne Befragung der Mitarbeiter zum Image der itemis AG durchgeführt, denn niemand kennt die Besonderheiten, die itemis als Arbeitgeber ausmachen, besser als die Beschäftigten selbst. Ziel war die Ermittlung der Attribute, die für die Wahl von itemis als Arbeitgeber ausschlaggebend waren. Außerdem erhielten die Verantwortlichen Informationen über die Gründe, die die Mitarbeiter als maßgeblich für ihren Verbleib im Unternehmen ansehen.

Aus den Erkenntnissen dieser Umfrage wurde die sogenannte Employer Value Proposition (EVP) abgeleitet. Dahinter verbirgt sich die Antwort auf die Frage, was das Unternehmen potenziellen Bewerbern konkret bieten kann.

Das Ergebnis lässt sich in die folgenden Merkmale unterteilen:

- Vordenker sein – moderne, innovative Technologien und Methoden aktiv weiterentwickeln

- Weiterbildungsmöglichkeiten bieten – Freiräume schaffen und Selbstorganisation fördern

- Möglichkeiten zur Selbstverwirklichung der Mitarbeiter schaffen

- Teamorientierte und abwechslungsreiche Gestaltung des Arbeitsalltags

Schließlich wurde eine Reihe von Maßnahmen geplant und durchgeführt, um die so ermittelte Vorstellung einer attraktiven Arbeitgebermarke in die Tat umzusetzen. Dazu gehörten der Relaunch des Karriere-Bereiches der Unternehmenswebsite, die Teilnahme an Arbeitgeberwettbewerben wie „TOP JOB"[6] und „Great Place to Work"[7] und die Präsenz bei regionalen Recruiting-Messen der Hochschulen.

Schafft man es nun, mit Hilfe einer attraktiven Arbeitgebermarke die besten und qualifiziertesten Mitarbeiter zu gewinnen, sie langfristig an das Unternehmen zu binden und ihnen Freiräume für die Weiterbildung zu geben, hat man damit enormes Potenzial für innovatives Handeln geschaffen. Um dieses Potenzial aber tatsächlich in Innovationen umzusetzen, die eindeutige Wettbewerbsvorteile für das eigene Unternehmen bedeuten, bedarf es weiterer Maßnahmen und organisatorischer Rahmenbedingungen. Ein wesentlicher Erfolgsfaktor ist exzellentes Wissensmanagement.

4.3   Exzellentes Wissensmanagement

Wissen gilt auf dem Weg in die Wissensgesellschaft mehr noch als zu früheren Zeiten als der Schlüsselfaktor für Innovationen. Es ist aber nicht der rasante Wissenszuwachs oder die grenzenlose Verfügbarkeit von Wissen, sondern vielmehr die Fähigkeit und Bereitschaft, sich in der Flut neuen Wissens zu orientieren, und die Kompetenz, Wissen in neue Problemlösungen umzusetzen, die die Innovationskraft ausmachen. Deshalb reicht der Aufbau von neuem Wissen einzelner Mitarbeiter durch Fortbildungen und Forschungsaktivitäten allein nicht aus. Vielmehr bestimmt die Orientierungs- und Umsetzungskompetenz die Wettbewerbsfähigkeit von morgen. Eine wesentliche Voraussetzung dafür ist, dass die Mitarbeiter die eigenen Erkenntnisse transparent und anderen zugänglich machen können. Dazu ist eine *wissensorientierte Infrastruktur* notwendig, die eine reibungslose Kommunikation und Information im Unternehmen ermöglicht.

Informationen verbreiten - Wissensaustausch fördern

Über Portale zu ausgewählten Themen (Personal, Infrastruktur, Marketing und Vertrieb) stellt itemis allen Angestellten im Sinne einer Pull-Variante zahlreiche unternehmensinternen Informationen zur Verfügung. Hier findet man Antworten auf organisatorische Fragen, etwa zur Abwicklung der Reisekostenabrechnung oder zur Bestellung neuer Hardware. Außerdem stehen dort Marketingflyer, Vorlagen für Präsentationen oder ähnliche Arbeitsmaterialien zum Download bereit. Ebenso werden Ansprechpartner aufgeführt, zum Beispiel für Konfigurationen oder Installationsanleitungen. Darüber hinaus verbreitet das Unternehmen Informationen über die eKlips-Serie, den regelmäßigen Unternehmenspodcast. Dieses Medium bietet den Vorteil, dass das Unternehmen die Mitarbeiter auch beim Kundeneinsatz vor Ort ohne großen Aufwand erreicht, denn die Audiodatei ist über das Firmenhandy oder den iPod zu empfangen.

---

[6] Vgl. http://www.top100.de/topjob.asp

[7] Vgl. http://www.greatplacetowork.de/

Neben der reinen Informationsversorgung ist vor allem der schnelle und unkomplizierte Wissensaustausch zwischen den Mitarbeitern von entscheidender Bedeutung. Daher verwendet itemis mit den Microblogs Yammer und Twitter zwei Push-Werkzeuge für den Informationsaustausch. Analog zum Podcast erreicht man auch durch diese Werkzeuge alle Kollegen, unabhängig davon, ob sie sich am Unternehmensstandort aufhalten. Trotz physischer Abwesenheit können damit schnell und transparent Informationen ausgetauscht und Absprachen getroffen werden. Außerdem führen zahlreiche Beschäftigte einen eigenen Blog, über den sie ihr Wissen den Kollegen und der Öffentlichkeit zur Verfügung stellen, beispielsweise in Form von Fachartikeln.

4.4 Scrum – Wissensaustausch während der Projektarbeit

Durch das zuvor beschriebene 4+1-Arbeitszeitmodell sorgt itemis für Freiräume und Abwechslung gegenüber der Projektarbeit. Allein darauf zu vertrauen, dass in der Zeit neben dem Projektalltag neue Ideen entstehen, ist jedoch zu wenig. Vielmehr kommt es darauf an, auch das normale Projektgeschäft so zu organisieren, dass die Mitarbeiter untereinander effizient ihr Wissen austauschen können. Darüber hinaus ist die enge Kooperation mit den Kunden nicht nur in IT-Projekten erfolgsentscheidend. Daher setzt itemis auf die agile und leichtgewichtige Managementmethode Scrum, die den permanenten Know-how-Transfer fördert.

Scrum, wörtlich übersetzt „Gedränge" (Spielzug im Rugby, beschreibt das Gedränge der Spieler beim Einwurf des Spielballs während des Spiels), ist eine Managementmethode bestehend aus Meetings, Artefakten, Rollen und Werten, die aufbauend auf den Rahmengrundsätzen der agilen Softwareentwicklung ein Prozessmodell für die Entwicklung von Produkten darstellt.

Dabei ist Scrum ein kundenorientierter, iterativer Prozess für agile Softwareentwicklung, der die folgenden wesentlichen Merkmale aufweist:

- Agilität
- Leichtgewichtigkeit
- Performanz
- Selbstorganisation

Durch einige, wenige Regeln, Rollen und Prinzipien entstehen entscheidende Vorteile für das Projekt- und Anforderungsmanagement:

- **Konzentration auf das Wesentliche:** Es wird eine konsequente Priorisierung der Anforderungen vorgenommen. Damit liefert Scrum als Erstes das Softwareprodukt, das der Kunde auch am dringendsten benötigt.

■ **Transparenz:** Das auslieferbare Produkt wird in sehr kurzen Abständen (ca. zwei bis vier Wochen) am Ende jeder Iteration, die in der Scrum-Terminologie Sprint heißt, präsentiert. Der Projektfortschritt ist damit direkt erkennbar und der Stand der Entwicklung jederzeit transparent.

■ **Kurze, teamorientierte Abstimmungen:** In sogenannten Daily Scrums tauscht sich das Team über den Fortschritt des Projekts und die anstehenden Arbeitspakete aus. Fehlentwicklungen und Probleme lassen sich durch diese täglichen Überprüfungen und Anpassungen vermeiden. Die Aufgabe des ScrumMasters ist es, eventuelle Hindernisse aus dem Weg zu räumen und steuernd einzugreifen.

■ **Regelmäßige Reviews:** Am Ende einer Iteration findet eine Nachbetrachtung statt, bei der die Ergebnisse hinterfragt werden. Das regelmäßige Feedback führt zu einer ständigen Verbesserung des Prozesses und damit zu einer höheren Qualität.

■ **Einfache Controlling-Mechanismen ohne komplizierte Tools:** Ungewollter Overhead wird drastisch reduziert und die Produktivität wird dadurch maßgeblich gesteigert.

Scrum ist vor allem für hoch komplexe Projekte mit noch unklaren Anforderungen oder Prototyping sehr gut geeignet; denn mit dieser Methode wird Komplexität beherrschbar.

Rollen

Scrum kennt drei klassische Rollen: den *Product Owner*, das *Team* und den *ScrumMaster*. Der Product Owner verwaltet die Anforderungen an die Entwicklung und ist der Repräsentant des Kunden. Er hat das letzte Wort, welche Funktionalitäten entwickelt werden sollen. Durch ihn wird der Kunde in den gesamten Entwicklungsprozess eingebunden. Der Product Owner sollte während der gesamten Entwicklung vor Ort sein, er wird als wichtiger Teil des Scrum Teams betrachtet, denn nur so können die Kundenanforderungen flexibel in die Entwicklung einfließen.

Das Team führt alle Arbeiten aus, die für die Umsetzung der Anforderungen in auslieferbare Produktinkremente notwendig sind. Es organisiert sich selbst und entwickelt die Software in Iterationen, den sogenannten Sprints. Der ScrumMaster hat im Prozess die Aufgabe, die Werte und Regeln von Scrum während des Projektes zu wahren und Hindernisse zu beseitigen. Er ist auch die Schnittstelle des Teams zur Außenwelt und für die Kommunikation mit Nichtteammitgliedern zuständig, um das Team von dieser Aufgabe zu entlasten und eine zentrale Stelle für diese Aufgabe bereitzustellen.

Das Product Backlog

Der Product Owner erstellt anhand von Nutzenbeschreibungen eine Liste mit Anforderungen – das Product Backlog. Die Reihenfolge der Einträge entspricht der Priorisierung. Alle Projektbeteiligten tragen zu seinem Inhalt bei. Dies geschieht nicht nur zu Beginn einer Entwicklung und ebenso nicht nur zu bestimmten Zeiten, sondern laufend. Sobald Änderungswünsche auftreten oder neue Anforderungen, werden diese eingestellt. Diese grundlegende Offenheit, fortwährend Änderungen zu akzeptieren und diese nicht als Hindernis, sondern als Notwendigkeit zu betrachten, führt zu einer hohen Flexibilität in der Entwicklung. So kann schnell auf sich ändernde Rahmenbedingungen reagiert werden, ohne das Projekt zu gefährden.

Sprints - kurze Iterationen

In Scrum werden die Iterationen Sprints genannt. Ziel ist es, durch jeden Sprint-Ablauf ein potenziell auslieferbares Produktinkrement zu erhalten. Ein Sprint sollte zwischen zwei und vier Wochen andauern. Die Dauer der einzelnen Sprints ist jedoch während der gesamten Entwicklung gleich. Während eines dieser Sprints dürfen die Anforderungen weiter spezifiziert werden, jedoch nicht neue Anforderungen eingebracht werden. Die folgende **Abbildung 4.2** zeigt den sogenannten „Scrum Flow":

Abbildung 4.2: Scrum Flow

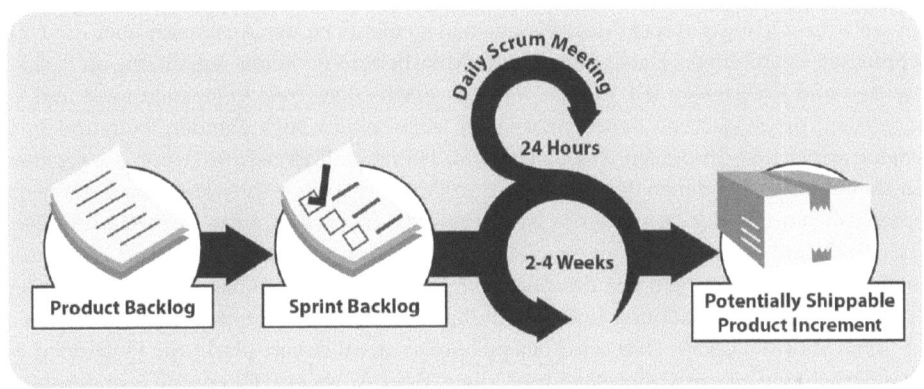

Das *Sprint Planning Meeting* findet jeweils vor einem Sprint statt. An diesem Meeting nehmen alle Projektrollen teil. Team und Product Owner entscheiden hierbei über die Inhalte des nächsten Sprints. Der Product Owner erläutert die „Items" des Product Backlogs und erklärt den fachlichen Nutzen. Er stellt somit die Priorität der einzelnen „Items" dar. Das Team schätzt den Aufwand der „Items" ab. Aus den „Items" des Product Backlogs werden vom Team Einträge für einen Sprint ausgewählt und in das Sprint Backlog überführt. Sobald sich das Team und der Product Owner für die Realisierung des Sprint Backlogs im nächsten Sprint entschieden haben, startet der Sprint. Am Ende eines jeden Sprints erfolgt ein *Review Meeting*, in dem das Team die Ergebnisse dem Product Owner vorstellt. Ebenfalls erfolgt am Ende eines Sprints eine rückwirkende Betrachtung auf den Sprint, die *Retrospektive*. Es wird darüber diskutiert, was zukünftig anders gemacht werden soll.

Ist Scrum auch auf Nicht-Softwareprojekte übertragbar?

Da Scrum im Kern keine Aussagen über Softwareentwicklung und Softwaretechniken trifft, ist die Methode auch auf andere Bereiche und Projekte, z. B. der Ingenieursdisziplinen, übertragbar. Durch das kontinuierliche Inspizieren, Lernen und Anpassen im Sinne des Kaizen[8] ist Scrum ideal geeignet für Innovationsprojekte. Der hohe Stellenwert der Teamorientierung bei diesem Ansatz fördert zudem den Wissensaustausch. Durch die regelmäßigen Reviews erreicht Scrum bei allen Projektbeteiligten eine sehr hohe Transparenz – nicht nur über den Projektfortschritt, sondern auch bezüglich der eingesetzten Technologien, Werkzeuge und Methoden. Es wird also anhand des zu entwickelnden Produktes sehr früh deutlich, ob man die richtigen Ideen und Ansätze verfolgt hat oder ob die eine oder andere Entscheidung in eine Sackgasse führt. Diese Transparenz eröffnet neue Handlungsspielräume – eine entscheidende Voraussetzung für Innovationen.

4.5 Projekt- und unternehmensübergreifende Vernetzung

Ein weiterer wichtiger Aspekt des Wissensmanagements ist der Austausch über die Unternehmensgrenzen hinaus. Daher nehmen die Mitarbeiter von itemis regelmäßig an Fachkonferenzen und Kongressen teil. Zudem werden verschiedene freie Veranstaltungen und Vortragsreihen organisiert, zu denen neben den Mitarbeitern auch Kunden, befreundete Geschäftspartner und Studenten eingeladen sind. Hierzu zählen beispielsweise die sogenannten DemoCamps, bei denen die Teilnehmer an Praxisbeispielen Softwaretechnologie kennen lernen. Das Format der DemoCamps ist – vergleichbar mit BarCamps – absolut ungezwungen. Die Grundidee ist, dass sich eine Gruppe von Software-Enthusiasten trifft und untereinander austauscht. Zudem hat die *dauerhafte* Vernetzung des Unternehmens mit anderen Unternehmen, Organisationen und Forschungseinrichtungen entscheidenden Einfluss auf die Innovationsfähigkeit. Dies wird beispielsweise deutlich am Markt für Embedded Systems. Dabei geht es um Computer-Chips, die z. B. in Autos eingebaut sind, um den Motor, die Bremse, Fensterheber oder das Kurvenlicht zu steuern. Für diesen Bereich wird in den Branchen Automobil, Verteidigung, Luft- und Raumfahrt, Medizintechnik sowie Automation/Anlagensteuerung ein jährliches Wachstum von zehn bis 15 Prozent für die nächsten zehn Jahre erwartet. Aktuelle Studien gehen beispielsweise davon aus, dass die Wertschöpfung in der Automobilindustrie im Jahr 2015 zu 39 Prozent von der Software abhängen wird – Software, die in Embedded Systems steckt. Dieses Wachstum und der zunehmende Softwareanteil sind für die Branche jedoch auch große Herausforderungen. Der wachsende Softwareanteil erfordert immer mehr Mitarbeiter mit einer interdisziplinären Ausbildung, die Erfahrungen sowohl aus den Ingenieursdisziplinen als auch aus der Softwaretechnik mitbringen. Leider sind die entsprechenden Fachbereiche an den Hochschulen oftmals noch nicht gut miteinander verzahnt – ein Zustand, der sich schnell ändern muss, um der wachsenden Nachfrage nach entsprechend qualifizierten Mitarbeitern gerecht werden zu können. In der Europäischen Union hat man die Bedeutung des Embedded-Systems-Marktes er-

---

[8] Vgl. http://de.wikipedia.org/wiki/Kaizen

kannt und fördert über die Forschungsinitiative ARTEMIS[9] Projekte zur Entwicklung neuer Verfahren, Werkzeuge und Hardwareplattformen mit einem Gesamtvolumen von 2,5 Mrd. Euro in den nächsten zehn Jahren. Für ein mittelständisches Unternehmen wie itemis bietet sich durch derartige F&E-Kooperationen die Chance, Kräfte zu bündeln und Größennachteile gegenüber innovations- und kapitalstarken Konzernen zu kompensieren. Außerdem liefert eine Forschungsinitiative wie ARTEMIS hilfreiche Informationen über Zukunftsthemen, Markterfordernisse und Trends. Eine weitere interessante Möglichkeit der externen Vernetzung ist die Beteiligung an offenen Entwicklungsplattformen. Im Bereich der Softwareentwicklung ist hier die Open-Source-Plattform Eclipse[10] zu nennen. Unter der Leitung der gemeinnützigen Eclipse Foundation hat sich eine global agierende Gemeinschaft entwickelt, über die IT-Unternehmen, freie Softwareentwickler und Anwenderunternehmen aus unzähligen Branchen miteinander vernetzt sind. Eine Plattform wie Eclipse fördert zudem das Entstehen von Innovationen durch Adaption und Variation, weil die Ergebnisse – in diesem Fall die Software – allen Marktteilnehmern offen zur Verfügung stehen.

4.6   Unternehmens- und Führungskultur

Jede neue Idee stößt zunächst auf Widerstände und zwar im eigenen Unternehmen. Die interne Ablehnung neuer Ideen ist oft ein viel größeres Problem als der Marktwiderstand. Typische Reaktionen sind:

- „In der Theorie hört sich das ja prima an, aber wer weiß, ob das auch in der Praxis funktioniert?"

- „An sich gut, aber es passt nicht zu unserer Strategie."

- „So schlecht sind doch unsere derzeitigen Produkte gar nicht!"

- „Kennen wir wirklich alle Risiken?"

- „Wenn die Idee so gut ist, warum ist dann noch keiner draufgekommen?"

Hinter diesen Äußerungen verbergen sich zum Teil unterschiedliche Ablehnungsgründe. Auf der einen Seite sind dies häufig persönliche, psychologische Faktoren wie Neid, Angst vor Veränderung und Eitelkeit. Verstärkt wird dies dadurch, dass Innovationen tatsächlich „schöpferische Zerstörungen" sind, wie es der bekannte Ökonom Joseph Schumpeter formuliert hat. Sie verdrängen bewährte Produkte, Lösungsverfahren etc., so dass die etablierten Know-how-Träger befürchten, ihre Position und Anerkennung zu verlieren. Natürlich gibt es auch berechtigten Widerstand gegen neue Ideen, denn nicht alle sind zwangsläufig gut; manche sogar vollkommen sinnlos. Herausragende Beispiele hierfür werden jährlich von der Universität Harvard mit dem „Ig-Nobelpreis" gekürt. Beispielsweise erhielten im

[9] Vgl. http://www.artemis-ju.eu

[10] Vgl. http://www.eclipse.org/

Jahr 2000 einige Wissenschaftler den Preis in der Kategorie Informatik für die Erfindung von PawSense, einer Software, die erkennt, wenn eine Katze über die Tastatur läuft.[11]

Damit wird deutlich, dass Widerstand gegen Innovation nicht per se etwas Schlechtes sein muss. Im Gegenteil: Widerstände sorgen dafür, die Idee weiter zu verfeinern und zu verbessern. Daher sind offene Diskussionen über Ideen und sachliche, konstruktive Kritik zentrale kulturelle Erfolgsfaktoren für Innovationen. Dies setzt eine bestimmte Unternehmenskultur voraus:

- Die Firma ist von ihren Mitarbeitern abhängiger als umgekehrt und die Mitarbeiter sind die wichtigste Investition, die ein Unternehmen vornehmen kann.

- Die Aufgabe des Managements ist es, die Mitarbeiter dabei zu unterstützen, das Maximum für das Unternehmen zu erreichen. Dabei sind nicht etwa Befehle und Kontrolle, sondern Vertrauen, Selbstorganisation und Unterstützung der Schlüssel zum Erfolg.

Wesentliche Voraussetzungen für die Schaffung einer derartigen Unternehmenskultur sind die Einstellung und das Führungsverhalten des Managements. Hierzu formuliert Fredmund Malik[12] sechs Grundsätze wirksamer Führung, die sich in der Managementpraxis von itemis bewährt haben:

- Resultatorientierung

- Beitrag zum Ganzen

- Konzentration auf Weniges

- Stärken nutzen

- Vertrauen

- Positiv denken

4.7   Open Marketing

Kunden werden heutzutage überhäuft mit Informationen, Werbung und Angeboten, die sich nur unwesentlich voneinander unterscheiden. Unternehmen befinden sich im steten Kampf um die Aufmerksamkeit der Kunden sowie ihrer eigenen Positionierung am Markt bei klarer Differenzierung vom Mitbewerber. Innovationen kommen in diesem Wettbewerb nicht über Nacht und im Schlaf, sondern sind ein direktes Resultat von Investitionen. Diese werden angesichts knapper Budgets und in konjunkturell schlechten Zeiten in vielen Unter-

---

[11] Vgl. http://de.wikipedia.org/wiki/Liste_der_Tr%C3%A4ger_des_Ig-Nobelpreises#2000

[12] Malik, Fredmund: Führen, Leisten, Leben: Wirksames Management für eine neue Zeit, Frankfurt am Main 2006

nehmen jedoch gedrosselt oder gestoppt. Selbst in rezessiven Zeiten gibt es aber Chancen. Diese Chancen liegen auch und vor allem in innovativem Marketing und Vertrieb. Die Planung des Marketingbudgets anhand von zu definierenden Zielen und nicht als starrer Prozentsatz vom Gesamtumsatz sowie ein antizyklisches Investieren in das Marketing und den Vertrieb halten große Chancen für innovative Unternehmen bereit.

Unter dem Begriff *Open Economy* versteht man eine Wirtschaft, in der Menschen und Unternehmen innerhalb einer internationalen Gemeinschaft untereinander mit Waren und Dienstleistungen handeln können. Eben dieser offene internationale Markt ermöglicht es Unternehmen, sich in Gemeinschaften – wie der Eclipse-Community[13] – zu organisieren und gemeinsam Produkte und Dienstleistungen anzubieten.

Gleichzeitig bedeutet es, dass sich Unternehmen gegenüber ihren internen wie externen Stakeholdern öffnen und diese in ihre Marketingaktivitäten mit einbeziehen müssen, um die Potenziale der Open Ecomomy nutzen zu können. Dies kann mit Hilfe eines *Open Marketings* realisiert werden. So werden beispielsweise innerhalb des Open-Source-Projektes Eclipse die Kunden und Nutzer in den Entwicklungsprozess der Plattform mit einbezogen und nehmen so im Rahmen des Produktlebenszyklus am Enrichment und der Wertschöpfung des Produktes teil.

Aufgrund der permanent wechselnden Marktbedingungen der Open Economy bedarf es gleichermaßen eines agilen Marketingprozesses und der damit verbundenen kurzfristigen und unmittelbaren Reaktion auf geänderte Anforderungen. Agile Vorgehensmodelle wie Scrum helfen, Prozesse stetig zu verbessern und eine hohe Qualität bei niedrigem Aufwand zu erreichen. Um effizientes und integriertes Marketing zu betreiben, werden die bei der itemis AG angewendeten und erprobten Projektmanagement- und Softwareentwicklungsmethoden daher auch auf die Marketingprozesse übertragen.

Agiles und innovatives Marketing kommt mit geringem bürokratischen Aufwand, wenigen Regeln und einem weitgehend selbstorganisierten Team aus.

---

[13] Vgl. http://www.eclipse.org/

Management & Unternehmenskultur

5 Die Rolle von Management und Unternehmenskultur bei jungen innovativen Unternehmen

Alex von Frankenberg

Ein wesentlicher Grund für den vergleichsweise hohen Wohlstand in Deutschland ist der wirtschaftliche Erfolg mit High-Tech-Produkten. Deutschland konkurrierte bis vor Kurzem noch mit China um den ersten Platz beim weltweiten Handelsbilanzüberschuss. Diesen erzielt Deutschland nicht durch den Export von im Preis stark gestiegenen Rohstoffen, auch nicht durch Low-Tech-Produkte, mit denen billige Arbeitskraft exportiert wird, sondern durch weltweit wettbewerbsfähige und führende High-Tech-Produkte. In aller Regel sind diese Produkte dadurch besser als andere, dass durch den Einsatz von Technologie und Ingenieurskunst die Anforderungen der Kunden besser (oder überhaupt erst) erfüllt werden.

Die Bedeutung des technologischen Vorsprungs wird nicht nur von den Unternehmen, sondern auch der Politik erkannt. Technologieförderung im zweistelligen Milliardenbereich bei Hochschulen und Forschungsinstituten führt immer wieder zur Entwicklung neuer Technologien, die die Grundlage für ganz neue Industrien sind. Ein immer wieder diskutiertes Beispiel ist die Musikkompressionstechnologie MP3 – entwickelt bei Fraunhofer von Professor Brandenburg. Sie war die Grundlage für eine völlige Umwälzung der Musikindustrie. Der Verkauf von Musik über traditionelle Tonträger (CDs) sinkt seit Jahren. Die klassische Musikindustrie leidet unter sinkenden Gewinnen. Seit der Einführung des iPods und des Musikdownloadportals iTunes im Jahr 2001 hat sich der Marktwert von Apple verfünfzigfacht.

Viele neue Entwicklungen werden in etablierten großen und mittleren Unternehmen umgesetzt. Es besteht aber ein deutlicher Nachholbedarf bei neuen und ganz jungen Unternehmen in Deutschland. Die Rahmenbedingungen, die zur erfolgreichen Gründung von High-Tech-Unternehmen notwendig sind, werden immer wieder diskutiert. Neben bürokratischen Hürden, hoher oder gar doppelter Besteuerung ist ein wesentlicher Engpass die Verfügbarkeit von Risikokapital – Geld, das mit der Aussicht auf hohe Gewinne, aber auch Totalverlust für die Finanzierung von jungen High-Tech-Unternehmen zur Verfügung steht. Themen, die die Förderung von Start-ups betreffen, werden nicht nur auf Bundes- sowie auf Länderebene diskutiert, sondern es existieren auch zahlreiche Maßnahmen, die die Gründung von Wachstumsunternehmen unterstützen sollen. Hier befinden wir uns auf einem guten Weg.

Einen Engpass, der in der Diskussion um Förderung wenig zur Sprache kommt, bilden Management und Unternehmenskultur der jungen Wachstumsunternehmen. Dieser Beitrag zeigt die Bedeutung diese Aspekte im Kontext von jungen High-Tech- und Wachstumsunternehmen. Beim erfolgreichen Aufbau von diesen Unternehmen gibt es ganz spezifische Anforderungen und damit Herausforderungen für das Management. Die Möglichkeiten, diesen zu begegnen, gehen weit über die Gründung von Entrepreneurship-Lehrstühlen hinaus. Hier gibt dieser Beitrag Anregungen aus konkreten Erfahrungen beim Aufbau von jungen Technologieunternehmen, wie das so wichtige „Nachwuchsproblem" der deutschen High-Tech-Industrie adressiert werden kann.

5.1 Deutschland als Standort für erfolgreiche High-Tech- (und Low-Tech-)Unternehmen

Deutschland erfreut sich nicht nur eines vergleichsweisen hohen Lebensstandards, sondern im europaweiten Vergleich einer starken Wirtschaft. Weltweit führend ist Deutschland in einer ganzen Reihe von Märkten, zum Beispiel in der Automobilindustrie (Hersteller und Zulieferer), im Maschinenbau, in der Medizintechnik oder der chemischen Industrie. Auch wenn die derzeitige Wirtschaftskrise an Deutschlands Automobilindustrie nicht spurlos vorübergeht, scheinen die deutschen Unternehmen eher noch an Boden zu gewinnen. Volkswagen nutzt die Schwäche der Konkurrenten für eine beispiellose Expansion. Neben dem Kauf von Porsche – dem trotz aller Spekulationswirren im Rahmen der VW Übernahme – operativ profitabelsten Automobilunternehmen der Welt sichert sich VW wesentliche Anteile an MAN und Suzuki. Gleichzeitig entgeht die US-amerikanische Automobilindustrie nur durch massivste staatliche Hilfen dem Untergang. Selbst die bislang als unbezwingbar geltenden japanischen Automobilunternehmen leiden stärker unter der Weltwirtschaftskrise (2008/2009) als die deutschen Unternehmen. Interessant ist das Beispiel der Automobilindustrie unter drei Gesichtspunkten.

Zum Ersten handelt es sich hier um eine ausgesprochene High-Tech-Industrie. Ein Automobil ist mit äußerst anspruchsvoller Technik bestückt. Es muss bei sehr hohen Geschwindigkeiten selbst bei widrigsten Wetterverhältnissen absolut verlässlich sein. Fällt im falschen Moment sicherheitsrelevante Elektronik aus oder stürzt ein Programm ab, das das Antiblockiersystem (ABS) steuert, kann das sehr schnell zu fatalen Folgen führen. Technologie im Auto muss vor allem auch langfristig verlässlich sein. Selbst nach 15 Jahren und vielleicht 200.000 Kilometern auf der Straße muss sich der Fahrer auf sein Auto verlassen können. Im Auto bündeln sich eine Vielzahl von Technologien. Schließt man den Herstellungsprozess mit ein, dann muss man Bereiche wie Robotik, Maschinenbau, Prozessoptimierungen über Softwareherstellung, Materialentwicklung, Antriebs- und Motorenbau bis hin zum anspruchsvollen Design beherrschen, um erfolgreich ein Auto bauen zu können.

Zum Zweiten fällt auf, dass ausländische Autobauer in Deutschland wie Opel und Ford weniger erfolgreich sind als deutsche und gleichzeitig deutsche Hersteller im Ausland erfolgreicher sind als andere Hersteller. Dies deutet darauf hin, dass das Management der deutschen Unternehmen zumindest nicht schlechter ist. Möglicherweise stecken im deutschen Management eine ganze Reihe unternehmerischer Elemente, die über das normale „Management" hinaus zu den Erfolgen der Unternehmen beitragen. Zunächst ist an dieser Stelle kein Defizit zu erkennen.

Der dritte Gesichtspunkt, der die Automobilindustrie erwähnenswert erscheinen lässt, ist die Langfristigkeit der Zyklen. Von der Konzeption bis zum Beginn der Serienfertigung eines Autos vergehen leicht fünf Jahre. Die Entwicklung eines Autos kostet einen niedrigen einstelligen Milliardenbetrag. Wer hier kurzfristig Gewinne optimieren will, kann leicht im Entwicklungsprozess sparen. Dies würde erst nach einer ganzen Reihe von Jahren transparent werden. Vielleicht würden sich Qualitätsprobleme erst zeigen, wenn ein Auto schon fünf Jahre produziert wurde, d. h. zehn Jahre nach Beginn der Entwicklung. Die Fähigkeit, die Langfristigkeit der Zyklen zu beherrschen und der Versuchung kurzfristig getriebener Gewinnmaximierung zu widerstehen, zeigt, dass es entsprechende Erfahrungen und das entsprechende Management gibt.

Neben der Automobilindustrie gibt es eine ganze Reihe vergleichbarer international erfolgreicher High-Tech-Industrien in Deutschland. In der Medizintechnik ranken sich um einige größere Konzerne zahlreiche Cluster großer und kleiner Unternehmen. Der Maschinenbau – eher mittelständisch geprägt – zählt international zu den Vorzeigebranchen aus Deutschland. Hermann Simon hat in seinem Buch „Hidden Champions des 21. Jahrhunderts" eindrucksvoll aufgezeigt, wo überall in der breiten Öffentlichkeit unbekannte Unternehmen mit spezialisierten Produkten die jeweiligen Industrien anführen oder sogar dominieren. Beispiele sind High-Tech-Produkte wie ARRI-Kameras, Standheizungen für Autos, aber auch Produkte wie verlängerbare Hundeleinen (Flexi), Aquariumfutter oder Schwan-Stabilo, die einen Weltmarktanteil von 50 Prozent bei Eyeliner und Lipliner halten.

Es bleiben noch zwei erwähnenswerte Punkte: Zum einen ist der Erfolg deutscher High-Tech-Unternehmen kein neues Phänomen. Seit Beginn der industriellen Revolution sind deutsche Unternehmen führend. Dies gilt für eine ganze Reihe von Industrien wie Automobil-, Maschinenbau, aber auch Medizintechnik und Kommunikationstechnologien. Zum anderen hat die deutsche „Ingenieursmentalität" zwar den Nachteil der vielleicht spröden fehlenden Kundenorientierung, bildet aber regelmäßig die Grundlage für den nachhaltigen Erfolg mit High-Tech-Produkten.

5.2 Das Nachwuchsproblem

Weniger als ein Innovationsproblem hat die deutsche High-Tech-Industrie ein Nachwuchsproblem. Es gibt zu wenige (High-Tech)Start-ups, aus denen sich dann nachhaltig erfolgreiche Unternehmen entwickeln. Junge Unternehmen sind für eine nachhaltige Sicherung der Wettbewerbsfähigkeit von Deutschland von zentraler Bedeutung. Dies beschreibt der Harvard Professor Michael Porter bereits 1990 in seinem Buch „The Competitive Advantage of Nations". Es sind regelmäßig nur die jungen und mittelständischen Unternehmen, denen es gelingt, nachhaltig neue Arbeitsplätze in Deutschland aufzubauen. Konzerne schaffen zwar Arbeitsplätze, allerdings im Ausland – oft mit dem Argument, dass die Umsatzanteile, die im Ausland erzielt werden, nicht mehr mit den Mitarbeiteranteilen im Einklang stehen. Der im Ausland erzielte Umsatz ist wesentliche höher als der Anteil der im Ausland beschäftigten Mitarbeiter.

Etablierte Unternehmen haben ein systematisches Problem, neue disruptive Technologien aufzugreifen und umzusetzen. Wer investiert schon gerne den Gewinn aus bestehenden Produkten in neue Technologien und Produkte, die genau das bestehende Geschäft obsolet machen. Man sägt quasi den Ast ab, auf dem das Unternehmen sitzt, in der Hoffnung, dass gerade rechtzeitig ein neuer Ast nachgewachsen ist, der dann alle trägt. Das ist für die Unternehmensführung schwer zu erkennen und vor allem dann schwer durchzusetzen, wenn der neue Ast nicht alle Mitarbeiter eines Unternehmens tragen wird. Einen massiven Strukturwandel in einer Belegschaft durchzusetzen, ist nicht nur in Deutschland ein schwieriges Unterfangen. Dazu kommt, dass die Platzhirsche – die Manager, die das bisherige profitable Geschäft verantworten – alles in ihrer Macht tun werden, um sich ihren Ast nicht absägen zu lassen. Sie sägen dann lieber am Stuhl des Top Managements. So verschlafen etablierte Unternehmen regelmäßig disruptive Innovationen. Dies lässt sich bis zu einem gewissen Zeitpunkt durch die Übernahme externer Technologien (Unternehmen) kompensieren. Voraussetzungen dafür sind, dass das übernehmende Unternehmen noch ausreichend Mittel hat und es ausreichend Unternehmen gibt, die übernommen und integriert werden können. Letzteres ist in Deutschland nicht der Fall.

Egal, welchen Vergleichsmaßstab man anlegt, es gibt zu wenig High-Tech-Gründungen in Deutschland. Bei aller Unschärfe der internationalen Statistiken scheint die Gründungstätigkeit in Deutschland nicht mit der führenden Rolle der sonstigen Industrie zu korrelieren. Konkret bedeutet dies: Bei der Gründung junger High-Tech-Unternehmen liegen wir nicht vorne, sondern hinten. Und zwar nicht nur hinter den oft als Vorbild zitierten USA, sondern auch hinter Ländern wie Dänemark, Österreich und Finnland.

Allgemein wird die mangelnde Verfügbarkeit von Risikokapital, das als Eigenkapital jungen Gründern zur Verfügung steht, bemängelt. Dafür wird regelmäßig eine ganze Reihe von Gründen verantwortlich gemacht. Die deutsche Steuergesetzgebung benachteiligt systematisch das für High-Tech-Gründungen notwendige Risikokapital bzw. bietet nicht die Vorteile, die in anderen Regionen Investoren gewährt werden. Hier gibt es sowohl auf regionaler als auch auf Bundesebene einige von durchaus positiven Initiativen, öffentliches Kapital zur Verfügung zu stellen bzw. privates Kapital bei Investitionen zu unterstützen. So investiert der vom Bundeswirtschaftsministerium gemeinsam mit privaten Unternehmen initiierte und finanzierte High-Tech-Gründerfonds seit Ende 2005 jährlich in vierzig bis fünfzig High-Tech-Unternehmen in der Gründungsphase.

Es wird die fehlende unternehmerische Ausbildung kritisiert. Das deutsche Universitätssystem ist – auch nach der Einführung getrennter Bachelor- und Masterabschlüsse – immer noch zu sehr auf die Ausbildung zum Wissenschaftler und weniger zum Unternehmen bzw. Manager ausgerichtet. Es werden regelmäßig kulturelle Aspekte wie übertriebenes Sicherheitsbedürfnis oder fehlende gesellschaftliche Akzeptanz von Scheitern diskutiert. In Deutschland sei man nach einem gescheiterten Unternehmen für immer so stigmatisiert, dass danach kaum aussichtsreiche Optionen als Unternehmer aber auch Manager in etablierten Unternehmen existieren würden. Das Sicherheitsbedürfnis vieler Absolventen wird in der starken Präferenz für etablierte Unternehmen transparent. Im internationalen Vergleich bevorzugen viel weniger Hochschulabsolventen einen Schritt in die Selbstständigkeit.

Aus den Erfahrungen von knapp zweihundert Beteiligungen an High-Tech-Unternehmen beim High-Tech-Gründerfonds zeigt sich allerdings ein anderer, ganz entscheidender Engpass beim Aufbau von jungen High-Tech-Unternehmen: das Management und die Unternehmenskultur. Venture Capitalisten antworten regelmäßig auf die Frage der drei wichtigsten Entscheidungskriterien bei einem Investment: 1. Management, 2. Management und 3. Management. Dies geschieht zwar in der Regel mit einem Schmunzeln. In den Top-drei-Entscheidungskriterien finden sich neben dem Management auch Marktgröße, Innovations-, Technologie- und Wettbewerbsvorsprung sowie die Möglichkeit, das Unternehmen für einen sehr hohen (zweistelligen) Millionenbetrag wieder zu verkaufen. Der Kern der Aussage ist jedoch richtig: Letztendlich wird alles, was ein Unternehmen tut, von den Menschen bestimmt. Das schließt letztlich alle Mitarbeiter eines Unternehmens ein. Insbesondere bei kleinen Unternehmen spielt dabei das Management eine ganz besondere Rolle. Dies verdeutlicht eine Zahl: Der Anteil der Gründer an der Gesamtbelegschaft zum Zeitpunkt des Erstinvestments beträgt 65 Prozent. In vielen Fällen gibt es zunächst überhaupt keine anderen Mitarbeiter.

5.3　　Management und Unternehmenskultur als kritischer Erfolgsfaktor

Eine Analyse der im Portfolio des High-Tech-Gründerfonds gescheiterten Unternehmen ergibt folgendes Bild: In ca. 25 Prozent der gescheiterten Fälle existierten Produkte, die sich verkaufen ließen, allerdings in zu geringem Umfang. Es gab keinen oder nur einen zu kleinen Markt. In 13 Prozent der Fälle ist die Technologieentwicklung gescheitert, in weniger als zehn Prozent der Fälle fehlte die notwendige Finanzierung. In über der Hälfte aller gescheiterten Unternehmen lag die Ursache beim Management. Es sind mehrheitlich nicht das Scheitern anspruchsvoller Technologieentwicklungen oder fehlende Märkte, die dazu führen, dass Unternehmen scheitern, sondern gravierende Managementfehler.

An dieser Stelle wird weniger auf die Diskussion, ob Unternehmertum angeboren oder erlernbar ist, eingegangen. Es wird auch nicht die Frage beleuchtet, welche besonderen Fähigkeiten ein guter Unternehmer hat. Es geht auch nicht darum, welche besonderen Fähigkeiten man haben muss, um ein nächstes Google, Ebay oder Yahoo! gründen zu können. Es geht vielmehr um Grundlagen, das 1x1 wirtschaftlichen Handelns. Es geht darum, die groben Fehler zu vermeiden, die gute Unternehmer und Manager nicht machen und so zumindest ein einigermaßen funktionierendes Unternehmen aufbauen. Hierbei gibt es einige – vielleicht etwas unkonventioneller – Eigenschaften und Prinzipien, deren Fehlen in der Praxis des High-Tech-Gründerfonds immer wieder zu dem Scheitern junger Unternehmen geführt hat.

Ehrlichkeit

Auch wenn es selbstverständlich scheint – Ehrlichkeit ist sehr schwer. Letztendlich ist jeder Einzelne vollkommen unwichtig. Wir sind für einen kurzen Moment auf der Erde und werden nach vergleichsweiser kurzer Zeit vollkommen vergessen sein. Sehr wahrscheinlich wird von uns dauerhaft nichts bleiben. Es würde keinen Unterschied für den Lauf der Geschichte machen, wenn es uns nicht gegeben hätte. Trotzdem hält sich ein Lebewesen für so wichtig, dass es mit allen Kräften um sein Leben kämpft, wenn es darauf ankommt. Nur durch ein ordentliches Maß an Unehrlichkeit zu uns selber sind wir überhaupt motiviert, unsere völlige Bedeutungslosigkeit zu ignorieren. Diese Unehrlichkeit liegt letztlich tief verwurzelt in unserem Sein. Deswegen ist Ehrlichkeit so schwierig.

Dummerweise führt uns Unehrlichkeit regelmäßig auf einen falschen Weg. Wenn sich die Entwicklung eines Produktes verzögert, können wir diesen Misserfolg eben nicht durch eine Prämierung bei einem überregionalen Businessplanwettbewerb (oder als Manager des Jahres) kompensieren. Inhaltlich müssen wir uns so schnell und so umfangreich wie möglich eingestehen, dass eine Verzögerung der Produktentwicklung zu reduzierten Umsätzen, erhöhten Kosten und somit letztlich zu erhöhtem Kapitalbedarf führt. Wenn das zusätzlich benötigte Kapital nicht zur Verfügung steht, wird das Unternehmen daran scheitern. Das Management muss dies ehrlich erkennen und rechtzeitig Maßnahmen ergreifen, um Verluste oder ein vollständiges Scheitern zu verhindern. Es muss aber auch die Organisation als Ganzes diese Ehrlichkeit leisten können. Unangenehme, aber ehrliche Nachrichten müssen von jedem Einzelnen so in und durch die Organisation kommuniziert werden, dass sie an den richtigen, d. h. entscheidenden Stellen ankommen. Neben formalen Prozessen ist an dieser Stelle die Unternehmenskultur entscheidend. Der Überbringer der schlechten Nachricht darf nicht bestraft werden („don't kill the messenger"). Informationsträger müssen ermutigt werden, sich zu äußern, und Entscheider müssen zuhören können und wollen. Ohne eine fehlertolerante Kultur wird eine Organisation nicht ehrlich sein können. Ohne Ehrlichkeit wird eine Organisation weder innovativ noch sonderlich erfolgreich sein können.

Verlieren können und siegen wollen

Wahrscheinlich gibt es keinen Sportler, der von Anfang an immer gewonnen hat. Vielleicht gibt es ein paar Ausnahmetalente, die sehr schnell in die Weltspitze vorstoßen und diese sogar dominieren. Zum Beispiel im Tennis oder Schwimmen tauchen immer wieder (d. h. einmal im Jahrzehnt) solche Ausnahmetalente auf. In aller Regel brauchen erfolgreiche Sportler viele Jahre, um zur Spitze zu gehören. Auf dem Weg dahin verlieren sie oft, sie gewinnen auch oft, sicher mehr als sie verlieren, aber: Sie verlieren sehr oft. Und wenn sie nicht verlieren können, dann fehlt ihnen eine Voraussetzung, um zu gewinnen. Verlieren können bedeutet in diesem Zusammenhang, den Verlust oder die Niederlage als solchen zu erkennen, neidlos anzuerknnen, wo und vor allem wie der Gewinner besser war, und daraus zu lernen und weiterzumachen, das heißt noch besser und härter zu trainieren. Der an den Wettbewerber verlorene Auftrag darf nicht dadurch kompensiert werden, dass man sich einredet, man sei die nettere, menschlichere Firma und die anderen gewännen nur durch den Einsatz von Ellenbogen. Im Ausnahmefall mag das der Fall sein, in aller Regel gibt es gute Gründe, warum ein Wettbewerber einen Auftrag bekommen hat und man selber nicht. Diese Niederlage muss als solche erkannt, akzeptiert und so verarbeitet werden, dass die eigene Organisation besser wird. Das ist eine klare Managementaufgabe, aber eben auch eine Aufgabe der Unternehmenskultur und jedes Einzelnen. Wichtige Voraussetzung für das konstruktive Verlieren ist Ehrlichkeit.

Fokus auf die Sache

Innovationen können zu dauerhaft hohen Gewinnen führen. Beispiele dafür gibt es viele, von Medikamenten über PCs bis zum iPod. Risikokapitalfinanzierer gehen davon aus, dass von zehn Unternehmen im Portfolio eines, vielleicht zwei richtig erfolgreich sein werden. Ein paar werden vor sich hin dümpeln, ca. 40 Prozent werden scheitern. Ähnlich ungünstige Verhältnisse gibt es in der klassischen Produktentwicklung. Wenn es darum geht, etablierte Produkte weiterzuentwickeln, gibt es zunächst eine große Zahl von Verbesserungsansätzen, von denen sich nur ein paar in einer neuen Produktvariante schließlich durchsetzen. Geht es um radikale oder bahnbrechende Innovationen, sind die Erfolgschancen noch viel schlechter. In der Literatur ist viel über den Erfolg und das Scheitern von Innovationen geschrieben worden. Es gibt umfassende wissenschaftliche Arbeiten zum Thema Innovationsmanagement.

Wir haben als Frühindikatoren für Krisen und schließlich das Scheitern von jungen Unternehmen zwei Verhaltensweisen von Gründern identifiziert: Zum einen führen Gründer, die immer wieder das Lob und die Bewunderung anderer und der Öffentlichkeit suchen, ihr Unternehmen mit hoher Wahrscheinlichkeit in eine Krise. Ein oder zwei gewonnene Businessplanwettbewerbe sind sicher sinnvoll, um die Aufmerksamkeit von Investoren, Partnern und Kunden zu erhalten. Der Auswahlprozess, der einem Businessplanwettbewerb zugrunde liegt, signalisiert Partnern gute Qualität und gibt dem Management gute operative Hinweise. Vielleicht kann man noch ein interessantes Preisgeld gewinnen. Trotzdem lenkt der Bewerbungsprozess die Gründer von ihrem operativen Geschäft ab. Kritisch wird es dann, wenn das gute Gefühl des Erfolgs aus dem gewonnen Businessplanwettbewerb das schlechte Gefühl aus dem operativen Misserfolg anfängt zu kompensieren. Hier besteht die Gefahr eines Teufelskreises: Je mehr Zeit in öffentliche Auftritte, Prämierungen und Podiumsdiskussionen gesteckt wird, desto weniger Zeit bleibt für das zähe und schwierige operative Geschäft. Je weniger Zeit in das operative Geschäft gesteckt wird, desto weniger stellen sich darin Erfolge ein. Je weniger erfolgreich das operative Geschäft ist, desto wichtiger werden Erfolge der „Bühne" für das ausgeglichene Selbstwertgefühl.

Ein weiterer im Grunde noch kritischerer Frühindikator für das Scheitern von Unternehmen ist, wenn die Gründer sehr früh, ohne dass sich operative Erfolge eingestellt haben oder das Unternehmen Geld verdient, solches aus dem Unternehmen ziehen. Dies geschieht über zu hohe Gehälter, große Dienstwagen, großzügige Reisekostenregelungen oder Dinge, die die Gründer aus ihrem Privatbesitz (zu überhöhten Preisen) an das Unternehmen verkaufen. Beiden Frühindikatoren liegt der fehlende Fokus auf die Sache zugrunde. Die erfolgreichen Sportler, Schauspieler oder Künstler sind nur deswegen erfolgreich, weil zu außergewöhnlichem Talent, viel Einsatz sowie einer guten Portion Glück der vollständige Fokus auf die Sache kommt. Dieser Fokus fehlt, wenn sich ein Unternehmer nur überlegt, wie er sich selber optimiert oder kurzfristig zu Geld oder Ruhm kommt.

Das Gleiche gilt für die Organisation als Ganzes. Defokussierte Organisationen beschäftigen sich mit politischen Eitelkeiten, bürokratischen Regelungen, Kompetenzgerangel und verlieren die eigentliche Sache aus dem Blickfeld. Hier ist das Management nicht nur notwendiges Vorbild, sondern aufgefordert, immer wieder den Fokus klar zu kommunizieren und herzustellen.

Handwerk

Bei der Gründung von jungen, aber auch in etablierten Unternehmen sind die „To-do-Listen" unüberschaubar. Es gibt unendlich viel zu tun. Die Kunst ist es, die Balance zwischen den wichtigen und dringenden Aufgaben zu finden. Bevor man sich um die Priorisierung kümmern kann, braucht man einen Überblick über die anstehenden und relevanten To-dos. Wahrscheinlich gibt es nur wenige Ausnahmetalente, die all ihre Aufgaben im Kopf behalten können. Wer das nicht schafft, muss sie irgendwie aufschreiben. Auf gelbe Zettel, in einen dicken Block oder in irgendwelche elektronische Listen. Mit Hilfe elektronischer Medien lassen sich Aufgaben mit dem PC und dem Handy synchronisieren. Man hat sie auf dem Smartphone immer dabei, es lassen sich wiederkehrende Aufgaben anlegen oder längere Notizen hinzufügen. An Papier hat man sich vielleicht gewöhnt und dadurch einen besseren Zugang zum Aufgeschriebenen. Viele Erfolge oder Misserfolge haben als eine der Ursachen eine lückenhafte Bearbeitung der To-dos. In den wenigsten Situationen erledigen sich Dinge von alleine oder werden irrelevant. In allen anderen Fällen müssen sie erledigt werden. Werden Sie „vergessen", geschehen die vielen kleinen Dinge nicht, die notwendig sind, um letztendlich wesentliche Ziele zu erreichen. Das gilt für das Management, einzelne Mitarbeiter, aber auch Organisationen als Ganzes. Ein wesentlicher Teil einer leistungsfähigen Unternehmenskultur ist, die vielen kleinen (unscheinbaren) Dinge gut zu erledigen. Bleiben die kleinen (oder gar großen) Aufgaben unbearbeitet liegen, dann fehlen bald die notwendigen Bausteine für die großen Erfolge.

Selbst bei einer vollständigen Liste besteht für den Einzelnen wie auch die gesamte Organisation die Gefahr, dass die schnell erledigbaren, aber letztlich unwichtigen Themen den schwierigen, aber wichtigen vorgezogen werden. Man erreicht damit zwar die emotionale Befriedigung, viel gearbeitet zu haben, kommt aber am Ende nicht wirklich weiter.

Neben der To-do-Pflege gibt es weitere handwerkliche Themen, die abseits der großen Management-Theorien zu den unverzichtbaren Grundlagen gehören. Das sind konsistente Ressourcen- oder Zeitplanungen, die vor anderem Vorlaufzeiten berücksichtigen. Eine Umsatzplanung ist unmöglich ohne das Verständnis der dafür notwendigen Vorläufe. Der Saleszyklus, also die Zeit, die notwendig ist, um ein Produkt zu verkaufen, unterteilt sich in eine ganze Reihe weiterer Zyklen. Beispielsweise kann es zwei Monate dauern, bis ein Großkonzern einen Folgetermin koordiniert hat. Ein Management und gleichermaßen eine Unternehmenskultur, die es versäumt, realistische Vorlaufzeiten und normale Verzögerungen zur Kenntnis zu nehmen und vieles hektisch auf den letzten Drücker erledigt, wird immer wieder wichtige Deadlines verpassen. Bewerbungsfristen für Förderprogramme werden genauso versäumt werden wie der rechtzeitige Produktlaunch für das Weihnachtsgeschäft.

Belastbarkeit

Erfolgreiche Tennisspieler gewinnen die entscheidenden Ballwechsel. Auch wenn der Input kurzfristig der wesentliche Treiber des Outputs ist, sind für den Erfolg nicht die Dauerbelastung und die langen Stunden im Büro oder auf der Straße entscheidend, sondern die wenigen wesentlichen Erfolge, die maßgeblich die Geschicke des Unternehmens beeinflussen. Dazu gehören Präsentationen und Verhandlungen mit Investoren, Vertragsverhandlungen mit wichtigen Kunden oder Mitarbeitern und viele andere kleine und große Tore, die ein erfolgreicher Unternehmer schießen muss. In der Vorbereitung und in der eigentlichen Situation kann es sicher zu (zeit-)intensiven Momenten kommen. Ein Unternehmer, der sich davor drückt, so wie ein Gründer, der statt auf eine Investorenpräsentation lieber auf eine Prämierung bei einem Businessplanwettbewerb vorbereitet hat, wird sicher nicht erfolgreich sein. Ähnlich wie ein Stürmer im Fußball muss ein Unternehmer gemeinsam mit den einzelnen Spielern im Unternehmen immer wieder torgefährliche Situationen erarbeiten und dann unter vollem Einsatz aller Möglichkeiten das entscheidende Tor schießen. Ein Stürmer dagegen, der während des Spiels den Platz auf und ab rennt, wird am Ende des Spiels körperlich und mental erschöpft sein, letztlich für seine Mannschaft aber wertlos sein.

Führung in unsicherem Terrain

Innovationen sind von Natur aus unsicher. Die Erstellung und Akzeptanz des Neuen – welcher Art auch immer – ist unklar. Diese Unklarheit führt zu einer Reihe von Unsicherheiten. Je neuartiger ein Produkt ist, desto unklarer sind die Reaktionen der Kunden darauf. Je mehr neue Technologien in einem Produkt stecken, desto unklarer ist der Entwicklungsprozess. Die Frage, wann und in welchem Zustand ein Produkt reif für die ersten Kunden ist, lässt sich oft nur mit den ersten Verkäufen erkennen. Wird ein Produkt zu früh ausgeliefert, besteht die Gefahr, Kunden zu verprellen. Wird es zu spät ausgeliefert, fehlen wertvolle Umsätze und es kann sein, dass Wettbewerber mit einer alternativen Lösung die Kunden wegschnappen.

In dem Bestreben, Fehler zu vermeiden, versuchen viele Gründer, die Unsicherheit zu minimieren. Produkte werden perfektioniert, die Kundenansprache wird verzögert und es werden zu viele interne Kapazitäten (Kosten) vorgehalten, um lieferfähig zu sein. Am Ende ist die Minimierung der Unsicherheit deutlich teurer als die möglicherweise eintretenden Fehler. Gute Unternehmen erkennen in der Unsicherheit die Chance, schneller voranzukommen als andere, und führen ihre Organisation überlegt in und ideenreich durch die vielfältigen Unsicherheiten. Über verschiedene Erziehungs- und Ausbildungsstationen hinweg wird mehr das Bravsein der kleinen Kinder und fehlerfreie Repetieren der Schüler entlohnt als das Ausprobieren von Neuem und aktive Verschieben von Grenzen. Das behütete Elternhaus führt sicherlich zu besseren Noten, aber auch weniger Gelegenheiten, sich an unsicheren und unbekannten Situation zu beweisen. Dass gerade in sehr komplexen und schwierigen Situation die Kenntnisse und Fähigkeiten einer gesamten Organisation maßgeblich sind, liegt auf der Hand. Die Bereitschaft einer Organisation, Unsicheres und Ungewisses aktiv anzugehen, wird neben den positiven wie negativen Anreizen maßgeblich vom Vorbild und den Anregungen des Managements beeinflusst. Ein Stück weit repliziert sich der Unternehmer selber, wenn es ihm gelingt, die ganze Organisation zum Unternehmer zu machen.

5.4   Fazit

In letzter Konsequenz sind das Management und die Unternehmenskultur die zentralen Größen, wenn es darum geht, Innovationen bei etablierten und bei neuen Unternehmen erfolgreich umzusetzen. Andere Engpässe wie verfügbares Kapital oder Zugang zu anderen Ressourcen können nur durch das Management gelöst werden. Die Rahmenbedingungen können dies erleichtern, erschweren oder in Extremfällen ganz verhindern. Treibende Kraft werden aber immer das Management und das gesamte Unternehmen bleiben. Ein Transmissionsriemen des Managements in die Organisation ist die Unternehmenskultur.

Der sicher beeindruckende Erfolg einzelner Unternehmer, ganzer Branchen und in Form des großen Handelsbilanzüberschusses der gesamten deutschen Wirtschaft belegt nicht nur einen sehr guten, sondern auch einen sehr großen Pool an Managern und Unternehmern.

Entscheidend für den langfristigen Erfolg der deutschen Wirtschaft ist neben dem Managementnachwuchs auch der Nachwuchs an jungen, stark wachsenden High-Tech-Gründungen. Dies sind die Unternehmen, aus denen mittel- und langfristig neue Weltmarktführer und zahlreiche, vor allem nachhaltige Arbeitsplätze entstehen.

Die Anforderungen an die Gründer solch junger Unternehmen sind sehr hoch. Ressourcenknappheit in Kombination mit den Herausforderungen, echtes Neuland zu betreten, führt zu manchmal nicht bewältigbar erscheinenden Herausforderungen. Über die Hälfte der gescheiterten Gründungen sind auf grobe Managementfehler zurückzuführen. Entscheidend hierbei sind grundlegende Basics wie Ehrlichkeit, die Fähigkeit, einen Überblick über die anstehenden Aufgaben zu behalten, auf die richtigen Prioritäten zu fokussieren, unbedingt siegen zu wollen, dabei die zahlreichen Niederlagen positiv zu verarbeiten und zuletzt gemeinsam mit der gesamten Organisation positiv und clever Neuland zu betreten.

6 Innovationsmanagement nach Plan

Im Gespräch mit Jörg Jeliniewski

Was bedeutet Innovationsfähigkeit für Sie und für GEA?

Innovationsfähigkeit bedeutet, dass ein Unternehmen sich immer auf die geänderten Marktbedingungen anpassen kann, sich ständig neu erfinden kann. Die Unternehmensstruktur, die ein Unternehmen bei der Unternehmensgründung gehabt hat, ist sicherlich ungeeignet, um über Jahrzehnte Bestand zu haben.

Kann man so weit voraus planen?

Man kann höchstens so weit planen, dass man ein Unternehmen in einer Weise strukturiert, dass es in der Lage ist, sich selbst immer wieder neu zu erfinden.

Können das dieselben Köpfe machen, die über zehn, zwölf, 15, 20 Jahre diese Themen im Unternehmen begleiten?

Es kommt immer auf den Einzelnen an. Es gibt sicherlich Personen, die lange im Unternehmen sind und schon sehr früh Scheuklappen erworben haben und nicht mehr offen sind, Neuerungen voranzutreiben. Es gibt aber genauso gut den umgekehrten Fall, in dem Manager wie auch Spezialisten eine lange Betriebszugehörigkeit haben und trotzdem nach Neuerungen suchen und streben.

Ist GEA aus Ihrer Sicht auf einer guten Basis wirklich innovationsfähig? Sind Sie innovativ?

Das würde ich ganz klar unterschreiben. Wir sind konzernübergreifend so strukturiert, dass wir Innovation nicht nur zulassen, sondern auch wirklich anstreben. Innovationen können nicht von oben angeordnet werden und entstehen auch nur begrenzt in den traditionellen Abteilungen wie Forschung & Entwicklung. Innovationen brauchen Impulse und die entstehen zum Teil auch aus den Vertriebsabteilungen. Vertriebsmitarbeiter haben stetig Kontakt zum Markt und erkennen die Marktbedürfnisse und Veränderungen. Diese tragen sie in die Organisation – z. B. als Aufgabenstellung für die Forschung und Entwicklung, die dann wiederum Innovationen hervorbringt. Im Übrigen pflegen wir bei GEA eine Unternehmenskultur, die alle Mitarbeiter dazu auffordert, über ihren Tellerrand hinaus zu denken.

Sollten Vertriebsmitarbeiter idealerweise eine technische Ausbildung haben, um den Wissenstransfer zu realisieren?

Produkte eines Technologieunternehmens wie GEA machen eine Erläuterung der Vorteilhaftigkeit unserer Geräte aus technischer Sicht erforderlich. Hierbei ist eine technische Ausbildung natürlich hilfreich. Im Hinblick auf den von Ihnen angesprochenen Wissenstransfer genügt manchmal schon aufmerksames Zuhören, um die Bedürfnisse der Kunden zu erkennen. Bei Produkten für eine identische Anwendung kann man aus den Änderungen der

Anforderungen (früher zu heute) Tendenzen herausarbeiten. Verbindet man das gute Gespür für zukünftige Anforderungen mit den heutigen technischen Möglichkeiten, können
Innovationen geschaffen werden.

*Ist vor diesem Hintergrund langfristige Personalplanung wichtig, damit auch die Mitarbeitermotiva-
tion im nächsten Zug Mehrwert generiert?*

Heutzutage werden Mitarbeiter weder im Vertrieb noch in anderen Abteilungen lediglich
durch monetäre Anreize gewonnen. Die Rahmenbedingungen müssen stimmen und Unternehmen müssen einen gewissen Wohlfühleffekt schaffen. Das bedeutet, dass Mitarbeiter
ihren Arbeitgeber in letzter Konsequenz als Familie empfinden. Jedes Unternehmen lebt,
nicht nur durch organisatorische Änderungen, sondern auch durch die Unternehmenskultur, die gepflegt wird. Diese Rahmenbedingungen sollten dem Mitarbeiter ein Leben im
Unternehmen ermöglichen, wie er es erwartet. Anderenfalls wird die Aufgabenstellung
lediglich als „nine to five job" empfunden und das Potenzial eines jeden Mitarbeiters wird
nicht ausgeschöpft. Dies gilt sicherlich für alle Ebenen im Unternehmen. So wie man es von
einem Konzernlenker verlangt, sich dem Unternehmen mit seiner ganzen Kraft zu widmen,
so kann man es auch von jedem Mitarbeiter verlangen.

*„Innovationsfähigkeit sichern" bedeutet, dass jeder im Unternehmen die Verantwortung und Aufga-
be hat, die Grundlagen dafür zu schaffen, oder gibt es bestimmte Personengruppen oder Hierarchie-
gruppen mit größerer Verantwortung?*

Der Vorstand ist sicherlich gefragt, die entsprechenden Rahmenbedingungen zu schaffen,
damit Innovation stattfinden kann.

Drei Bespiele für Innovationsmanagement bei GEA:

Lassen Sie mich hier nicht auf die traditionellen Forschungs- & Entwicklungstätigkeiten
eingehen, diese findet man in ähnlicher Form in jedem international tätigem Konzern. Wir
bei GEA haben darüber hinaus Systeme installiert, die wirklich alle unsere Mitarbeiter in
den Innovationsprozess hineinziehen.

i²m

Zunächst arbeitet GEA mit i²m, einem „Ideas and Improvement Management System", was
2007 im ganzen Konzern in allen Gesellschaften implementiert wurde. Initiiert wurde dies
durch den Vorstand. Insofern wurde das System als Top-down Approach gestartet. Es war
uns wichtig, dass alle Mitarbeiter die Grundidee verstehen, Zugang haben und dieses System leben. Durch unser i²m-System kann jeder Mitarbeiter Verbesserungsvorschläge für
Abläufe, Prozesse und Produkte einbringen. Hierbei sind die Mitarbeiter nicht auf ihr Arbeitsumfeld beschränkt, sondern können auch Ideen eingeben, die außerhalb ihres originären Arbeitsbereichs liegen. Keine Idee wird limitiert. Als Anreiz beteiligen wir den Mitarbeiter an dem wirtschaftlichen Potenzial der umgesetzten Ideen. Dies entspricht etwa einem
zweistelligen Prozentsatz des monetären Nutzens in den ersten zwölf Monaten nach Umsetzung des Vorschlages.

Funktionsweise und Reichweite

Um eine schnelle Bearbeitung der Vorschläge zu gewährleisten, ist i²m softwarebasiert. Es gibt Versionen in allen jeweiligen Landessprachen. Das heißt, jeder Mitarbeiter im Konzern kann seine Verbesserungsvorschläge in die auf jedem PC befindliche Software eingeben. Zusätzlich gibt es Eingabeterminals, die an vielen Stellen in unseren Fertigungsbereichen stehen. Vorschläge werden im nächsten Schritt automatisch an die jeweiligen Vorgesetzen weitergeleitet. So generiert GEA jährlich Tausende Verbesserungsvorschläge. Das System verpflichtet den Empfänger des Verbesserungsvorschlages, sprich die nächsthöhere Hierarchie, innerhalb von zwei Wochen zu antworten. Der Mitarbeiter bekommt entsprechend ein positives oder negatives Feedback. Falls gewünscht, eröffnet das System auch die Möglichkeit der anonymen Eingabe.

Die Inanspruchnahme des Systems ist natürlich unterschiedlich. Hierbei spielen aber weniger geografische Regionen als vielmehr Gesellschaften oder Abteilungen eine Rolle. Positiv fällt China auf. Sehr viele Vorschläge kommen aus China. Wir hatten zu Beginn Bedenken, ob ein solches einheitliches System in sämtlichen Kulturkreisen angenommen werden kann. Hier wurden wir aber positiv überrascht. Das System hat sich überall hervorragend etabliert.

i²m wurde in jeder (Tochter-)Gesellschaft, unabhängig von Kulturkreis, Kontinent und Land installiert. Auf diese Weise werden jährlich im Durchschnitt drei Vorschläge pro Mitarbeiter generiert. Viele Vorschläge weisen eine sehr hohe Innovationskraft auf. Diese werden dann aus dem System herausgenommen und gesondert betrachtet. Viele zeigen ein hohes Potenzial, so dass daraus auch Patente entstehen können. Solche Vorschläge erfordern meistens zusätzliche Ressourcen und werden deshalb gesondert von einem Team bearbeitet. Dieses Team kann dann unter Umständen auch einer ganz anderen Business Unit zugehören.

Innovation Award und Development Contest

Weitere Bausteine unserer Innovationskraft entstehen aus den jährlich stattfindenden Innovation Awards und Development Contests. Hier erfragt der Vorstand konzernweit die wichtigsten Vorschläge für Produktneuentwicklungen aus den Segmenten – sprich es geht um Ideen und Vorschläge für die Zukunft. Der Innovation Award und der Development Contest sind Plattformen, auf denen die Unternehmenssegmente in einem Wettbewerb zueinander stehen. Jeder stellt seine Innovationskraft zur Schau. Natürlich ist es ein freundlicher Wettbewerb. Die Segmente sind eindeutig voneinander abgegrenzt, so dass im Markt kein Wettbewerb entsteht. Nichtsdestotrotz geht es um das Ansehen der Segmente, zudem sind die Contests mit Preisgeldern versehen. Ist eine Idee vielversprechend, wird die Implementierung der Idee gefördert. Dabei ist unerheblich, ob die Idee von einer Einzelperson, einem Team oder einer Gesellschaft kommt. Jeder Unternehmensteil und jede Gesellschaft ist über die Zielvereinbarung der Manager verpflichtet, einen Vorschlag zu unterbreiten. In letzter Instanz trägt also der Segment-Präsident, der Business-Unit-Leiter, aber auch jeder Geschäftsführer und Abteilungsleiter Sorge dafür, dass in den Arbeitsbereichen an neuen Ideen, neuen Produkten oder Anwendungen gearbeitet wird.

Für den *Innovation Award* werden alle Vorschläge für Produktneuentwicklungen gesammelt. Die besten kommen in einen Ausscheidungswettbewerb. Die Jury ist immer die jeweils nächsthöhere Hierarchieebene und führt bis zum letzten Level auf GEA Group-Ebene.

Auf der GEA Group-Ebene werden die drei vielversprechendsten Neuerungen prämiert. In den darauf folgenden Jahren wird dann berichtet, was aus der jeweiligen Produktidee geworden ist. Wurde die Erwartung erfüllt oder stieß man auf bestimmte Schwierigkeiten, die nicht vorhersehbar waren? Wir wollen wirklich wissen, was aus den Ideen geworden ist, und aus dem Erfolg oder Misserfolg lernen.

Dabei ist es sicherlich hilfreich, Anreize und Motivation für Vorschläge zu schaffen. Mitarbeiter sollten das Gefühl haben, dass sie in einem Unternehmen arbeiten, in dem jeder Einzelne Innovationen entwickeln darf, ohne dass dies einer kleinen Elite vorbehalten wird. Rückwirkend korreliert die Innovationskraft sicherlich mit dem Unternehmenserfolg oder gar höheren Margen.

Durch die von GEA geschaffenen Rahmenbedingungen hat sich diese Kultur der Innovationsförderung in den letzten Jahren konzernweit etabliert und trägt entsprechend Früchte.

Die Position des Vorschlagenden im Unternehmen ist dabei unerheblich. Entscheidend ist die Innovationskraft der Idee. Ich gebe Ihnen einmal ein Beispiel für einen Vorschlag, den ich selber gemacht habe. Damals war ich Geschäftsführer einer der kleinsten Gesellschaft der GEA und habe auf GEA Group-Ebene den dritten Platz errungen. Es stehen also nicht die großen Gesellschaften mit einem vielleicht großen Marktvolumen im Vordergrund. Es geht tatsächlich nur um den Inhalt und das Potenzial der Innovation.

Der Innovation Award wird jährlich im ersten Quartal ausgetragen und ist mittlerweile ein festes Ritual aller Segmente.

Parallel zum Innovation Award gibt es den *Development Contest*. Dieser wird im zweiten Quartal ausgetragen. Hier werden die Segmente, Business Units und Gesellschaften zu ihren langfristigen Ideen befragt. Auch hierbei geht es um Produkte und Prozesse, jedoch um eher langfristige Perspektiven. Es sind Visionen gefragt: Wo geht die Reise hin? Was werden Kunden in zehn Jahren verlangen? Welche Fertigungstechnologien kommen in fünf Jahren zur Anwendung? Welche Materialien werden eine Rolle spielen? Diese Vorschläge können mit einem höheren Investitionsvolumen verbunden sein oder die Zusammenarbeit aller Segmente erfordern.

Welcher der drei Faktoren i²m, Innovation Award oder Development Contest hat den größten Einfluss auf das Unternehmen?

Den größten Einfluss hat sicherlich das i²m-System, weil es kontinuierlich ist und weil es wirklich jeden Mitarbeiter zu jedem Zeitpunkt des Tages einbezieht. Anfänglich bestand zwar Skepsis, vor allem aufseiten der deutschen und europäischen Unternehmen, die Parallelen zu dem traditionellen Verbesserungsvorschlagswesen sahen. Deshalb haben wir das System von Anfang an automatisiert und transparent gehalten. Die Mitarbeiter wissen zu jeder Zeit, in welcher Bearbeitungsstufe sich ihr Vorschlag befindet und wann sie ein Feedback erhalten. Diese Mechanismen haben die anfänglichen Bedenken ausgeräumt. Ein System wie i²m führt man durch konzernübergreifendes Commitment ein, durch Beteiligung der Mitarbeiter am Erfolg der umgesetzten Ideen, aber auch durch den Wettbewerb zueinander, der als Ansporn wirkt.

Entsteht diese Wettbewerbssituation zufällig oder wird sie kommuniziert?

Das kommunizieren wir. Wenn die Segmente im Wettbewerb stehen, dann ist für uns wichtig zu erkennen, in welchen Unternehmen welche Unternehmenskultur besteht oder ob es gelungen ist, die GEA Unternehmenskultur in den einzelnen Einheiten zu spiegeln. Aber wie gesagt, es geht um einen Wettbewerb über die Innovationskraft, nicht um einen Wettbewerb im Markt. Die Systeme helfen uns auch dabei, Unternehmensbereiche zu fokussieren. „Warum hat ein Unternehmen mit ähnlichem Produktportfolio 50 Verbesserungsvorschläge gemacht und ein anderes nur zehn?" Wir bringen die Unternehmen bewusst in einen Wettbewerb, da niemand gerne die „rote Laterne" hält. So fördern wir Offenheit, Ideen und Innovationen in Unternehmen. Auf diese Weise verbessern wir Abläufe in der gesamten Prozesskette, in Fertigungsabläufen oder auch im Büro.

Gibt es Unterschiede im Hinblick auf Altersgruppen und Innovationskraft?

Nein gar nicht, weder Mann, Frau, jung oder alt. Es hat uns lediglich überrascht, dass alle Gesellschaften, die wir auf dem chinesischen Kontinent haben, das System besonders stark frequentieren. Wir dachten, das wäre kulturell etwas schwieriger.

Gibt es Länder, in denen i²m und Verbesserungsvorschläge nicht funktionieren?

Es gibt lediglich Gesellschaften, in denen es nicht funktioniert. Dies liegt dann an verschiedenen Rahmenbedingungen wie beispielsweise Restrukturierungsmaßnahmen. In dieser Phase ist ein Unternehmen weniger offen für Verbesserungsvorschläge. Ist diese Phase überstanden, sind Unternehmen erfahrungsgemäß wieder offen für Verbesserungen.

Was sind die entscheidenden Faktoren für Innovationsfähigkeit? Beeinflussen Marktzyklen die Innovation? Was sind die Grundbedingungen und Rahmenbedingungen oder auch Stolpersteine für Unternehmen?

Konjunkturzyklen sollten und dürfen Innovationsfähigkeit nicht beeinflussen. Wichtig ist, dass Innovationen und Systeme wie i²m konzernweit implementiert sind und durch einen Top-down Approach vorgelebt werden. Ein offener Umgang mit Mitarbeitern und 100-prozentiges Commitment sind unerlässlich. Der Unternehmenserfolg muss mit Innovationen verknüpft werden. Für jeden Mitarbeiter muss von Anfang an erkennbar sein, dass hinter einem System wie i²m auch eine langfristige Perspektive steht. Entscheidend ist dafür unter anderem auch eine Unternehmenskultur, die durch Offenheit und Ehrlichkeit geprägt ist. Meiner Meinung nach wirkt ein Unternehmen unglaubwürdig, wenn Rahmenbedingungen für Innovationen nur in Teilbereichen oder Regionen geschaffen werden. Das Potenzial für Innovationen kann in allen Bereichen und Regionen sehr groß sein. Ich würde nicht empfehlen, mit einem Pilotprojekt für Innovationen zu starten. Rahmenbedingungen sollten ganzheitlich geschaffen werden.

Positiv beeinflusst wird Innovationskraft sicherlich auch von einer niedrigen Fluktuation. Bei GEA haben wir in allen Gesellschaften eine niedrige Fluktuation. Es ist wichtig, den Mitarbeitern in persönlichen Gesprächen Interesse für ihre Ideen zu signalisieren. Dadurch entsteht auch eine höhere Qualität der Innovation.

Ich selbst habe viele Gespräche mit Mitarbeitern geführt, die einen Verbesserungsvorschlag aus einem anderen Segment oder anderem Bereich ins Leben gerufen haben. Diese hatten großes Interesse daran zu erfahren, was aus ihren Ideen geworden ist. Letztendlich ist es ein Ausdruck von Zufriedenheit, wenn Mitarbeiter erkennen, dass ein Unternehmen seine Mitarbeiter über die täglichen acht Stunden Arbeit hinaus schätzt. Im Umkehrschluss führt dies sicherlich zu einer geringeren Fluktuationsrate.

Wann kann ein Unternehmen die Ernte für Innovationskraft einfahren?

Kontinuierlich und direkt im ersten Jahr. Bestimmte Vorschläge können als „just-do-it" klassifiziert werden. Diese sind mit sehr wenig Aufwand verbunden und können direkt umgesetzt werden.

Innovationsfähigkeit und demografischer Wandel

Für GEA ist absehbar, dass Innovationskraft auf die nächsten Jahre ausgewogen bleibt. Wir betrachten natürlich den Konzern als Ganzes. Die Historie von GEA in den vergangenen 20 Jahren nach dem Börsengang zeigt, dass die GEA Group viel internationaler geworden ist. Insofern findet der demografische Wandel in bestimmten Regionen im Konzern weniger statt. GEA ist zwar ein MDax-Unternehmen, konzentriert sich jedoch nicht ausschließlich auf Deutschland. Insofern ist der demografische Wandel, der in Deutschland stattfindet, nicht repräsentativ für den demografischen in dem Konzern GEA Group. Um Innovationskultur im Unternehmen zu fördern, kommt es nicht auf den Firmensitz oder die MDax-Zugehörigkeit an, sondern ausschließlich auf die Vision der Unternehmensführung und die konsequente Umsetzung der strategischen Ausrichtung.

Ist eine konzernweite, einheitliche Definition des Begriffes Innovation notwendig? Was sind die wichtigsten Ziele Ihrer drei Instrumente i²m, Innovation Award und Development Contest?

Letztendlich ist es vollkommen unerheblich, ob ein Mitarbeiter einen Verbesserungsvorschlag als Innovation bezeichnet. Es geht primär darum, alle Mitarbeiter zum Denken anzuregen. Innovation soll nicht von einer Stabsstelle im Konzern getrieben werden. Es muss ein „Wir-Gefühl", ein GEA Branding entstehen. Insofern ist es wichtig, die Mitarbeiter in den Innovationsprozess einzubeziehen, ihnen zuzuhören und Interesse an neuen Ideen zu zeigen. Im nächsten Schritt ist es wichtig, Ideen mit einer hohen Wertigkeit für Produktneuentwicklungen zu generieren. Diese sichern langfristig den Unternehmensfortbestand und die Weiterentwicklung.

Ein anderer Aspekt ist die Steigerung der Produktivität oder Profitabilität. Es gibt in jedem Konzern sehr dynamische Prozesse, die sich zum Teil überlappen oder die in verschiedenen, parallelen Abteilungen unterschiedlich ablaufen. Auch dazu gibt es über i²m Lösungsvorschläge.

Schlussendlich kommt es darauf an, dass jeder Vorschlag vom Vorgesetzten zeitnah bearbeitet wird. Dies kann im Einzelfall in anderen Business Units geschehen. Jeder Vorgesetzte kann auch immer andere Kollegen, in Form von Gutachtern befragen. Dadurch wird sichergestellt, dass das Potenzial der Vorschläge richtig eingeschätzt wird und langfristig Mut für Ideen, Produktivität und Profitabilität sowie die Wertsteigerung des Unternehmens bestehen bleibt.

Im Umkehrschluss fördern wir den Mut für Ideen, so dass die Produktivität, die Profitabilität sowie die Wertsteigerung des Unternehmens bestehen bleiben.

7 Innovationsfähigkeit durch Leadership Consulting

Petra Dose und Guido Happe

Begriffe, die aus den begrifflichen Chamäleons „Leadership" oder „Consulting" gebildet werden, geraten – zumindest im deutschen Sprachgebrauch – in Gefahr, semantisch zu verwässern oder gar zu Schlagwörtern zu degenerieren.

Dennoch lässt sich mit dem Begriff Leadership Consulting – aus unserer Sicht – ein Ansatz kennzeichnen, der heute mit seinen funktionalen Facetten zu den programmatischen Ansätzen der modernen Managementlehre gezählt werden kann. Mit Rat und Tat das Top Management bei Problemstellungen wie Innovation, Markt oder Technologie zu unterstützen sowie an der Ausrichtung des Unternehmens exponiert mitzuwirken, zählt ebenso dazu wie die Beschäftigung mit strategischen Fragestellungen aus den Bereichen Personal- und Organisationsentwicklung. Programmatisch neu für die Begriffsfassung „Leadership Consulting" ist die ausdrücklich gewünschte Beteiligung von Führungskräften aus den nicht-wertschöpfenden Querschnittsbereichen, wie dem Personalbereich, an der strategischen Weiterentwicklung des Unternehmens. Damit erfährt der Personalbereich die notwendige Aufwertung für die Lösung von strategischen Problemstellungen für die Gestaltung innovativer Strukturen. Erfahrungsgemäß haben alle strategischen Themen wie Innovation, Technologie, Markt, Internationalisierung, demografischer Wandel etc. automatisch Haupt-, Neben-, Nah- und Fernwirkungen im Bereich des Personalmanagements. So kann eine Umstellung auf neue Technologien nur dann nachhaltig erfolgreich sein, wenn Rekrutierung, Kompetenz- und Potenzialentwicklung oder Anreizsysteme entsprechend angepasst werden. Dies setzt voraus, dass der Personalmanager frühzeitig eingebunden wird und auf Augenhöhe mit den Kollegen aus den Geschäftsbereichen wesentliche Beiträge für die strategische Entscheidungsfindung leistet.

Als Beratungsunternehmen mit langjähriger Kompetenz im Bereich Human Resources beschäftigen wir uns ausschließlich mit den Führungsthemen, die aus Sicht des Top Managements personalpolitische sowie -strategische Relevanz haben. Die in diesem Beitrag zusammengefassten Sichtweisen und Erfahrungen behandeln im Sinne einer thematischen Abgrenzung Fragestellungen der Innovationskultur aus Sicht des Personalmanagements. So hat beispielsweise der nicht minder „gehypte" Begriff Talent Management dann eine Relevanz für das Leadership Consulting, wenn absehbar ist, dass in den nächsten Jahren Wachstum und Absicherung der Innovationsfähigkeit durch gravierende Knappheiten auf internen und externen Talentmärkten gefährdet sind. Die wird im Folgenden näher erörtert.

> Aus unserer Sicht ist Leadership Consulting in erster Linie die gleichberechtigte Beteiligung der Personalmanager an strategischen Unternehmensentscheidungen, und zwar, bildhaft ausgedrückt, am Tisch mit der Unternehmensleitung, als Teil der Unternehmensstrategie.

Im „big picture" reicht es heute nicht mehr aus, allein auf Assets, Strukturen, Systeme etc. zu setzen. Ohne die Einbindung eines steuernden Personalmanagements ist dauerhaft kein Geschäft mehr zu machen. So kann beispielsweise der Personalmanager als Business-Partner das Unternehmen auf zukünftige Veränderungen vorbereiten und dabei helfen, dass die Organisation den notwendigen Wandel mitträgt.

Innovative Unternehmen bzw. Unternehmen mit einer existierenden Innovationskultur verzahnen Unternehmens- und Personalmanagement-Strategie sehr eng miteinander, um so – unter Berücksichtigung personalpolitischer Aspekte – die Voraussetzungen für die strategische Positionierung im Wettbewerb sowie für die operative Exzellenz in den Unternehmensprozessen zu schaffen. Damit ist das Personalmanagement aktiver und integraler Bestandteil des gesamten Managementprozesses. Im Konzert mit den übrigen Unternehmensfunktionen leistet es einen wesentlichen Beitrag dazu, die zuvor genannten, zentralen unternehmerischen Herausforderungen zu meistern. Allerdings kann das Personalmanagement nur dann eine entscheidende Rolle im Leadership Consulting spielen, wenn folgende Basisvoraussetzungen erfüllt sind:

6. Der Personalbereich ist akzeptierter und gefragter Sparringspartner des Top Managements in den Themenstellungen des Leadership Consultings,

7. dementsprechend muss der Stellenwert der Personalfunktion im Unternehmen definiert sein als Bestandteil des Bereiches „Unternehmensplanung".

8. Die Personalfunktion muss ausgewiesene strategische Kompetenzen, aber auch relevantes marktwirtschaftliches Skill-Set haben.

Mit einer Positionierung des Personalmanagements auf der Ebene des Leadership Consultings wird zugleich auch die Erwartungshaltung verknüpft, nicht nur eine rein beratende Funktion auszuüben, sondern auch messbare und nachhaltige Beiträge zur Steigerung der Wertschöpfung zu generieren. Der Personalbereich ist, bei Verfolgung eines systematischen Beratungsansatzes, nicht nur für die Analyse und Bewertung von Situationen oder das Abgeben von Empfehlungen verantwortlich, sondern auch für die Umsetzung der Maßnahmen bis zur Erreichung der zuvor definierten Ergebnisse.

Wie realitätsnah ist diese Anforderung an das Personalmanagement eigentlich? Ist nicht gerade in Krisenzeiten der Personalbereich von Kürzungen und Einsparung, insbesondere im Bereich der Ausgaben für Weiterbildung betroffen?

Nicht wenige Unternehmen reduzieren das Personalmanagement immer noch auf die Durchführung von operativen Service- und Support-Aufgaben, also beispielsweise auf eine funktionierende Entgeltabrechnung oder die Begleitung von Ausbildungsmaßnahmen.

Damit ist das Personalwesen jedoch sehr weit von der apostrophierten Rolle eines wirklichen Business-Partners entfernt. Dass die Rolle des Personalmanagements heute mehr erfordert als eine zuverlässige Erfüllung von administrativen Funktionen und allenfalls eine bruchstückhafte Bearbeitung von strategischen Themenstellungen, liegt auf der Hand.

Personalplanung ist Unternehmensplanung

Unternehmensplanung ist Personalplanung

Entwicklungen und Umbrüche in Wirtschaft und Gesellschaft erfordern von den Unternehmen eine permanente Lern- und Anpassungsfähigkeit. Wertschöpfung im globalen Wettbewerb ist zunehmend wissensbasiert und innovationsabhängig. Damit wird der Mensch zum Erfolgsfaktor. Für das Personalmanagement leitet sich hieraus die zentrale Aufgabe ab, Motivation und Fähigkeiten der Mitarbeiter im Sinne der strategischen Wertschöpfungsziele zu entwickeln.

Welchen Wandel hat nun der Personalbereich erfahren? Wie hat sich die Personalarbeit neu ausgerichtet?

> Nach unserer Einschätzung haben erst rund ein Viertel der Unternehmen in Deutschland das Personalmanagement auf die Ebene Business- bzw. Leadership Consulting geliftet und somit Innovationsmanagement unternehmensweit sichergestellt.

Die Stärkung der Personalrolle im Unternehmen orientierte sich implizit an den weiter oben genannten Basisvoraussetzungen. Am Anfang stand die Erkenntnis, dass die Mitarbeiter die Potenzialträger für die Unternehmensentwicklung sind. Dieser Wandel in der Denkhaltung wurde begleitet von einer Entstaubung des Berufsbildes des Personalmanagers. Die Rolle des Personalmanagers wurde geradezu revolutionär modernisiert. Aus dem Vollzugsbeamten des Managements ist der Gestalter bzw. der Business-Partner geworden, der vom Top Management als gleichberechtigter strategischer Entscheider akzeptiert wird. In dieser Rolle wirkt der verantwortliche Personalmanager auf der obersten Unternehmensebene an der (Re-)Formulierung und Implementierung der Unternehmensstrategie mit. Aus den Vorgaben der Unternehmensstrategie leitet er dann die funktionale Personalstrategie ab, in der die Zielsetzungen für die einzelnen Aufgabenfelder konkretisiert werden, wie beispielsweise die Zielsetzungen für die jährliche Personalbeschaffung und -entwicklung. Ausgestattet mit einer starken funktionalen Richtlinienkompetenz (HR-Governance), werden dann die entsprechenden Vorgaben und Standards formuliert und unternehmensweit umgesetzt.

Welches heuristische Potenzial, oder ganz konkret, welche Nutzenbeiträge nun ein starkes, strategisch aufgestelltes Personalmanagement für das Leadership Consulting haben kann, wird an den folgenden drei Herausforderungen deutlich:

■ **Flexibilität:** Fähigkeit der Anpassung der Mitarbeiter-Kompetenzen an veränderte Markt- und Rahmenbedingungen

■ **Fokussierung:** Fähigkeit der Konzentration der personellen Ressourcen auf Kern-Kompetenzen und -Märkte

■ **Mobilisierung:** Fähigkeit der Steigerung des Leistungsvermögens der Mitarbeiter

Wer in dynamischen Märkten strategisch auf Flexibilität setzt, kommt gegebenenfalls personalpolitisch nicht umhin:

■ Auftragsspitzen über zusätzliche Leasing-Kräfte abzufangen,

■ Mitarbeiter-Kompetenzen in puncto Lernen, Change-Orientierung oder Verbesserung einer abteilungsübergreifenden Zusammenarbeit weiterzuentwickeln,

■ im Performance- und Potenzial-Management flexibles Verhalten zu fördern und zu belohnen.

Hierdurch wird Raum für Ideen und Kompetenzen geschaffen. Befindet sich ein Unternehmen dagegen in einer Situation der strategischen Neuausrichtung mit einer Rückbesinnung bzw. Fokussierung auf die ehemals definierten Kern-Kompetenzen, befasst sich das Leadership Consulting u. a. mit folgenden Themenstellungen:

■ Analyse des vorhandenen Personal-Portfolios, einschließlich der Bestandsaufnahme und Bewertung der erfolgskritischen Mitarbeiter-Kompetenzen,

■ Simulation und Festlegung des Personal-Portfolios (Soll-Portfolio),

■ Entwicklung und Umsetzung von Anpassungsmaßnahmen.

Oder: Geht es dem Top Management vielleicht um Rat und Tat bei der Mobilisierung des Vertriebs? Hier können dann folgende Themenstellungen im Leadership Consulting personalpolitische Relevanz haben:

■ Analyse der Stärken und Schwächen des vorhandenen Performance-Management-Systems im Vertrieb,

■ Verbesserung der Anreiz- und Steuerungswirkung des Systems,

■ Umsetzung der Anpassungsmaßnahmen: Rechtliche und faktische Implementierung sowie Durchführung von Review-Sessions.

Wer heute als Gewinner aus der Krise hervorgehen bzw. in den Märkten von morgen eine bedeutende Rolle spielen will, ist – wie kaleidoskopartig aufgezeigt – gut beraten, im Leadership Consulting auf Rat und Tat des Personalmanagements zu setzen. Reichen im Personalbereich die erforderlichen strategischen und/oder operativen Kompetenzen nicht aus, können diese über den Beratungsmarkt punktuell und gegebenenfalls zeitlich befristet ergänzt werden.

In einem Zwischenfazit lässt sich festhalten, dass sich auch im Leadership Consulting das Personalmanagement über die Rolle des Personalmanagers definiert und ausprägt. Wenn heute der Personalmanager zum Business-Partner befördert worden ist, der in „Augenhöhe" mit dem Management substanzielle Beiträge zur Unternehmensentwicklung leisten soll, dann stehen automatisch Fragen der Festlegung des erforderlichen Kompetenzprofils auf der Agenda. Allerdings sind die Aufgaben und Anforderungen des Personalmanagements von Unternehmen zu Unternehmen zu unterschiedlich, als dass diese über ein Kompetenzprofil allgemeingültig charakterisiert werden könnten. Sind in Krisensituationen eher Emergency- und Change-Management-Skills gefragt, können bei „ruhigerem Fahrwasser" eher Kompetenzen in den Bereichen „Coaching" und „Mentoring" hoch ausgeprägt sein. Unabhängig von der jeweiligen Ausgangssituation sollten in jedem Fall Fähigkeiten und Erfahrungen im Bereich „General-Management" und „Strategic Thinking and Acting" vorhanden sein.

Grundlage für Innovationsmanagement ist das Gespür und Querwissen aller Themen und Bereiche im Unternehmen. Diese notwendige Ausprägung ist jedoch auch für viele „Personalmanager" neu.

Um die teilweise komplexen Problemstellungen im Leadership Consulting professionell bearbeiten zu können, sind auch analytische Fähigkeiten sowie eine gute Portion „Situational Sensitivity" und/oder „Cultural Awareness" notwendig. Darüber hinaus bedarf es methodisch einer gut gefüllten Toolbox, um auf „großer Flughöhe" komplizierte Sachverhalte vorstandsgerecht aufzubereiten und Lösungsansätze kommunizierbar zu machen. Im Idealfall verfügt ein Unternehmen bereits über ein grenzwertbasiertes Controllingsystem, mit dem die Entwicklung zentraler Erfolgs- und Steuerungsgrößen für das Personalmanagement (z. B. Fluktuation, Krankenstand, Altersstruktur/Demografie, Mitarbeiterproduktivität, Kompetenzabdeckung, Zielerreichungen) verfolgt werden kann. Die Interpretation der Daten und die darauf aufbauende Bewertung der Situation sowie schließlich die Bestimmung der zugrunde liegenden Ursachen für Abweichungen bilden dann die zentralen Schritte in einer Analysephase.

In unserer Beratungspraxis setzen wir mit dem Personal-Portfolio ein Instrument ein, das gleichermaßen für die Situationsanalyse und die Ableitung von Maßnahmen geeignet ist. In einer aggregierten High-Level-Betrachtung spiegelt das Personal-Portfolio, das sich über die Dimensionen Potenzial und Performance aufspannt, das aktuelle Leistungsvermögen einer Organisation (Ist-Portfolio) wider.

Wir erwarten für das Erschaffen des spürbar Neuen (= Innovation) einen permanenten Management Check sowie Check des gesamten Personalportfolios.

Steuernde Maßnahmen für die Erreichung eines zukünftig ausgewogenen Portfolios (Soll-Portfolio) können hieraus definiert und zusammen mit dem Management personalpolitisch umgesetzt werden.

Durch den Abgleich mit den in der Unternehmensstrategie definierten Kern-Kompetenzen werden dann gegebenenfalls Lücken im Ist-Portfolio sichtbar, die es mit personalpolitischen Maßnahmen zu überbrücken gilt, wie zum Beispiel:

■ Überarbeitung der Personalplanung,

■ Klärung von Nachfolgesituationen,

■ Vergrößerung des Talent-Pools,

■ Rekrutierung von Fach- und Führungskräften,

■ Forcierung der Personalentwicklung,

■ Überarbeitung des Performance-Management-Systems.

Erst wenn die personellen und methodischen Voraussetzungen gegeben sind, lassen sich zentrale Themenstellungen im Leadership Consulting lösen. Dazu zählen beispielhaft folgende Themenstellungen bzw. strategische Herausforderungen:

Tabelle 7.1:   Vier strategische Herausforderungen des Leadership Consulting (Steinbach & Partner Executive Consultants, eigene Darstellung, 2010)

Innovation	**– Absicherung der Innovationsfähigkeit** **– Gewinn und Bindung von „Innovatoren"**
Matrix-Organisation	– Überführung der funktionalen in eine Matrixorganisation – Anpassung der HR-Instrumente
Anorganisches Wachstum	– HR Due Diligence von Unternehmen – Group Hire und Maßnahmen der Integration
Demografie	– Analyse und Simulation der Altersstruktur der Organisation – Umgang mit demografischen Risiken

Für jedes der vier Themenfelder haben wir exemplarisch Problemstellungen aus unserer Beratungspraxis herausgesucht, die die Rolle des Personalchefs im Leadership Consulting illustrieren.

Leadership Consulting - Innovation

Vorbei sind die Zeiten, in denen es ausreichte, kreative Köpfe einzustellen und dann auf marktfähige Innovationen zu hoffen. Heute müssen Unternehmen mehr tun, um innovativ zu sein. Und: Sie müssen es besser tun! Innovationen entstehen aus dem konzertanten Zusammenspiel von Kreativität und systematischer Umsetzung. Dieser Spagat macht vielen Unternehmen zu schaffen. Standardisierte Prozesse und Abläufe, wie sie häufig in den Bereichen Supply-Chain-Management oder Produktion zu finden sind, sind viel einfacher zu kontrollieren und zu steuern als unstrukturierte Prozesse in den Bereichen Kreativität, Ideenfindung und -bewertung.

Als Ideengeber für Innovationen greifen Unternehmen in erster Linie auf ihre Mitarbeiter zurück. Erst danach folgen Kunden, Lieferanten und andere Netzwerkpartner. Ansatzpunkte für die personalpolitische Umsetzung von Innovationsstrategien gibt es viele. Reicht es in dem einen Fall bereits aus, Ideenfindungen über Workshops, Teambuilding oder Gewährung von kreativen Freiräumen zu aktivieren, so bedarf es in komplexeren Organisationen regelrechter Innovationsprogramme, die über einen verantwortlichen Innovationsmanager unternehmensweit gesteuert und verantwortet werden. Zu nennen sind hier beispielhaft folgende Formen des Innovationsmanagements:

■ Wissensmanagement,

■ Intrapreneurship,

■ Innovation Spin-offs,

■ Mergers & Acquisitions,

■ Center of Excellence,

■ Unternehmensübergreifende Netzwerke.

Die Innovationsfähigkeit kann aber nur dann dauerhaft abgesichert werden, wenn zum einen die Unternehmenskultur um die Dimension „Innovationskultur" erweitert wird, zum anderen Innovationsziele im Performance-Management-System verankert und – abhängig vom Zielerreichungsgrad – entsprechend bonifiziert werden. Erst wenn diese Voraussetzungen geschaffen sind, lassen sich kreative Köpfe gewinnen und dauerhaft an das Unternehmen binden.

Leadership Consulting - Matrix-Organisation

Aufgrund komplexerer Marktbeziehungen haben sich viele Unternehmen in den letzten Jahren organisatorisch weiterentwickelt. Aus funktionalen Organisationen wurden Matrix-Strukturen. Damit haben sich auch Aufgaben- und Anforderungsprofile gerade derjenigen Positionen verändert, die in der Matrix-Beziehung die Verteilung knapper Ressourcen koordinieren müssen. Gute Kandidaten, die in Matrix-Strukturen erfolgreich agieren können, sind heute knapp und werden oftmals nur über den Weg „Executive/Direct Search" gefunden.

Betreiben Unternehmen bei der Einführung einer Matrix-Organisation noch einen gewissen Aufwand, werden Rollen und Verantwortlichkeiten in den Schnittstellen akribisch genau definiert, so bleibt die Anpassung der Instrumente für Potenzial- und Performance-Management meistens außen vor oder erfolgt allenfalls ansatzweise.

Sowohl Potenzial-, als auch Performance-Management sind jedoch wichtige Instrumente für die weitere Etablierung von Matrix-Strukturen. Wenn beide Instrumente nicht an die Rahmenbedingungen von Matrix-Strukturen angepasst werden, werden zum einem nicht die Talente identifiziert, die das Potenzial haben, in Matrix-Beziehungen erfolgreich zu sein, zum anderen kommt es zu Fehlsteuerungen, weil Matrix-Ziele nicht adressiert und definierte Zielerreichungen nicht bonifiziert werden. Konsequenz hieraus: Es wird ein verzerrtes Bild über die Leistungsfähigkeit der Organisation wiedergegeben, Stichwort Personal-Portfolio. Friktionen in der Strategieumsetzung sind dann unweigerlich die Folge.

Mit Einführung einer Matrix-Organisation empfiehlt es sich, alle damit verbundenen Personalinstrumente gegebenenfalls anzupassen. Dazu zählen vor allem Rollen- und Anforderungsprofile, Kompetenz-Modelle, Stellenbewertung/Job-Grading, Karrieremodelle, Beurteilungssysteme, Zielsteuerungs- und Anreizsysteme (Vergütungssysteme).

Leadership Consulting - Anorganisches Wachstum

Auch in wirtschaftlichen Krisenzeiten gelingt es immer wieder Unternehmen, eine Sonderkonjunktur zu entfachen und so überdurchschnittliches Wachstum zu generieren. Die Ursachen hierfür können vielfältig sein. In dem einen Fall gelingt es, über Innovationen Marktanteile und Kunden zu gewinnen, in dem anderen Fall war es schlichtweg eine günstige Gelegenheit, einen angeschlagenen Wettbewerber zu übernehmen. Empirische Untersuchungen zeigen, dass weit über die Hälfte von Unternehmensübernahmen und Innovationsprojekten gleichermaßen scheitern, weil nicht konsequent genug der „Human Factor" berücksichtigt wird.

Aus der günstigen Gelegenheit wird immer dann ein teures Abenteuer, wenn die Qualität des Managements zu wünschen lässt, die Kultur nicht integrierbar ist, wichtige Leistungsträger das Unternehmen verlassen haben, die Alterspyramide ungünstig ist oder in den Pensionszusagen zu hohe Risiken schlummern.

Gerade in M&A-Situationen kommt dem Personalbereich eine besondere Rolle zu, nämlich über eine umfängliche HR Due Diligence die zu erwartenden personellen Potenziale und Risiken aufzunehmen und zu bewerten. Folgende Fragestellungen sollten bei einer HR Due Diligence berücksichtigt werden:

Ist das Wertesystem kompatibel?	Passt die Unternehmenskultur zum übernehmenden Unternehmen?
Ist das Management Team „fit" für neue Ziele?	Eine Übernahme bedeutet meist auch neue Strategien, Ziele und Aufgaben. Kann das Management die veränderten Anforderungen erfüllen?
Wo lauern unbekannte Risiken?	Wo lauern Verhaltensrisiken, die dem Integrationsprozess schaden?
Wer hat welches Entwicklungspotential?	Wo liegen Führungspotentiale, die gehoben werden können? Was muss getan werden, um die Herausforderungen der Zukunft besser bewältigen zu können?
Welche Risiken stecken in den vorhandenen HR-Systemen?	Welche sind die Zielsteuerungsinstrumente in der Organisation? Wie zielgerecht sind die Vergütungssysteme? Wie werden Mitarbeiterpotenziale entwickelt?

„Drum prüfe, wer sich ewig bindet." Dies gilt nicht nur für Mergers & Acquisitions, sondern auch für die Alternative „Group Hire". Group Hire, also die Rekrutierung von ganzen Teams etc., kommt zwar ohne Due Diligence aus, dennoch ist es auch hier angebracht, genauer hinzuschauen. Performance des Teams, Zusammensetzung und Verteilung von Kompetenzen bzw. Potenzialen sollten genau analysiert und beurteilt werden. Entscheidend für die Integration des neuen Teams ist die „kulturelle Passung" zum Unternehmen. Ein Team, das sich zuvor in einem Eigentümer-zentrierten Umfeld behaupten musste, wird sich in Team- oder Matrix-Strukturen nur schwer zurechtfinden.

Leadership Consulting - Demografie

Der demografische Wandel wird, hiervon kann schon heute mit Sicherheit ausgegangen werden, zu teilweise erheblichen Anpassungen in den Unternehmensstrategien führen. Damit diese dann auch zielgerecht umgesetzt werden können, muss konsequenterweise auch das Personal-Portfolio neu ausgerichtet bzw. weiterentwickelt werden. Dabei geht es zunächst um die Bestandsaufnahme der Altersstruktur der Belegschaft, und zwar aus verschiedenen Blickwinkeln, etwa differenziert

■ nach Management- und Nicht-Management-Funktionen,

■ nach Job Families (Vertrieb, Produktion, Einkauf, F&E, Administration),

■ nach Top-Leistern, Gut-Leistern etc.

■ bzw. kombiniert nach den zuvor genannten Dimensionen.

Dann gilt es wiederum, das Ist-Portfolio zu analysieren und zu bewerten. Auf Basis von „What-if-Analysen" sind dann verschiedene Hochrechnungen/Simulationen durchzuführen, um ein klares Bild von den demografischen Entwicklungen im Unternehmen zu erhalten. Über die Identifikation von Risiko-Bereichen werden dann entsprechende Maßnahmen abgeleitet. Wenn beispielsweise in einem „Worst Case Szenario" alle Führungskräfte im „Vertrieb Deutschland" nacheinander – ohne geeignete Nachfolger – in den Ruhestand gehen, kann die Existenz des Unternehmens massiv gefährdet sein.

Die nachfolgende Tabelle zeigt beispielhaft einen Handlungsrahmen für demografische Problemstellungen:

Tabelle 7.2: Der Handlungsrahmen für demografische Problemstellungen (Steinbach & Partner Executive Consultants, eigene Darstellung, 2010)

Problemstellungen des demografischen Wandels	Optionen für das Personal-Portfolio-Management
Austrocknende Arbeitsmärkte im Segment der jungen Top-Führungs- und Fachkräfte	– Globale Rekrutierung mit wettbewerbsfähigen Gesamtpaketen (Performance- und Potenzial-Management) – Konsequente Identifikation und Entwicklung von Top-Performern
Auslauf der Altersteilzeit/mehr Eigenvorsorge in der Alterssicherung	– Weitere Durchsetzung von Gehaltsumwandlungsmodellen („Police gegen Euro") – Einrichtung von Lebensarbeitszeitkonten als betriebliches Instrument zur privaten Vorsorge
Schlagartiger Know-how-Verlust (viele Ältere gehen gleichzeitig in Ruhestand)	– Bildung von altersgemischten Teams – Anreize für Job Rotation – (Team-)Boni für Wissenstransfer
Anstieg von Arbeitsunfähigkeitstagen bei älteren Belegschaften	– Etablierung von altersgerechten Arbeitsplätzen – Zusatzleistung: regelmäßige medizinische Untersuchungen nicht nur für Top-Funktionen

Fazit

Erfolgreiches Leadership Consulting für wirkliches Innovationsmanagement und die Schaffung einer Innovationskultur im Unternehmen hängt zum einen vom „Wollen" der „Tops", zum anderen aber ganz entscheidend vom „Können" der HR-Business-Partner ab. Aus unserer Sicht können Unternehmen nur gewinnen, wenn bei strategischen Unternehmensentscheidungen der Personalbereich frühzeitig und „auf Augenhöhe" beteiligt wird.

8 Innovation durch Human Resources und Unternehmenskultur

Gunther Olesch

Phoenix Contact hat sich zur Aufgabe gemacht, in Human-Resources-Themen exzellent zu sein. Viele strategische und innovative Maßnahmen wurden dafür konzipiert und umgesetzt. Das hat dazu geführt, dass wir 2008 zum besten Arbeitgeber Deutschlands von TOP JOB gekürt worden sind. Solche Wettbewerbe zu gewinnen, ist für ein erfolgreiches Employer Branding notwendig. Das Resultat ist, dass Phoenix Contact im Jahr 2008 87 Prozent aller angeforderten Ingenieursstellen besetzen konnte und das bei einer Fluktuation von nur einem Prozent. Damit schneiden wir besser als der Durchschnitt deutscher Unternehmen ab.

Wir sind davon überzeugt, dass in Zukunft der Wettbewerb deutscher Unternehmen nicht primär durch gute Produkte, sondern den erfolgreichen Kampf um die rar werdenden Talente stattfinden wird. Viele Unternehmen reduzieren in Krisenzeiten ihre Personalgewinnung wie auch Aus- und Weiterbildung oder stellen sie sogar ein. Personalinvestitionen sind aber langfristig zu sehen. Sicher müssen momentan Kosten reduziert werden. Auf Liquidität ist die höchste Priorität gesetzt. Bei vielen Kosten und Investitionen kann gespart werden, man sollte im Personalbereich dabei sehr überlegt und sensibel vorgehen. Schließlich wird wieder ein Aufschwung kommen. Dann benötigen wir gute Mitarbeiter. Jetzt gilt es, sich in die Pole Position zu bringen, um beim Start des Rennens hohe Chancen auf den Sieg zu haben. Der Umgang innerhalb des Unternehmens und die vom Management mit Mitarbeitern gelebte Kultur ist elementare Voraussetzung für den wirtschaftlichen Erfolg in schwierigen Zeiten. Auch wenn man einen Umsatzrückgang erlebt, sollte es Ziel sein, dass er besser ausfällt als bei vergleichbaren Unternehmen. Dann erreicht man auch Exzellenz in schwierigen Zeiten (Olesch, 2006 a).

8.1 Unternehmensethik und Leistung

Unternehmensethik ist die humanistische Verantwortung den Mitarbeitern gegenüber sowie die uneingeschränkte Verpflichtung, in der Unternehmensführung danach zu handeln. Sie ist auf sittlichen und tugendhaften Grundsätzen aufgebaut und begreift eine menschliche, respektvolle und förderliche Mitarbeiterführung sowie ein gutes Unternehmensklima als wesentliche Einflussfaktoren für den gesamtunternehmerischen Erfolg. Schließlich sind es die Menschen, die neue Produkte entwickeln, sie herstellen, vermarkten und verkaufen. Daher sollten sie im Fokus der Unternehmensführung stehen. Letzten Endes kann man alle wirtschaftlichen Vorgänge auf drei Worte reduzieren: Menschen, Märkte und Gewinne. Die Menschen sollten dabei immer an erster Stelle stehen, denn ohne gutes Team lassen sich Märkte und Gewinne nur schwerlich erreichen (Olesch, 2001).

Auch die Unternehmensethik unterliegt einem Wandel, denn die Auffassung über ethische Grundsätze ändert sich. Konstanter Faktor ist jedoch immer eine menschenfreundliche Einstellung. Manager zeigen langfristig mehr Erfolg mit ihrem Team, wenn sie von einem positiven Menschenbild ausgehen, das von Respekt vor dem anderen geprägt ist. Einen guten Manager, der echtes Interesse an seinen Mitarbeitern hat, zeichnet ein ziel- und leistungsorientiertes Führen aus. Das Ideal ist erreicht, wenn der Erfolg des Unternehmens durch exzellent motivierte Mitarbeiter gesichert ist.

„Eine ausgeprägte Unternehmensethik beeinflusst das wirtschaftliche Ergebnis eines Unternehmens positiv." Das hat Daniel Goleman in 300 Untersuchungen bei internationalen Unternehmen herausgefunden (Goleman, 1999). Auch im Unternehmen des Autors wird die Unternehmenskultur als wichtiger Erfolgsfaktor betrachtet. Sie wird hier wie folgt definiert.

Abbildung 8.1:   Partnerschaftliche und vertrauensvolle Unternehmenskultur bei Phoenix Contact

Partnerschaftlich vertrauensvoll

Unser Tun
wird von wechselseitig verpflichtendem Geist,
von Freundlichkeit und Aufrichtigkeit getragen.
Unsere Beziehungen
zu Kunden und Geschäftspartnern sind
auf beiderseitig nachhaltigen Nutzen ausgerichtet.
Unsere Unternehmenskultur
fördert Vertrauen und die Entwicklung der Mitarbeiter
zum Erreichen vereinbarter Ziele.

8.2   Unternehmensethik

Es ist ein Leichtes, zu diesen Prinzipien verbale Zustimmung zu erhalten. Schwieriger wird es, sie bei wirtschaftlichen Turbulenzen, wie sie zurzeit weltweit bestehen, zu beherzigen. Hier zeigen sich echte „Unternehmer oder Unterlasser". Seit vielen Jahren gilt dieser Wert in unserem Unternehmen. Durch die Personalentwicklung werden die Mitarbeiter darin trainiert. Die Unternehmenskultur muss schließlich möglichst von allen getragen werden. Dadurch haben wir unser Unternehmen im letzten Jahrzehnt zum Marktführer seiner Branche entwickelt.

Sind einmal ethische Werte für ein Unternehmen definiert und von Führungskräften und Mitarbeitern angenommen, bedeutet das nicht, dass jeder Mitarbeiter sie gleich intensiv lebt. Verschiedene Menschen haben unterschiedliche Einstellungen, wobei Spielregeln und Grundsätze nicht immer von jedem als verbindlich betrachtet werden. Selbst mit modernen Personal-Auswahlverfahren, Personalentwicklung und Coaching gelingt es nicht, nur loyale und verantwortungsbewusste Führungskräfte zu gewinnen. Ist die Unternehmensethik jedoch mehrheitlich angenommen, stellen Quertreiber kein existenzielles Risiko dar. Im Falle von andershandelnden Führungskräften obliegt es der Unternehmensleitung abzuwägen, ob diese Arbeitskraft weiterhin für das Unternehmen tragbar ist, da sie langfristig die Glaubwürdigkeit der Unternehmenskultur schwächt.

Gelebte Unternehmensethik ist wie ein gesunder menschlicher Körper. In ihm befinden sich immer Krankheitserreger. Die Krankheiten kommen jedoch nicht zwangsläufig zum Ausbruch und schwächen den Organismus. Wird der Körper jedoch nicht fit gehalten, so können sie ihm schaden. Bei einer mangelnden Unternehmensethik können fehlende Motivation und Konflikte den Erfolg des Unternehmens stark beeinträchtigen. Es wird nicht seine volle Kraft entfalten und den möglichen Erfolg auf dem Markt nicht erzielen können.

8.3   Konjunktur als Herausforderung

Erfolgreiche und wahrhaftige Unternehmenskultur zeigt sich gerade bei wirtschaftlicher Talfahrt. Es ist fatal, zu schnell Arbeitsplatzabbau bei schlechter Auftragslage zu betreiben. Die in 2009 novellierte Kurzarbeit bietet gute Möglichkeiten, eine wirtschaftliche Talsohle zu durchqueren. Für Mitarbeiter ist gerade jetzt der Arbeitsplatz besonders wichtig. Die eigene wirtschaftliche Existenz hat für sie eine der höchsten Prioritäten. Schließlich müssen sie ihre Kinder und ihren Lebensunterhalt finanzieren können. Das sollten Unternehmen mit allen zur Verfügung stehenden Mittel versuchen zu gewährleisten.

Was sollte ein guter und verantwortungsbewusster Manager nun tun?

1. Das Management sollte Mitarbeiter zu Innovationen im Unternehmen motivieren. Gerade in schwierigen Zeiten eröffnen Neuheiten Chancen auf dem Markt. Kunden sind auch jetzt bereit, innovative Produkte zu kaufen, die ihnen helfen, die schwierige Zeit besser zu durchschreiten. Innovationen sind auch Akzente, die eine eigene bessere Konjunktur für das Unternehmen schaffen können.

2. Das Management sollte neue Märkte in der Welt und in neuen Branchen ausfindig machen, um hier Produkte zu platzieren. Es gibt immer irgendwo Märkte, die entdeckt werden können. Auch wenn zurzeit nicht der große Umsatz dadurch gewonnen wird, so ist es eine gute Voraussetzung, beim kommenden Aufschwung aus der Pole Position zu starten.

3. Alle Prozesse des Unternehmens sollten gerade jetzt auf den Prüfstand kommen. Es ist nun an der Zeit, Optimierungen vorzunehmen. Alle Mitarbeiter sollten eingebunden werden, hier konstruktiv mitzuwirken. In den „fetten Jahren" hat so manches Unter-

nehmen „Speck" angesetzt. Jetzt kann man eine Fitnesskur durchführen, um für den Aufschwung topfit zu sein.

4. Der Manager sollte alles tun, um Arbeitsplätze zu sichern. Mitarbeiter sind in schwierigen Zeiten bereit, Kompromisse einzugehen, um ihren Arbeitsplatz zu halten. Diese sollten über Kurzarbeit, tarifliche Beschäftigungssicherung und befristete Personalkostenreduktion gemeinsam erarbeitet werden. Dabei ist eine besonders umfangreiche Kommunikation zwischen Management und Belegschaft notwendig. Unsichere Zeiten erzeugen einen starken Wissensdurst, der gestillt werden muss, ansonsten hält die Gerüchteküche Mitarbeiter davon ab, effizient zu sein (Olesch, 2006b).

5. Die Manager sollten in schwierigen Zeiten ein gutes Vorbild sein. Wenn Mitarbeiter finanzielle Verluste hinnehmen müssen, so sollte das Top Management bei sich beginnen. Ein Tag Kurzarbeit bedeutet für Mitarbeiter eine Einbuße von monatlich 6,6 Prozent ihres Lohnes. Das Management von Phoenix Contact hat selber auf diesen Anteil verzichtet. Diese Maßnahme wiederum hat eine starke vertrauensbildende Wirkung erzeugt, was zu einer positiven Motivation der Belegschaft geführt hat (Olesch 2006c).

6. Ein guter Manager sollte in schwierigen Zeiten eine positive Stimmung ausstrahlen. Mut und Zuversicht sind wichtige Faktoren der Führung. Denn es gilt jetzt nicht, Pessimismus zu verbreiten, weil dieser Angst erzeugt. Wenn ein Mensch Angst empfindet, möchte er lieber weglaufen. Wir tragen immer noch die Gene des Neandertalers in uns. Weglaufen ist jedoch eine falsche Aktivität bei der aktuellen wirtschaftlichen Situation. Wir brauchen Mitarbeiter, die mit Zuversicht an die Herausforderung herangehen, die ihre Chancen sehen und sie wahrnehmen. Mut zu erzeugen, ist eine Pflicht des Managements. Barack Obama macht es vor: „Yes we can" und erzeugt damit Mut und Zuversicht in einer schwierigen Zeit.

8.4 Herausforderung Demografie

Die größte Herausforderung neben der aktuellen wirtschaftlichen Situation ist die demografische Entwicklung Deutschlands. Uns werden die Fachkräfte in den nächsten Jahren ausgehen, da die Geburtenzahlen seit vielen Jahren stagnieren. Allein von 2010 bis 2015 werden wir 1,6 Mio. Menschen in Arbeit verlieren. Deutschland hat leider zu wenig junge Menschen, die nachwachsen. Wir brauchen jedoch dringend hoch qualifizierte Fachkräfte, um unsere Kernkompetenz in komplexen Technologien auf dem Weltmarkt zu sichern und auszubauen. Ziel von HR Managern sollte sein, unsere Position als sechsfacher Exportweltmeister zu halten. Daher müssen ambitionierte Unternehmen heute Maßnahmen einleiten, um morgen bei einer geringer werdenden Bevölkerung über genügend Fachkräfte zu verfügen. Und morgen ist bald. Dann wird die Demografie einen deutlicheren Mangel an Fachkräften hervorbringen, der sich in den folgenden Jahren noch verschlimmern wird (Olesch, 2008a).

Gegen die Herausforderungen einer Qualifizierten-Dürre kann man etwas unternehmen. Arabische Länder z. B., auf die eine Dürre zukommt, bauen Wasserreservoirs. Dadurch können sie bei Trockenheit in ihren geschaffenen Oasen bestens leben. Ein wichtiges Reservoir der deutschen Wirtschaft ist die Ausbildung. Heute muss sie mehr aus- und weiterbilden, um beim zukünftigen Fachkräftemangel diese hoch Qualifizierten zur Verfügung zu haben. Das geht sicherlich gegen den Spartrend der aktuellen Rezession, aber „Unternehmer" zeigen sich dadurch, dass sie etwas unternehmen und nicht unterlassen.

Daher sind Initiativen und Personalstrategien notwendig, um diese Herausforderung erfolgreich zu meistern. Es ist eine große Chance für Human-Resources-Verantwortliche, eine wichtige Führungsrolle im Unternehmen zu übernehmen. Phoenix Contact wendet pragmatische Maßnahmen an. Dabei wird die demografische Entwicklung in Deutschland und die Globalisierung unserer Wirtschaft als ein primärer Initiator vieler personalpolitischer Aktivitäten betrachtet. Sie werden die zentrale Herausforderung der nächsten Jahre sein.

8.5   Aus- und Weiterbildung intensivieren

Der natürliche Feind des Bildungswesens sind seine Kosten. Leider werden im Falle eines Sparauftrages an einen Manager primär im Personal- und Bildungsbereich Kosten und somit Potenziale reduziert (Olesch, 2008 b). Hier gilt es für die HR-Manager, Überzeugungsarbeit zu leisten und Durchsetzungsfähigkeit zu beweisen, um genügend Budget für die Bildungsaufgaben zur Verfügung gestellt zu bekommen. Ohne ausgeprägter Aus- und Weiterbildung wird die deutsche Technologieführerschaft in der Welt verloren gehen. Und dass hier Nachholbedarf besteht, zeigt sich darin, dass die Bildungsinvestitionen der deutschen Wirtschaft hinter diejenigen vieler anderer Industrienationen in den letzten Jahren zurückgefallen sind. Daher setzt z. B. Phoenix Contact ein doppelt so hohes Bildungsbudget ein, wie es in der Elektroindustrie üblich ist. Gerade die Entwicklung der Mitarbeiter ist ein zentrales Thema bei den Kulturwerten bei Phoenix Contact (Olesch, 2005).

Da Weiterbildung teuer ist, betreiben wir entgegen dem allgemeinen Trend Insourcing von Bildungsmaßnahmen, um Kosten zu reduzieren. Es wird z. B. kleineren Unternehmen, die über keine Ausbildungsmöglichkeiten verfügen, angeboten, junge Menschen bei Phoenix Contact ausbilden zu lassen. Weiter werden Weiterbildung, Personalentwicklung sowie Coaching von Mitarbeitern für andere Unternehmen geleistet. Dadurch erwirtschaftet das Bildungsmanagement einen Umsatz, der die eigenen Kosten um 15 Prozent reduziert. So werden Personaldienstleistungen finanziell entlastet und daher für das eigene Unternehmen attraktiver (Olesch, 2003).

8.6   Frauen in technische Berufe

Heute sind primär Männer in technischen Berufen tätig, und die Demografie lässt sie weniger werden. Technologisch Ausgebildete sind für unsere Export-Marktführerschaft unbedingt notwendig. Immer noch sind zu wenige Frauen daran interessiert. Daher müssen mehr Frauen motiviert werden, technische Berufe zu erlernen. Hier sollten Personalmanager ansetzen, um ein erfolgreiches Marketing dafür zu betreiben. Das ist nicht leicht, da ein konservatives Rollenverständnis in vielen Frauen-, Mädchen-, Eltern- und Männerköpfen nach wie vor besteht: „Für Mädchen ist Technik nix. Frauen haben kein Händchen dafür!", habe ich von diversen Eltern gehört, was natürlich einen starken Einfluss auf die Berufswahl ihrer Töchter hat.

Fakt ist, und das haben wir in unserem Unternehmen seit Langem erkannt, dass Frauen motiviert werden können, erfolgreich in technischen Berufen tätig zu werden. Hier müssen Personalmarketingprogramme genutzt werden, um das traditionelle Bewusstsein zu verändern. Dabei müssen neben jungen Frauen vor ihrer Berufswahl auch ihre Eltern in den Prozess eingebunden werden. Unternehmen müssen zusammen mit Schulen, Hochschulen und Eltern häufige und regelmäßige Veranstaltungen initiieren, die das Interesse von jungen Frauen an technischen Berufen nachhaltig wecken. Bei Phoenix Contact finden regelmäßig „Frauenpower Tage" und „Girls Days" statt, in denen Mädchen und deren Eltern Technik von berufserfahrenen jungen Ingenieurinnen oder Facharbeiterinnen vermittelt bekommen. Wir beteiligen uns ebenfalls an vielen Veranstaltungen an Hochschulen, Schulen und Messen zum gleichen Thema. Hier leisten wir kontinuierliche Bewusstseinsentwicklung mit erheblichem, aber notwendigem finanziellen Aufwand.

Phoenix Contact möchte die Familienplanung ermöglichen, daher wurden für Familien mit Kindern entsprechende Arbeitszeitmodelle, Home Offices sowie Kinderbetreuungsmöglichkeiten eingerichtet, die eine optimale Work Life Balance ermöglichen.

8.7 Generation Gold

Um gegen den demografischen Wandel zu wirken, ist es notwendig, ältere Mitarbeiter einzustellen und zu entwickeln. Ende der neunziger Jahre und Anfang 2000 haben viele Großkonzerne Mitarbeiter, die älter als 50 Jahre waren, entlassen. Häufig wurde die Begründung angeführt, dass Leistungsfähigkeit nicht mehr wie bei jüngeren Mitarbeiter vorhanden ist. Außerdem wurde auf die altersbedingten längeren Krankheitszeiten verwiesen. Daher folgten Entlassungen der älteren Mitarbeiter. Es gibt genügend Arbeitslose über 50 Jahre, die unverschuldet wie durch Insolvenz ihres Unternehmens ihren Arbeitsplatz verloren haben. Diese sind, so haben wir es erlebt, hoch motiviert, wieder eine Berufschance in einem Unternehmen zu bekommen.

Unternehmen, die ältere Mitarbeiter abgebaut haben, betonten häufig nur die Nachteile dieser Altersgruppe und haben sie den Vorteilen jüngerer Mitarbeiter gegenübergestellt. Der Vergleich hinkt jedoch. Wenn ich eine Gegenüberstellung von Jung und Alt vornehme, muss ich die jeweiligen Vor- und Nachteile miteinander vergleichen. Dabei kommen ältere Mitarbeiter besser weg als ihr Ruf, wie die folgende Auflistung zeigt.

Tabelle 8.1:   Ältere Mitarbeiter

Vorteile	Nachteile
– Erfahrungswissen – Arbeitsdisziplin – Positive Einstellung zur Qualität – Loyalität – Gelassenheit – Belastungsfähigkeit bei sozialen Themen – Führungskompetenz	– geringere Lernfähigkeit – geringere Risikobereitschaft – mangelnde körperliche Belastbarkeit – höherer Krankenstand – weniger Innovationsfähigkeit

Tabelle 8.2:   Jüngere Mitarbeiter

Vorteile	Nachteile
– Dynamik – Mut – Körperliche Leistungsfähigkeit – Innovationskraft – Gesundheit	– Unerfahrenheit – Risikofehleinschätzung – mangelnde Unternehmensbindung – geringeres Qualitätsbewusstsein – weniger Gelassenheit

Um der demografischen Herausforderung zu trotzen, empfiehlt es sich, 50-Jährige einzustellen und den Anforderungen entsprechend weiterzubilden. Phoenix Contact führt z. B. Weiterbildungsmaßnahmen durch, in denen über 50-Jährige Arbeitslose in neue Berufe wie Mechatroniker entwickelt werden. Sie erhalten durch die klassische Prüfung bei der IHK den Facharbeiterbrief. Häufig werden die Qualifizierungsmaßnahmen von den Agenturen für Arbeit gefördert, wodurch eine finanzielle Entlastung des Unternehmens erfolgt.

Aber auch langjährige Mitarbeiter über 50 – die Generation Gold – nehmen aktiv an den Weiterbildungsmöglichkeiten im Unternehmen teil. Denn schließlich müssen auch sie auf dem aktuellsten technischen Stand gehalten werden, um die fortschreitende Entwicklung der deutschen Wirtschaft mit forcieren zu können. Zum Beispiel können 50- bis 58-Jährige eingestellt werden, um die Unterdeckung von Fachkräften zu reduzieren. Sie können aber auch engagiert werden, um jüngere High Potentials zu Führungskräften zu entwickeln.

So wurde ein 54-jähriger ehemaliger Werksleiter eingestellt, um einen 32-jährigen, potenziellen Nachfolger zu entwickeln und zu coachen. Das kann häufig nicht funktionieren. Durch das ähnliche Alter entsteht eine starke Konkurrenzsituation, wo eher die Konkurrenz als das Fördern im Vordergrund stehen kann. Denn der 32-Jährige will den 38-Jährigen nicht erst nach seiner Verrentung beerben, sondern eher. Eine ältere Führungskraft dagegen gibt eher ihr Wissen an eine jüngere weiter, weil diese Konkurrenzsituation nicht besteht.

8.8   Entwicklung von Migranten

Hauptschüler stellen eine Personengruppe dar, die in Zukunft die Nachfrage an Personal der Unternehmen decken könnte. Gerade ausländische Jugendliche besuchen primär Hauptschulen. Leider reicht ein solcher Abschluss häufig nicht aus, um einen anspruchsvollen Beruf zu erlernen. Defizite in Schlüsselqualifikationen sind leider auch vorhanden. Man kann darüber lamentieren, dass unser Bildungssystem Mängel aufweist. Das Jammern wird jedoch keine Lösung herbeiführen.

Phoenix Contact hat mit Hauptschulen seit einigen Jahren ein Programm entwickelt, um deren Schüler ausbildungsfähig zu machen. Ein Jahr vor ihrem Hauptschulabschluss werden sie mit ihren Lehrern in den betrieblichen Alltag parallel zum Schulunterricht integriert. So lernen sie alles kennen, was später für ihre betriebliche Ausbildung notwendig ist. Die meisten dieser Schüler entwickeln sich derart positiv, dass sie nach ihrem Hauptschulabschluss in ein festes Ausbildungsverhältnis übernommen werden. Für diese Initiative erhielt Phoenix Contact den zweiten Platz im Wettbewerb „Ausbildungsass in Deutschland" vom Bundesministerium für Bildung und Forschung im Jahr 2006.

Weiterhin gilt es, jugendliche Migranten zum Studium zu motivieren. Schließlich ist Deutschland ein Hochtechnologie-Standort und benötigt entsprechend hoch qualifizierte Mitarbeiter im Besonderen Ingenieure. Nun denken viele Migrantenfamilien weniger daran, ihre Kinder studieren zu lassen. Hier muss man als Unternehmen in die sozialen Gemeinschaften der Migranten gehen, sei es mit russlanddeutschem oder türkischem Hintergrund, um dort zu „missionieren". Es muss bei den Eltern das Bewusstsein geschaffen werden, dass ihre Kinder studieren können. Wir haben viele positive Erfahrung bei solchen Maßnahmen gemacht. So tragen jugendliche Migranten, die bei uns ein Studium absolvieren, bei Veranstaltungen vor ihresgleichen vor, wie ein Studium erfolgreich absolviert werden kann.

8.9   Duales Studium

Zukünftig wird es auch an Akademikern mangeln. Daher sollte ein weitsichtiges Unternehmen seinen zukünftigen Akademikerbedarf rechtzeitig selber entwickeln. Lern- und leistungswilligen Jugendlichen wird bei Phoenix Contact eine Ausbildung mit parallelem Studium angeboten und auch finanziert. In vier Jahren können sie den Facharbeiterbrief und den Bachelor-Abschluss erlangen. Hochschulen richten sich heute gerne nach den Ausbildungsprogrammen der Unternehmen, so dass eine Synchronisation von Ausbildung und Studium möglich ist. Der Vorteil für Unternehmen ist, dass sie den jungen Menschen über vier Jahre mit seinen Stärken und Schwächen kennen lernen und ihn optimal entwickeln können. Eine teure Fehlbesetzung ist nach diesen Erfahrungen fast nicht möglich. Der Jugendliche andererseits kann sich besser fachlich und menschlich integrieren. Daraus resultiert erfahrungsgemäß eine starke Unternehmensbindung, so dass ein großer Bedarf an zukünftigen Akademikern gedeckt werden kann (Olesch, 2001a). Ebenfalls unterstützen wir Studierende finanziell, damit sie nach ihrem Abschluss unser Unternehmen als Arbeitgeber auswählen.

Darüber hinaus lohnt es sich z. B., Lehrstühle sowie Laboratorien zu finanzieren. Weiterhin empfiehlt es sich, Lehrbeauftragte für die umgebenden Hochschulen zur Verfügung zu stellen, wodurch rechtzeitige Kontakte, ja auch Bindungen zwischen angehenden Akademikern und den Unternehmen entstehen und trotz des War of Talent genügend von ihnen gewonnen werden können.

8.10 Strategien gegen zukünftigen Fachkräftemangel

Wenn aufgrund der Demografie ein Mangel an Fachkräften entstehen wird, werden Unternehmen untereinander versuchen, sich gute Mitarbeiter abzuwerben. Hochqualifizierte Kräfte werden eine große Auswahl von Arbeitsplatzangeboten erhalten. Dadurch wird die Fluktuation in deutschen Unternehmen zwangsläufig steigen. Also wird neben den bereits geschilderten strategischen Personalentwicklungsmaßnahmen die Bindung von qualifizierten Fachkräften eine weitere Herausforderung für die Unternehmen sein (Olesch & Paulus, 2000).

Um qualifizierte Mitarbeiter zu halten, sollte man adäquate Karrierechancen anbieten. Diese werden durch die klassische Führungslaufbahn repräsentiert. Da heute schlanke Organisationen gefragt sind, wird es in Zukunft nicht genügend Führungsfunktionen geben, die die Leistungsträger an das Unternehmen binden. Daher müssen Fachleiter- oder Projektleiter-Laufbahnen entwickelt werden. Diese Funktionen benötigen ein überdurchschnittlich hohes und differenziertes Fachwissen, um komplexe Aufgaben zu erfüllen. Fachleiter erhalten hohe Kompetenzen und tragen umfassende unternehmerische Verantwortung. Dadurch können sie ein adäquates Einkommen erhalten, wie es einer Führungskraft entspricht. Der primäre Unterschied zur Führungskraft liegt darin, dass ihnen keine Mitarbeiter unterstellt sind.

8.11 Gesundheitsmanagement – Personalentwicklung für den Körper

Die deutsche Bevölkerung wird immer älter. Dadurch verlagern sich bei Menschen auch die Lebensprioritäten. Während bei Jüngeren eher das Karrierestreben im Vordergrund steht, wollen Ältere eher ein ausgewogenes Leben zwischen Arbeitsleistung, Gesundheit und Lebensqualität führen. Daher wird es für Unternehmen zwingend werden, diese Entwicklung von Mitarbeiterbedürfnissen zu berücksichtigen, um qualifizierte Mitarbeiter zu binden und ihre Leistungsfähigkeit zu erhalten.

Die Gesundheitsförderung für Mitarbeiter wird daher einen hohen Stellenwert in der Personalpolitik von Unternehmen einnehmen. Denn schließlich steigt mit dem Älterwerden der Krankenstand zwangsläufig. Jüngere Menschen erkranken zwar auch, dafür aber nur für wenige Tage. Ältere Mitarbeiter erkranken weniger häufig, dafür werden sie jedoch für längere Zeit krank. Ein hoher Krankenstand und daher weniger leistungsfähige Mitarbeiter verschieben das Preis-Leistungs-Verhältnis von deutschen Mitarbeitern zum Negativen. Daher sollte der Begriff Personalentwicklung nicht mehr nur die geistige Qualifizierung beinhalten, sondern auch die physische. „Mens sana in corpore sano." Personalentwicklung für den Körper wird ein entscheidender Faktor für erfolgreiches HR Management. Phoenix Contact betreibt ein komplexes Gesundheitsmanagement. Das hat dazu geführt, dass wir im Jahr 2005 von der Europäischen Union einen Preis erhalten haben, da etwas Ähnliches europaweit noch nicht bestand (Olesch 2005 b).

8.12   Immaterielle Anreizsysteme

Immaterielle Anreizsysteme müssen als Führungsinstrumente mehr Beachtung erlangen, da sie auf die meisten Menschen eine stärkere Motivationskraft als Geld ausüben. Sie sind zentrale Faktoren für Mitarbeiterbildung und Leistungswille und erhöhen dabei nicht die viel gescholtenen deutschen Personalkosten, sondern optimieren das Preis-Leistungs-Verhältnis. Folgende Aspekte zur Mitarbeiterbindung sollten heute besonders beachtet werden (Olesch & Hohlbaum, 2008):

■ Führungskultur

■ Bildungs- und Entwicklungsmöglichkeiten

■ Arbeitsplatzgestaltung

■ Arbeitszeitmodelle, die einen hohen Freiheitsgrad ermöglichen

■ Image des Unternehmens

■ Work Life Balance

■ sicherer Arbeitsplatz

Dies sind stark motivierende Faktoren, um erfolgreich auf dem globalisierten Markt zu agieren und leistungsfähige Mitarbeiter zu entwickeln.

8.13   Bildung als Fundament der Unternehmensstrategie

Über Bildung wird in Politik und Wirtschaft viel diskutiert. Leider bleibt es zu häufig nur bei. Und dabei drängt uns die Zeit zum Handeln. Deutschland besitzt keine Rohstoffe wie Öl und Diamanten, die uns wirtschaftliche Prosperität sichern. Unser Vermögen besteht aus dem Know-how unserer Menschen. Dieses Qualifikationskapital hat uns z. B. zum wiederholten Exportweltmeister gemacht. Das ist nur möglich, weil unsere Mitarbeiter über ein hohes Qualifikationsniveau verfügen. Leider sind wir auf bestem Wege, unser wichtigstes Vermögen, die Bildung, und damit unsere gute Position in der Weltwirtschaft zu verlieren (Olesch, 2004).

Zwei Tatsachen erfordern in Deutschland dringender Handlung: erstens die PISA-Studie, die uns eine mangelnde Bildungsqualität attestiert und zweitens die erwähnte demografische Entwicklung. In Deutschland werden in Zukunft Know-how-Träger fehlen. Diese Aspekte lassen nur eine Konsequenz zu: eine Intensivierung der Bildungsarbeit, um unsere Zukunft zu sichern und auszubauen. Daran müssen sich die Unternehmen aktiv beteiligen. Bildungsarbeit muss zu einem ihrer Primärziele werden. Das sollte sich jedes Unternehmen zu Herzen nehmen. So hat Phoenix Contact Personalentwicklung als festen Bestandteil in die Unternehmensstrategie aufgenommen (Abbildung 8.2):

Abbildung 8.2:   Strategie für Human Resources bei Phoenix Contact

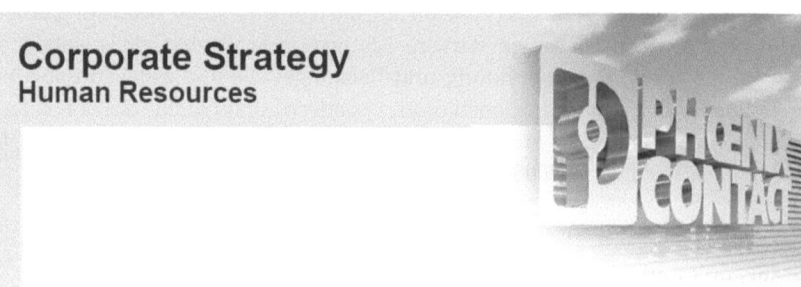

Das sind nicht nur Worte, sondern selbst auferlegte Verpflichtungen nach denen wir handeln. Wie sieht das in der Praxis aus? „Phoenix College" ist der Markenname, der alle Facetten unserer Bildungsarbeit beinhaltet. Wir bilden überdurchschnittlich viel aus. 50 Prozent der jetzigen Belegschaft sind FacharbeiterInnen, die in den letzten 50 Jahren im Unternehmen entwickelt worden sind. Unternehmens- und Personalplanung sind bei uns eng verzahnt. Phoenix Contact bildet gezielt nach Bedarf aus und übernimmt die Auszubildenden, wenn Leistung und Verhalten unseren Vorgaben entsprechen. Um den aktuellen Ausbildungsplatzmangel zu bekämpfen, hat sich Phoenix Contact bereit erklärt, zehn Prozent über Bedarf auszubilden. Diese Jugendlichen erhalten eine Berufsausbildung, die es ihnen anschließend mit hoher Wahrscheinlichkeit ermöglicht, als Facharbeiter in einem Unternehmen eingestellt zu werden. Hier erfüllt Phoenix Contact auch eine soziale Verantwortung.

Um Mitarbeitern Berufsperspektiven im Unternehmen zu ermöglichen, werden Fach- und Führungskräfte primär aus eigenen Reihen gewonnen. Dafür bestehen umfangreiche Personalentwicklungsmaßnahmen, in denen neben der fachlichen die soziale Kompetenz einen besonderen Stellenwert einnimmt.

Wichtig ist, dass junge Menschen über den Tellerrand des eigenen Unternehmens blicken. Von daher praktizieren wir Bildungskooperationen z. B. mit VW und Daimler, die gleichzeitig unsere Kunden sind. Unsere Auszubildenden bearbeiten gemeinsame Projekte und pflegen einen regen Bildungs- und Gedankenaustausch mit den jeweiligen Auszubildenden und Ausbildern dieser Unternehmen. Darüber hinaus lernen sie bereits im frühen Stadium die Bedürfnisse unserer Kunden kennen und können sich in ihrer zukünftigen Arbeit optimaler auf sie einstellen.

Ein international wachsendes Unternehmen muss frühzeitig junge Menschen den globalisierten Markt erleben lassen. Daher werden ambitionierte Auszubildende in unsere Niederlassungen ins Ausland entsandt, um Arbeit, Kultur, Land und Leute kennen zu lernen. Denn: „Kommunikation macht aus Nationen Freunde!" Englische und andere Sprachkenntnisse sind dabei selbstverständlich und werden auch während der Ausbildung vermittelt.

Lebenslanges Lernen ist heute ein klassischer Begriff. Für Phoenix Contact bedeutet dies, eine umfassende Personalentwicklung zu betreiben. Gerade wenn man Innovationskraft als eine wesentliche Unternehmensstrategie definiert hat, ist es unumgänglich, die Mitarbeiter stets auf hohem Qualifikationsniveau zu halten. Die Anzahl der eigenen Weiterbildungsteilnehmer pro Jahr entspricht daher der Mitarbeiterzahl des Unternehmens.

Bildung lebt nicht nur innerhalb der Unternehmensgrenzen. Synergien mit anderen Unternehmungen können die eigene Effizienz steigern. So ist Phoenix College Bildungskooperationen mit den Kultusministerien verschiedener Bundesländer eingegangen. Das gilt auch international – in 17 Ländern der Welt haben wir Kooperationen mit Hochschulen und Regierungen abgeschlossen, um dort qualifizierte Mitarbeiter zu entwickeln und rechtzeitig zu gewinnen.

Wir sind überzeugt, mit den Werten und Aktivitäten von Human Resources die Talsohle der Weltkonjunkturkrise besser zu durchschreiten und im Aufschwung erfolgreicher durchstarten zu können. Das Motto lautet: Jetzt erst recht!

Literatur

OLESCH, G. (2006a): Leader werden. In: Personal 2.

OLESCH, G. (2001): Erfolgreiche Mitarbeiter durch Unternehmenskultur. In: Personal, 7.

GOLEMAN, D. (1999): Der Erfolgsquotient. München, Wien.

OLESCH, G. (2006b): Soziale Verantwortung für Arbeitsplätze. In: Personal, 9.

OLESCH, G. (2006c): Europas Manager als Vorbilder. In: HR Today, 12.

OLESCH, G.: (2008a): Kostenmanagement in der Personalgewinnung. In: Nachhaltiges Kostenmanagement, Stuttgart.

OLESCH, G. (2008b): Fachkräftemangel als Herausforderung. In: Fallstudie zur Unternehmensführung, Wiesbaden.

OLESCH, G. (2005): Welche HR-Strategie fordert die demografische Entwicklung? In: Demografische Analyse und Strategieentwicklung in Unternehmen, Köln.

OLESCH, G. (2003): Insourcing von Personalentwicklung. In: Personal, 11.

OLESCH, G. (2005): Mens sana in corpore sano. In: HR Services, 12.

OLESCH, G. & PAULUS, G. (2000): Innovative Personalentwicklung in der Praxis, München.

HOHLBAUM, A. & OLESCH, G. (2008): Human Resources – Modernes Personalwesen, 3. Auflage, Rinteln.

OLESCH, G. (2004): Bildung als Fundament der Unternehmensstrategie. In: MessTec & Automation.

Talent- & Personal-Management

9 Innovationsfähigkeit durch strategisches Personalmarketing

Martin Meyer und Holger Rust

9.1 Strategische Ausrichtung des Personalmanagements bei Porsche

Porsche hat sich in den vergangenen Jahren als weltweit führender Hersteller sportlicher Premiumfahrzeuge mit schlanken und effizienten Prozessen und einer hohen Profitabilität erfolgreich auf dem Markt behauptet. Ein wichtiger Erfolgsfaktor ist die stetige Einführung von Innovationen wie der Serieneinsatz der Keramikbremse oder die Einführung des Turboladers mit variabler Turbinengeometrie. Darüber hinaus gilt Porsche traditionell als Vorreiter bei Leichtbau, Motor- und Fahrwerkstechnik. Mit dem dynamischen Wachstum des Unternehmens hat Porsche auch seine internationale Präsenz weiter ausgebaut. Porsche beschäftigt zurzeit weltweit mehr als 12.000 Mitarbeiter.

Da die Innovationsfähigkeit eines Hochtechnologieunternehmens unmittelbar mit den Kompetenzen und Qualifikationen seiner Mitarbeiter im Zusammenhang steht, muss das Personalmanagement einen wichtigen Beitrag zur Sicherstellung der Innovationsfähigkeit des Unternehmens leisten: Im Mittelpunkt stehen die Auswahl, Qualifizierung und Bindung der richtigen Mitarbeiter.[14] Darüber hinaus gibt es weitere Aspekte wie die Schaffung eines Innovationsklimas oder die Prozesse zur dauerhaften Sicherung von Innovationspotenzialen. In diesem Beitrag steht der Prozess der systematischen Kompetenzsicherung durch Rekrutierung, Qualifizierung und Bindung von Mitarbeitern im Vordergrund.

Auf Basis der Entwicklung einer HR-Strategie wurde in den letzten Jahren eine Prozesskette aufgebaut, die aufeinander abgestimmt genau diese Handlungsfelder abdeckt und eine erfolgreiche Personalarbeit sicherstellt. Dieser Prozess der systematischen Strategieentwicklung im Personalwesen wurde vor einigen Jahren begonnen. Grundlage hierfür waren die definierten Unternehmensziele von Porsche, die Porsche Vision und unser Mission Statement.

Die Ergebnisse des HR-Strategieprozesses wurden in einem sogenannten Strategiehaus zusammengefasst. Das Dach des Gebäudes bilden die Unternehmensziele. Auf der Grundlage dieser Unternehmensziele wurden drei wesentliche HR-Erfolgsfaktoren identifiziert, die als wichtigste Hebel im Personalmanagement zur Erreichung der Unternehmensziele betrachtet werden: Beschaffung, Qualifizierung und Bindung von Leistungsträgern.

---

[14] Vgl. Golfin, K., Mitchell, R., Ringlin, S. (2008), S. 10 f.

Abbildung 9.1:   HR-Strategiehaus

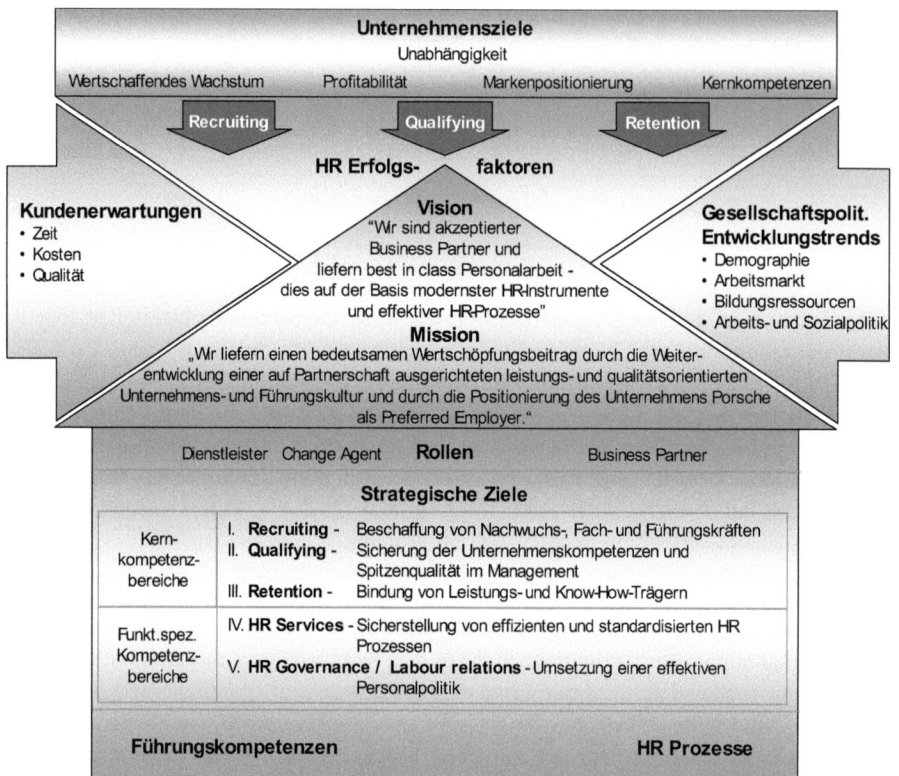

Im nächsten Schritt wurden HR-Vision und Mission formuliert. Darauf basierend ist das Rollenverständnis von Personalmanagement im Unternehmen festgelegt worden, das die Frage beantwortet, wie der HR-Bereich im Unternehmen wahrgenommen werden soll. Diese drei Rollen definieren die Wahrnehmung in den verschiedenen Aufgabenbereichen als Dienstleister, als Treiber von Veränderungsprozessen (Change Agent) und als Business-Partner. Besonders die Rolle als Business-Partner soll zeigen, dass der HR-Bereich in die wichtigen Unternehmensprojekte aktiv eingebunden wird und als kompetente Ansprechpartner agiert sowie einen Wertschöpfungsbeitrag zum Unternehmenserfolg leistet.

Auf dieser Grundlage wurden die strategischen HR-Ziele abgeleitet und dabei fünf Zielekategorien gebildet:

■ Das Recruiting mit dem Ziel der Beschaffung hochkarätiger Nachwuchs-, Fach- und Führungskräfte;

■ Das Qualifying zur Sicherung der Unternehmenskompetenzen und der Spitzenqualität im Management;

- Retention, die langfristige Bindung von Leistungs- und Know-how-Trägern an das Unternehmen;

- Die Zielekategorie HR-Services zur der Sicherstellung von effizienten und standardisierten HR-Prozessen und

- HR-Governance und Labour Relations mit dem Ziel der Umsetzung einer effektiven Personalpolitik im gesamten Konzern.

Aus den strategischen Zielen erfolgt dann jährlich die Festlegung der mittelfristigen operativen HR-Ziele, wie die Durchführung der Nachwuchsförderung, Maßnahmen zur Gewinnung des Führungsnachwuchses oder etwa die Gestaltung neuer Programme zur weiteren Erhöhung der Managementqualität.

Um diese Ziele entsprechend realisieren zu können, wurden abschließend im Fundament des Strategiehauses die erforderlichen Kompetenzen und HR-Prozesse definiert.

HR-Scorecard

Der Prozess der Umsetzung von strategischen Zielen muss auch von einem entsprechenden Steuerungsinstrument begleitet werden, um die Zielerreichung verfolgen zu können oder auch um bei Bedarf korrigierend eingreifen zu können. Diese Steuerung des HR-Strategieprozesses sowie der operativen Ziele erfolgt durch eine HR-Scorecard.

Abbildung 9.2: Regelkreis mit Scorecard

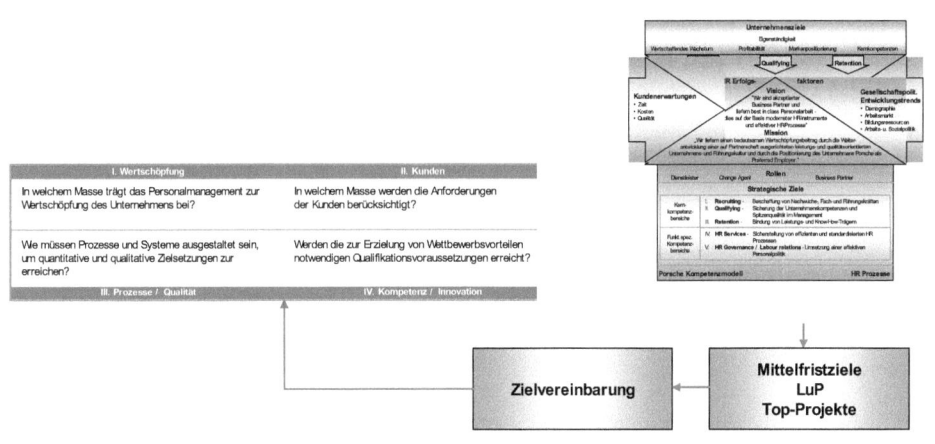

Die wichtigsten Funktionen und Hauptinhalte der HR-Scorecard sollen im Folgenden vorstellt werden. Dabei wurde die Scorecard zunächst nach klassischem Muster aufgebaut und an die speziellen Bedürfnisse von Porsche angepasst.

Die Fragestellung/Kriterien der vier Quadranten orientieren sich daher eng an den Rahmenbedingungen der strategischen Zielsetzungen:

■ In welchem Maße trägt das Personalmanagement zur Wertschöpfung des Unternehmens bei?

■ In welchem Maße werden die Anforderungen der Kunden berücksichtigt?

■ Wie müssen Prozesse und Systeme ausgestaltet sein, um quantitative und qualitative Zielsetzungen zu erreichen?

■ Werden die zur Erzielung von Wettbewerbsvorteilen notwendigen Qualifikationsvoraussetzungen erreicht?

Abbildung 9.3:   HR-Scorecard

I. Wertschöpfung			II. Kunden		
I.1	Effizienz Prozesse/Top-Produkte		II.1	Kundenzufriedenheit	
I.2	Effektivität Prozesse/Top-Produkte		II.2	Proaktive Kaufquote	
I.3	Effizienter Personalkosteneinsatz		II.3	Arbeitgeberattraktivität	
Key Performance Indicator		**Status**	**Key Performance Indicator**		**Status**
III.1	Optimierung und Standardisierung HR-Prozesse		IV.1	Kompetenzverfügbarkeit Unternehmen	
III.2	Prozess-/Produktqualität		IV.2	Retention Leistungsträger	
III.3	Performance Management		IV.3	Nachfolgeplanung	
III. Prozesse / Qualität			IV. Kompetenz / Innovation		

Die HR-Scorecard besteht in den vier Quadranten aus insgesamt zwölf Key Performance Indicators (KPI). Sie hat in Summe rund 40 Messgrößen. Dabei ist nach den bisherigen Erfahrungen vor allem wichtig, diese Anzahl möglichst klein zu halten und nach Möglichkeit auch auf wirklich messbare Größen zu beschränken. Denn die Überschaubarkeit der Kriterien ist letztlich entscheidend für die Steuerbarkeit und damit für den erfolgreichen Einsatz der Scorecard. Anfänglich wurden über 100 Messgrößen definiert, die dann in mehreren Schritten reduziert wurden.

Die konkrete Festlegung und Erhebung dieser Messgrößen ist eng an den Zielvereinbarungsprozess im Personalbereich gebunden und erfolgt halbjährlich. Ein Teil dieser Messgrößen ist Bestandteil der jährlichen Zielvereinbarung bei allen Leitungsfunktionen im Personalbereich.

Zur Sicherung der Innovationsfähigkeit des Unternehmens wird beispielsweise die Kompetenzverfügbarkeit im Unternehmen gemessen, indem die interne Besetzungsquote von Führungspositionen mit Kandidaten aus den Nachwuchsprogrammen erhoben wird. Das Absicherungsniveau der Nachfolgeplanung wird bestimmt, indem die Anzahl der internen Nominierungen für einzelne Schlüsselfunktionen im Konzern festgestellt wird. Zielgröße ist die Nominierung von zwei internen Kandidaten für jede Position in der Nachfolgeplanung.

Die HR-Scorecard hat sich in den letzten Jahren als Steuerungsinstrument für den Strategieprozess im Personalbereich bewährt. Allerdings muss auch dieses Instrument ständig an neue Anforderungen angepasst werden. Erweisen sich bereits definierte Messgrößen als unzulänglich zur Messung eines Jahresziels, werden sie modifiziert. Es müssen auch regelmäßig neue Messgrößen definiert werden, um neue Themenschwerpunkte und Ziele auch abbilden und messen zu können.

Der beschriebene Regelkreis zwischen strategischen Zielen/operativer Mittelfristplanung und Jahreszielen sowie der HR-Scorecard führt zu einer ständigen Prüfschleife von Zielen und Messgrößen und damit letztlich auch zu einer kontinuierlichen Weiterentwicklung der HR-Strategie.

Führungsleitlinien

Bei der Entwicklung der Führungsleitlinien stand nicht nur eine eindeutige und klare Formulierung, sondern auch eine Fokussierung auf die wichtigen Führungsthemen bei Porsche im Vordergrund. Darüber hinaus sollte eine eindeutige Abgrenzung gegenüber dem Wettbewerb erfolgen.

Die Führungsleitlinien wurden direkt aus den Unternehmenszielen abgeleitet, die sowohl in der Vision als auch in der Mission formuliert sind. Die Übertragung der Ausrichtung des Unternehmens und der Unternehmensstrategie auf die dafür erforderliche Führungskultur erfolgt in den Führungsleitlinien, natürlich unter Beachtung der gewachsenen traditionellen Werte und kulturellen Eigenheiten, die Porsche seit jeher auszeichnen:

- Eigenständigkeit, Wettbewerbsorientierung und Konfliktfähigkeit – die Porsche Führungskultur

- Premiumprodukte, Premiumkunden und Premiumprozesse – Kunden- und Qualitätsorientierung bei Porsche

- Mitarbeiterentwicklung und Qualifizierung – das Porsche Kernkompetenz- und Wissensmanagement

- Profitabel, schlank, effizient – die Porsche Unabhängigkeitserklärung

- Aktive Optimierung aller Geschäftsprozesse – der Porsche Verbesserungsprozess

- Porsche und der Standort Deutschland – fest verwurzelte Internationalität

- Faszination und Emotion

Im Vordergrund der Führungsleitlinien stehen die Grundwerte des Führungsverständnisses bei Porsche. Im Anschluss folgen eindeutig formulierte Erwartungen an Führungskräfte hinsichtlich ihres Führungsverhaltens, unter anderem im Hinblick auf Qualitätsmanagement, schlanke Strukturen, Prozessoptimierung und Innovationsfähigkeit. Die Führungsleitlinien bilden den Rahmen für Führungsverhalten im Unternehmen, die Führungskompetenzen das Bewertungsraster für die handelnden Personen.

Die aus den Führungsleitlinien abgeleiteten zehn Führungskompetenzen sind die Kriterien für Führungsqualität im gesamten Porsche Konzern.

Porsche Kompetenzmodell

Mit Blick auf die erforderlichen Kompetenzen war die Ausgangsfrage: Welche Kompetenzen werden im Unternehmen benötigt, um die langfristigen HR-Ziele mit der geforderten Qualität auch realisieren zu können?

Hierzu wurde ein Kompetenzmodell aufgebaut, bei dem die geforderten Führungskompetenzen das Zentralelement bilden. Die definierten Führungskompetenzen bilden heute im gesamten Porsche Konzern die Standardkriterien für die Auswahl, Bewertung und Entwicklung von Nachwuchs- und Führungskräften. Alle Instrumente zur Auswahl oder Beurteilung von Personen basieren durchgängig auf den Porsche Führungskompetenzen.

Abbildung 9.4: Porsche Kompetenzmodell

Persönliche Kompetenzen	Soziale Kompetenzen	Kognitive und methodische Kompetenzen
Faszinationsfähigkeit	Integrationsfähigkeit	Strukturierungsfähigkeit
Aktivität	Kommunikationsfähigkeit	Innovationsfähigkeit
Belastbarkeit	Soziale Sensibilität	Umsetzungsfähigkeit
Aufgeschlossenheit		

Damit wird sichergestellt, dass bei der Erstellung von Anforderungsprofilen für alle Fach- und Führungsfunktionen im Unternehmen das gleiche Bewertungsmuster zugrunde gelegt wird. Auch bei der Bewertung der Kompetenzen im Rahmen der Leistungs- oder Potenzialeinschätzung werden identische Kriterien und Bewertungsskalen verwendet. Mit steigendem Erwartungs- und Erfahrungshorizont der Zielgruppe erweitert sich das Kompetenzspektrum und damit auch die Anzahl der eingesetzten Kriterien.

Ziel ist es, über den Abgleich von Stellen- und Personenprofilen eine Einschätzung über die Qualität der Stellenbesetzung sowie über die Stärken und Schwächen der Kandidaten zu erhalten. Detaillierte Kompetenzbeschreibungen und Skalenerläuterungen gewährleisten Vergleichbarkeit. Schulungen und der inzwischen geübte Umgang mit den Führungskompetenzen bei Führungskräften und Personalern sichern Objektivität. Damit bilden die Führungskompetenzen die methodische Grundlage für alle Instrumente des strategischen Führungsprozesses – von der Nachwuchsbeschaffung bis zum Management-Training.

HR-Prozessmodell

Die HR-Prozesse werden in einem Prozessmodell abgebildet, das ständig weiterentwickelt und an die veränderten Rahmenbedingungen und neuen Herausforderungen angepasst wird. Der Steuerungsprozess enthält alle Teilprozesse, die zur Steuerung und Gestaltung der operativen HR-Prozesse notwendig sind, wie die Gestaltung der HR-Standards für den Konzern, die Umsetzung der tariflichen Rahmenbedingungen, die Mitbestimmung oder die personalpolitische Kommunikation im Unternehmen.

Der operative Betreuungsprozess setzt sich aus den klassischen Teilprozessen von Beschaffung über Qualifizierung, Betreuung und Bindung bis zum Austritt zusammen. Hier sind der Rekrutierungsprozess, die Weiterbildung sowie die Umsetzung von Entgelt- und Arbeitszeitmodellen oder beispielsweise Altersteilzeitmodellen zu finden – und auch die unterstützenden Servicefunktionen wie die Entgeltabrechnung oder das Bewerbungsmanagement.

Eine Sonderstellung innerhalb dieses Prozessmodells nimmt aufgrund seiner besonderen Bedeutung im Hinblick auf die HR-Zielsetzungen und die Innovationsfähigkeit von Porsche der strategische Führungsprozess ein: Hier sind die wichtigsten Kernelemente der Handlungsfelder Beschaffung, Qualifizierung und Bindung zu einem durchgängigen Prozess zusammengefasst worden, um gezielt die Managementkompetenz und -qualität auch für die Zukunft zu sichern.

Abbildung 9.5: HR-Prozessmodell

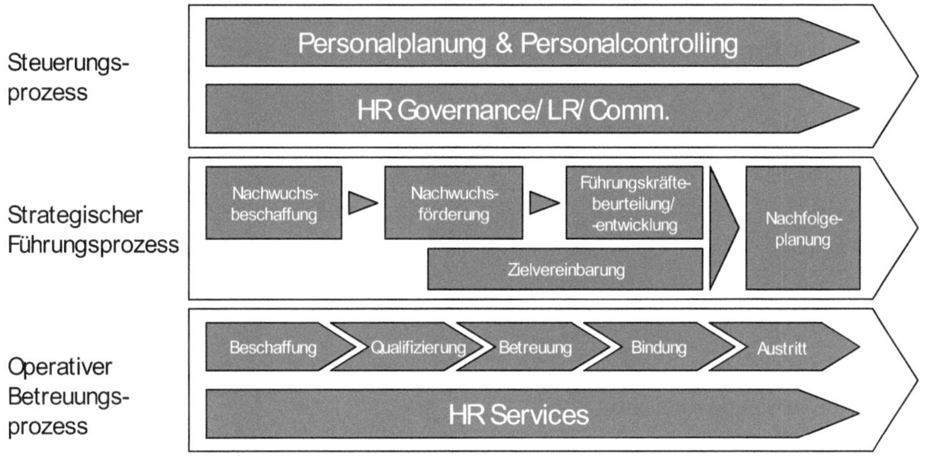

Zu den zentralen Zielen, die mit dem strategischen Führungsprozess verfolgt werden, gehören:

- der Ausbau der hohen Attraktivität von Porsche als Arbeitgeber,
- die gezielte Entwicklung und Förderung des internen Nachwuchses,

■ die Potenzialerhebung und -beurteilung im Rahmen der Führungskräfteentwicklung,

■ der Aufbau und die Steuerung einer systematischen konzernweiten Nachfolgeplanung zur Sicherung von Management- und Führungsqualität für die Zukunft von Porsche.

Der strategische Führungsprozess bildet eine durchgängige Prozesskette von der Gewinnung des akademischen Nachwuchses bis zur Besetzung von Top-Managementpositionen und ist damit das Fundament für die zukünftige Sicherung der Kernkompetenzen und der Innovationsfähigkeit.

Im Bereich der **Nachwuchsbeschaffung** wird seit Jahren ein konsequentes Hochschulmarketing verfolgt, um Studenten als Praktikanten und damit als potenzielle Nachwuchskräfte zu gewinnen. Im Rahmen des Praktikantenprogramms werden die besten Kandidaten frühzeitig gebunden und gezielt für einen Einstieg in das Unternehmen motiviert. So konnten in den letzten Jahren über 80 Prozent der Einstiegspositionen aus dem Kreis ehemaliger Praktikanten besetzt werden und damit die Besetzungsqualität erheblich gesteigert werden.

Für ausgewählte Young Professionals mit zwei bis drei Jahren Porsche-Erfahrung und mit Potenzial für weiterführende Aufgaben wird die Porsche **Nachwuchsförderung** angeboten, ein internes Traineeprogramm über zwei Jahre. Neben individuellen Trainingsbausteinen und einem Einsatz in der Produktion bildet ein dreimonatiges Projekt in einem anderen Ressort oder einer der internationalen Tochtergesellschaften den Höhepunkt des Programms.

Im Rahmen der **Führungskräftebeurteilung und -entwicklung** werden alle Führungskräfte im Drei-Jahres-Rhythmus nach den Porsche Führungskompetenzen beurteilt und mit einem individuellen Entwicklungsplan und entsprechenden Maßnahmen in ihrer persönlichen Entwicklung weiter gefördert.

■ Diese aufeinander abgestimmten Kerninstrumente des strategischen Führungsprozesses stellen sicher, dass:

■ der Bedarf an fachlich qualifizierten und persönlich geeigneten Nachwuchskräften gezielt gedeckt wird,

■ die Potenziale frühzeitig und langfristig durch unsere Nachwuchsförderung gebunden werden,

■ unsere Nachwuchs- und Führungskräfte systematisch auf zukünftige Herausforderungen vorbereitet werden und

■ wichtige Schlüsselfunktionen im Konzern durch die Nachfolgeplanung besetzt werden können.

und damit insgesamt eine „Spitzenqualität im Management" nachhaltig für die Zukunft gesichert werden kann.

9.2 Personalmarketing im Rahmen des Strategischen Führungsprozesses

Als Hochtechnologieunternehmen der Automobilindustrie liegt der Schwerpunkt der Personalbeschaffung von Porsche naturgemäß im technischen Bereich. Für die strategische Ausrichtung des Personalmarketings bilden aus Unternehmenssicht vor allem zwei Entwicklungen am Markt die entscheidenden Rahmenbedingungen: die Verfügbarkeit von Nachwuchskräften in den technischen Studiengängen und die demografischen Auswirkungen in den wichtigsten Arbeitsmärkten.

Schon heute ist absehbar, dass die Studienanfängerzahlen in den für die Automobilindustrie relevanten Studiengängen mittelfristig sinken werden. Hinzu kommt, dass vor dem Hintergrund einer niedrigen Studienanfängerquote und einer sehr hohen Abbrecherquote an den Hochschulen auch längerfristig ernste Engpässe in den technischen Kerndisziplinen zu erwarten sind. Dabei liegt Deutschland schon heute mit einer Akademikerquote von 20 Prozent unter dem europäischen Niveau von 30 Prozent.

Zusammengefasst zeigt die aktuelle und die zukünftige Entwicklung in Deutschland, aber auch in Europa auf, dass auf Dauer weniger Absolventen aufgrund abnehmender Studienwilligkeit und rückgängiger Bevölkerungszahlen die Hochschulen verlassen werden. Die Absolventenzahlen Anfang der neunziger Jahre werden auf absehbare Zeit nicht wieder erreicht werden können.

Darüber hinaus lässt die demografische Entwicklung in Deutschland für die kommenden Jahrzehnte eine schrumpfende Bevölkerung und damit auch eine sinkende Zahl von Erwerbstätigen erwarten. Bis zum Jahr 2050 wird die Bevölkerung in Deutschland und damit auch die Anzahl der Erwerbstätigen deutlich schrumpfen. Aktuell liegt die Anzahl der Erwerbstätigen bei rund 42 Millionen, Prognosen gehen von einem Rückgang auf etwa 30 Millionen aus. Die Gründe liegen vor allem in der niedrigen Geburtenrate, die nicht durch Zuwanderungen ausgeglichen werden kann. Einerseits könnte dadurch die Rekrutierung hochqualifizierter Mitarbeiter mit ingenieurwissenschaftlichem Hintergrund und spezieller Berufserfahrung aus den Automobilbranchen deutlich schwieriger werden. Andererseits ist vorhersehbar, dass die Anzahl der Schüler und Studenten mittelfristig sinken wird.

Vor dem Hintergrund dieser exemplarisch aufgezeigten Einflussgrößen zeigt sich, dass es zukünftig mehr denn je notwendig sein wird, einen strategisch ausgerichteten Personalmarketingansatz zu wählen. Die Aktivitäten des Personalmarketings bei Porsche sind daher in die bereits beschriebene Prozesskette integriert, die alle wichtigen Schritte der Gewinnung, Qualifizierung und Bindung von Potenzialträgern abbildet und eine durchgängige Förderung im Rahmen der entsprechenden Förder- und Entwicklungsprogramme gewährleistet.

Für die bereits genannte Zielgruppe der Hochschulabsolventen beginnt dieser Prozess schon mit der ersten Kontaktaufnahme während der Schulzeit oder aber spätestens mit dem erfolgreich absolvierten Praktikum bei Porsche. Ein wichtiger Schwerpunkt der Nachwuchsarbeit des Personalmarketings zielt genau auf den Zeitraum zwischen dem ersten Einsatz bei Porsche und dem Einstieg in das Berufsleben: das Talent Relationship Management.

9.3   Talent Relationship Management bei Porsche

Noch immer ist die Ausrichtung in vielen Unternehmen von einer Transaktionsorientierung geprägt: Eine Vakanz wird ausgeschrieben und beworben, die eingehenden Bewerbungen werden geprüft und priorisiert. Im Anschluss werden einige Bewerber mit Interviews oder Testverfahren ausgewählt. Nach der Besetzung der Position gilt der Prozess als abgeschlossen.

In letzter Zeit ist `jedoch` Bewegung in die Ausrichtung des Personalmarketings gekommen: durch das Talent Relationship Management. Die Übertragung des Prinzips der durchgängigen Gestaltung sämtlicher Kundenbeziehungen (Customer Relationship Management) auf das Personalmanagement und den Bewerber erfordert ein Umdenken und eine Neuausrichtung der bisher bekannten Maßnahmen unter einem Dach: „From Hunting to Farming."[15] Potenziale sollen frühzeitig erkannt und gebunden werden. Dazu werden bereits weit vor dem potenziellen Einstieg ins Unternehmen die Bewerberprofile erfasst und kontinuierlich weitergepflegt. Die verschiedensten Zielgruppen werden individuell mit geeigneten Kommunikationsmaßnahmen versorgt, zu Veranstaltungen eingeladen oder regelmäßig aufgefordert, ihre Daten zu aktualisieren. Dabei dominiert das Internet nun als führendes Medium: Der Interessent, Kandidat eines speziellen Förderprogramms oder auch der Bewerber loggt sich im Internet ein und aktualisiert eigenständig sein Profil regelmäßig.

Damit erfolgt nicht nur die Erweiterung des Zielgruppenfokus vom Bewerber hin zum Interessent, es werden auch flexiblere Anpassungsmöglichkeiten an die Schwankungen des Arbeitsmarktes geschaffen.[16] Denn im Gegensatz zur bisherigen Philosophie ist Talent Relationship Management ein ständiger Prozess des Sammelns und Pflegens von interessanten und zukünftig benötigten Profilen von potenziellen Mitarbeitern. Die Aufnahme und Pflege der Datensätze erfolgt nach Zustimmung der Kandidaten und orientiert sich an dem mittelfristigen Bedarf und nicht unbedingt ausschließlich an den aktuellen Stellenangeboten. Damit wird eine effektive Ausschöpfung des Arbeitsmarktes auch bei den latent Wechselwilligen erreicht und Bewerberinformationen werden optimal genutzt.

Potenzielle Kandidaten können so zielgenau angesprochen werden und bei Bedarf schnell kontaktiert werden. Die Pools können in ihrer Zusammensetzung dem zukünftigen Bedarf flexibel angepasst werden. Insgesamt kann auf diese Weise ein Qualitätsvorsprung entstehen und gleichzeitig können Kosten gesenkt werden, da Werbemaßnahmen mit großem Streuverlust vermieden werden. Mit der meist guten Infrastruktur der Bewerbungssysteme werden die Daten dann in entsprechender Form für die Mitarbeiter im Personalwesen sichtbar gemacht. Die Aufgabe des Personalmarketings liegt in dem bedarfsgerechten Füllen der Pools mit interessanten Kandidaten und der Steuerung der entsprechenden Event- und Kommunikationsaktivitäten. In den dezentralen Personaleinheiten kann bei Bedarf nach Profilen gesucht werden.

---

[15] Vgl. Anderson, K. (2005), S. 39

[16] Vgl. Jäger, W., Jäger, M. (2004), S. 12

Mit Talent Relationship Management kann es gelingen, noch zielgruppenspezifischer und individueller den zukünftigen Bedarf zu gewinnen, frühzeitig an das Unternehmen zu binden und rechtzeitig geeignete Vakanzen anzubieten beziehungsweise zu besetzen. Endlose Papierschlachten, teure Inserate oder hohe Searchkosten und eine Flut von Absagen können zum Teil vermieden werden. Ressourcen können auf die Gewinnung der „Right Potentials" konzentriert werden.

Nachhaltige Gewinnung und Bindung von Hochschulabsolventen - der Einstieg in das Talent Relationship Management

Geprägt von den Erfahrungen des Ingenieur- und Nachwuchsmangels Ende der neunziger Jahre betreibt Porsche bereits seit vielen Jahren ein konsequentes Hochschulmarketing und Praktikantenförderprogramm zur Sicherung der Qualität bei der Besetzung von Absolventenstellen. Um bereits frühzeitig mit hochkarätigen Nachwuchskräften ins Gespräch zu kommen und diese für Porsche zu begeistern, konzentrieren sich die Aktivitäten im Hochschulmarketing auf ausgewählte Hochschulen und Kooperationen.

Zahlreiche Aktionen an Schulen und die Mitarbeit bei verschiedenen Initiativen zur Förderung von Ingenieur- und naturwissenschaftlichen Berufen zielen darauf ab, bereits frühzeitig Schüler auf Porsche als Arbeitgeber aufmerksam zu machen. Die Ausschreibung des „Ferry-Porsche-Preises" für die besten Abiturienten in Baden-Württemberg in den Fächern Mathematik und Physik/Technik bildet den Höhepunkt dieser Aktivitäten und positioniert Porsche bei interessierten Abiturienten als attraktives Unternehmen – zum Beispiel für ein Praktikum während des Studiums. Darüber hinaus wird das gesamte Spektrum von Hochschulmarketingaktivitäten und Medien genutzt, um den Einstieg bei Porsche bereits an den Universitäten zu kommunizieren.

Das Praktikum bildet damit häufig auch die Grundlage für einen späteren, erfolgreichen Start in das Berufsleben bei Porsche. Um die Potenziale bereits während des Praktikums zu erkennen und nutzbar zu machen, erfolgt die Beurteilung der Praktikanten anhand des Porsche Kompetenzmodells, das durchgängig für alle Zielgruppen eingesetzt wird. Besonders gut beurteilte und für einen späteren Einstieg geeignet erscheinende Kandidaten werden im Rahmen des Praktikantenprogramms während ihrer verbleibenden Studienzeit durch regelmäßige Informationen, Einladungen zu Events und Seminaren aktiv betreut. Bei der Vergabe von internationalen Praktika, Werkstudententätigkeiten oder Diplomarbeiten werden sie vorrangig berücksichtigt. Hierdurch gelingt es, junge Potenzialträger bereits frühzeitig zu binden und gezielt auf einen möglichen Berufseinstieg vorzubereiten.

Seit mehreren Jahren bilden die Pools mit den Profilen der ausgewählten ehemaligen Praktikanten den Kern der Rekrutierung potenzieller Einsteiger. Selbst wenn für einen Einstieg direkt nach dem Studium kein Angebot gemacht werden konnte, wird der Kontakt zu vielversprechenden Kandidaten weiter aufrechterhalten. Dazu wurde ein weiterer Pool für die sogenannten Young Professionals eingerichtet, der die bestehenden Pools mit angehenden Absolventen sinnvoll ergänzt. Unterschiedlich gestaffelte Kommunikations- und Informationsaktivitäten sind speziell auf die verschiedenen Zielgruppen zugeschnitten worden. Bei Vakanzen ist ein Zugriff durch eine entsprechende Auswahl gewährleistet, somit werden

Rekrutierungsvorgänge für akademische Ein- und Umsteiger relativ schnell, qualitativ hochwertig und effizient gestaltet.

Mit dem Poolmanagement ist damit der Einstieg in eine neue Philosophie geschafft: Talent Relationship Management wurde für die erste Zielgruppe erfolgreich eingesetzt.

Das Porsche Talent Network

Die bisherigen Erfahrungen im Poolmanagement haben die Vorteile von Talent Relationship Management (TRM) deutlich aufgezeigt. Es konnten Kontakte zu interessanten Bewerbern zur gezielten Ansprache aufgebaut werden. Bei entsprechenden Vakanzen wurden diese bereits bestehenden Quellen statt zeit- und kostenintensiver Ausschreibungskampagnen genutzt. Schwankende Beschaffungssituationen bei Absolventen konnten ausgeglichen werden.

Inzwischen gibt es für die Kandidaten ein Portal, das zahlreiche Informationen bereithält: das Porsche Talent Network. Wichtigster Punkt ist die Möglichkeit für alle Kandidaten, ihre eigenen Bewerbungsdaten aktualisieren. Die Eingabemasken entsprechen denen der Online-Bewerbung. Über eine automatische Erinnerung werden alle Mitglieder des Porsche Talent Networks regelmäßig aufgefordert, ihre Daten aktuell zu halten. Damit sollen nur wirkliche Interessenten im Network verzeichnet bleiben.

Abbildung 9.6:   Startseite Porsche Talent Network

Den größten Vorteil für die Mitarbeiter des Personalbereichs bildet die gezielte Talentsuche: Erstmals ist eine differenzierte Suche nach den geeigneten Kandidaten jederzeit und problemlos möglich.

Inzwischen wurde der digitale Beschaffungsprozess rund um TRM weiter ergänzt und ausgebaut und weitere Stufen sind bereits in Planung. Ziel ist es, einen Bewerbungsprozess mit bestmöglicher EDV-Unterstützung zu modellieren, der die Freiräume für eine Konzentration auf die wesentlichen Prozessschritte durch die Mitarbeiter des Personalbereichs für eine bestmögliche Qualität in der Auswahl gewährleistet. Damit soll TRM zu einer weiteren Optimierung bei der Besetzung von Vakanzen beitragen: Das persönliche Auswahlgespräch ist und bleibt zentrales Element der Personalauswahl.

9.4 Strategische Kooperationen am Beispiel femtec

Gerade als wissensbasiertes und innovationsgetriebenes Technologieunternehmen hat Porsche einen hohen Bedarf an stetigem Austausch mit dem akademischen Umfeld. Dieser Austausch wird im Rahmen des Personalmarketings durch strategische Kooperationen organisiert. Sie lassen sich dadurch charakterisieren, dass die wesentlichen Zielgruppen gebündelt angesprochen werden können und sich die Rekrutierungsaktivitäten und das - budget auf diese Kooperationen konzentrieren. Gleichzeitig ist eine zweckgerichtete Ausschöpfung des verfügbaren Budgets gewährleistet.

Strategische Kooperationen tragen indirekt wie auch direkt zum Erhalt und Ausbau der Innovationsfähigkeit bei Porsche bei. Zum einen gewährleistet die Interaktion mit dem akademischen Nachwuchs sowie die Rekrutierung dessen regelmäßige Einsteuerung neuer Ideen und Kenntnisse in die internen Innovationsprozesse. Zum anderen werden durch Innovationsprojekte mit den Kooperationspartnern direkt bestehende Prozesse hinterfragt und Innovationen angetrieben.

Beispiele für strategische Kooperationen sind die Unterstützung einzelner studentischer Rennteams der Formula Student Serie, die Kooperation mit der Stiftung der deutschen Wirtschaft oder die langjährige Kooperation mit der Femtec, dem Hochschulkarrierezentrum für Frauen der Technischen Universität Berlin.

In Kooperation mit neun großen Unternehmen und sieben technischen Universitäten betreibt die Femtec ein Careerbuilding-Programm für ambitionierte Studentinnen in naturwissenschaftlich-technischen Studiengängen, veranstaltet Technik-Workshops für Mädchen und junge Frauen und begleitet diese auf ihren Karrierewegen. Mit ihren Initiativen im Bereich der Qualifizierung und Beratung, der Forschung und Öffentlichkeitsarbeit hat sich die Femtec das Ziel gesetzt, die Ein- und Aufstiegsmöglichkeiten von Frauen in technischen Berufsfeldern zu verbessern. Dass dieses Ziel bislang sehr erfolgreich verfolgt wurde, zeigen Umfragen unter den Alumnae des Careerbuilding-Programms. Die Absolventinnen sind überdurchschnittlich erfolgreich bei ihrem Studienabschluss, dem Einstieg in das Berufsleben sowie beim Aufstieg in den Unternehmen.

Porsche ist seit der Gründung im Jahr 2000 Partner der Femtec. Diese Kooperation ist für das Unternehmen und seine Innovationsfähigkeit aus mehreren Gründen wichtig: Die Teilnehmerinnen des Careerbuilding-Programms stellen als hochqualifizierte Studentinnen der Natur- und Ingenieurswissenschaften die wesentliche Zielgruppe des Personalmarketings bei Porsche dar. Das Programm bietet die Möglichkeit, mit dieser Zielgruppe in Kontakt zu treten, sich als attraktiver Arbeitgeber zu positionieren und damit auch kurz- und mittelfristig akademischen Nachwuchs zu rekrutieren. Darüber hinaus ist auch der Beitrag zur Frauenförderung im Bereich der Natur- und Ingenieurswissenschaften für Porsche von primärer Bedeutung.

Porsche ist auf mehreren Ebenen eng mit der Femtec-Organisation sowie mit den Femtec-Studentinnen vernetzt. Über die Beteiligung im Beirat entscheiden Unternehmensvertreter bei der strategischen Ausrichtung des Netwerks mit. Der Kontakt zu den Teilnehmerinnen wird in einem ersten Schritt über die Assessment Center geknüpft, in denen über die Aufnahme der Bewerberinnen in das Careerbuilding-Programm entschieden wird. Das Beobachterteam setzt sich aus Unternehmens-, Universitäts- und Femtec-Vertretern zusammen. Diese Mischung gewährleistet von Anfang an breite Akzeptanz der ausgewählten Kandidatinnen in den Unternehmen. Der Kontakt vertieft sich über zweimal jährlich stattfindende Exkursionen sowie einzelne Netzwerkveranstaltungen. Ihre fachlichen und persönlichen Kompetenzen können die Teilnehmerinnen des Programms dann über ein Praktikum oder eine Abschlussarbeit in die Partnerunternehmen einbringen. Über diesen Weg konnten bereits viele Studentinnen Porsche kennen lernen.

Einen beachtlichen Innovationsschub gibt es auch durch gemeinsame Projekte wie die Innovationswerkstatt. Dabei bearbeitet eine Gruppe von Studentinnen eine zukunftsgerichtete Fragestellung. Das Innovationspotenzial liegt vor allem darin, dass sich Studentinnen aus unterschiedlichen Fachrichtungen und Universitäten als Team, unterstützt durch Mentoren des Unternehmens, einem Thema aus einer völlig neuen Sichtweise nähern und somit zu Ergebnissen kommen, die möglicherweise durch eine rein interne Bearbeitung des Themas nicht erzielt worden wären.

Über das Studienende hinaus bleiben viele Femtec-Absolventinnen über den Femtec.Alumnae e. V. mit der Organisation und auch den einzelnen Unternehmen verknüpft. Die Zusammenarbeit mit der Femtec GmbH ist daher ein gelungenes Beispiel für den Beitrag strategischer Kooperationen zur Innovationsfähigkeit.

9.5   Fazit

Die zielorientierte und strategische Ausgestaltung von HR-Prozessen ist für viele innovationsrelevante Entwicklungen und insbesondere für die Gewinnung, Entwicklung und Bindung der Mitarbeiter ein wichtiger Erfolgsfaktor. Mit der Entwicklung einer HR-Strategie, des Porsche Kompetenzmodells und der HR-Prozesse ging auch ein Wandel einher: von einem mittelständisch geprägten Personalwesen, das vorwiegend administrativ ausgerichtet war, hin zu einem Personalmanagement, das prozessorientiert denkt und kundenorientiert handelt. Als Fazit kann Folgendes festgehalten werden:

■ Wenn die Entwicklung zu Engpässen in einzelnen Segmenten anhält, ist es umso wichtiger, die gesamte Ausrichtung der Prozesse zur Beschaffung und Sicherung des entsprechenden Nachwuchses zu gestalten. Durchgängige Prozessketten von der ersten Kontaktaufnahme über die Rekrutierung und Weiterentwicklung in Richtung Management bis hin zu einer systematischen Nachfolgeplanung werden zum entscheidenden Erfolgsfaktor für die Zukunft – die Gestaltung der entsprechenden Rahmenbedingungen vorausgesetzt.

■ Ein zukunftsorientiertes Personalmarketing ist die Grundlage für ein strategisch auf die Sicherung der Managementqualität ausgerichtetes Talent Management. Talent Relationship Management bildet heute einen zentralen Baustein zur erfolgreichen, nachhaltigen Rekrutierung. Eines wird jedoch immer die persönliche Entscheidung des Managements bleiben: die eigentliche Entscheidung bei der Besetzung von Vakanzen.

■ Strategische Kooperationen können eine sinnvolle Ergänzung von ziel- und ergebnisorientierten Prozessen im Personalmarketing bilden, wie am Beispiel der Kooperation mit der Femtec GmbH in Berlin dargestellt.

Die Ergebnisse der letzten Jahre können sich sehen lassen: So ist die Qualität der Einstellungen im Bereich unserer Absolventenstellen deutlich gestiegen, die Besetzung von Führungspositionen erfolgt mittlerweile überwiegend aus eigenen Reihen und der Verbleib der Top-Kandidaten ist auf hohem Niveau gesichert. In dieser Zielgruppe gibt es kaum Fluktuation, letztlich auch ein Ergebnis der systematischen Förderung und Entwicklungsplanung für die Top-Leistungsträger im Unternehmen.

Zusammengefasst haben die beschriebenen Prozesse und Instrumente nicht nur zur nachhaltigen Sicherung der Innovationsfähigkeit des Unternehmens beigetragen, sondern auch zu einer spürbar höheren Akzeptanz der HR-Funktionen und damit zu einer Stärkung der Rolle des Personalmanagements als Business-Partner im Unternehmen geführt.

Literatur

ANDERSON, K. (2005): Von der Talentsuche zur Talentschmiede. In: Personal, 04/2005.

FROSCH, M., TROST, A. (2008): Die Trends im Talent Management. In: Personalmagazin, 01/2008.

GOFFIN, K., MITCHELL, R., RINGLING, S. (2008): Verschläft HR das Ideen- und Innovationsmanagement? In: HR Performance, 02/2008.

JÄGER, W., JÄGER, M. (2004): Talente finden und binden. In: Personal, 02/2004.

MEYER, M. (2005): Personalmanagement im Wandel: Strategien für die Nachwuchsbeschaffung. In: Ackermann, K.-F., Fleig, G. (Hrsg.): Wandel der Arbeit – Arbeit im Wandel, Bonn.

MEYER, M., RUST, H., (2006): Kompetenzmanagement im Strategischen Führungsprozess bei Porsche. In: Gechter, S., Jochmann, W. (Hrsg.): Strategisches Kompetenzmanagement, Berlin.

MEYER, M. (2009): Talent Relationship Management – Praxisbeispiel Porsche. In: Jäger, W., Lukasczyk, A. (Hrsg.): Talent Management – Strategien, Umsetzung, Perspektiven, Köln.

RUST, H., MEYER, M. (2007): Strategieentwicklung im Personalmanagement. In: Schwuchow, K., Gutmann, J. (Hrsg.): Jahrbuch Personalentwicklung, München/Unterschleißheim.

10 Krisen als Katalysatoren für Innovationen

Dietmar Klein

Dem griechischen Philosophen Heraklit wird der Satz zugeordnet: „Der Krieg ist der Vater aller Dinge." Man wird zwar unterstellen dürfen, dass die durch die Lehre von den Gegensätzen bezeichnete Philosophie Heraklits einen weiteren Begriff als nur die völkerrechtliche bewaffnete Auseinandersetzung gemeint hat. Der Streit, der philosophische Dialog, die Auseinandersetzung ist das, was „alle Dinge", nämlich Erkenntnis, hervorbringt. Jedoch ist die sprachliche Reduktion auf „Krieg" so plakativ und verständlich, dass sie die Zeiten überdauert hat. Es ist verständlich, dass die Bedrohung der physischen Existenz zur Mobilisierung aller Fähigkeiten führt, über die ein Mensch verfügt. Und weil zu diesen Fähigkeiten eben auch das Vermögen zu kreativem Denken gehört, folgten in der Geschichte aus kriegerischen Auseinandersetzungen häufig bahnbrechende Entwicklungen. Besonders bekannt sind technische Entwicklungen: Luftfahrzeuge, Triebwerke, Unterseeboote oder Sprengstoffe. Aber auch gesellschaftliche, politische und organisatorische Erkenntnisse lassen sich ableiten. Das Spektrum reicht von der Gründung der Vereinten Nationen bis dahin, dass die Organigramme mancher Großunternehmen noch immer mehr römische Legionen erinnern als an ein kompetenzbasiertes globales Netzwerk.

Was geschieht, wenn unter äußerem Veränderungsdruck die Anpassungsfähigkeit eines Individiums oder einer Organisation nicht ausreicht, hat Charles Robert Darwin herausgefunden. Es kommt zur Selektion, zum „Survival of the Fittest". Die Ableitung auf wirtschaftliche Prozesse (Evolutionsökonomik) hat vor allen Dingen Joseph Schumpeter mit seinem Begriff von der „schöpferischen Zerstörung" popularisiert.

Wie gut also, dass das, was uns aus unserer Lebenserfahrung banal erscheint, auch wissenschaftlich untermauert ist: Wenn mich ein Löwe verfolgt, renne ich schneller! Nun werden aber nur ganz eifrige Mitmenschen zur Stärkung ihrer Physis in die Savanne reisen und dort Löwen provozieren. Wir Übrigen sollten uns eher mit der Frage beschäftigen, ob wir in einer Krise, wenn sie denn nun schon da ist, auch einen positiven Ansatz für die Zukunft sehen können.

10.1 Die Ausgangslage aus Sicht der MAN Nutzfahrzeuge AG

Im Zuge der Weltwirtschaftskrise ist der europäische Markt für schwere Lastwagen 2009 im Vergleich zum Vorjahr um mehr als 50 Prozent eingebrochen. Auch in der MAN Nutzfahrzeuge Gruppe haben sich die Absatzzahlen mit diesem Markt bewegt. Stützend wirkten zwar Produktgruppen, die nicht gleichermaßen vom Rückgang betroffen waren, und Aktivitäten in Wachstumsmärkten außerhalb Europas, die die Krise bewältigen konnten. Die großen Fabriken in Zentraleuropa standen jedoch gleichsam von heute auf morgen nur mehr mit der Hälfte ihres Produktionsprogramms da.

Trotz der aufmunternden akademischen Einleitung dieses Beitrages gelingt es in einer solchen Situation kaum, Positives zu sehen und die Krise als eine Gelegenheit zur Stählung der Innovationskraft freudig zu begrüßen.

Die erste Sorge gilt der Sicherung der Liquidität, die zweite der Flexibilisierung von Kosten zur Senkung des Break-Evens und erst als Ableitung daraus folgen all die Maßnahmen, die anschließend in den Zeitungen unserer Republik breit kommentiert werden.

Da fährt das eine Unternehmen ein „hartes Sparprogramm" und wird als verantwortungsvoll und flexibel gelobt, um zwei Monate später gescholten zu werden für das Versäumen von angeblichen Zukunftsinvestitionen. Da wird die Nutzung des Instrumentes Kurzarbeit positiv hervorgehoben, denn ein Unternehmen reagiere „nicht in Panik, sondern mit Augenmaß". Es bliebe „Qualifikation für künftige Aufgaben gesichert" und würde „sozial verantwortungsvoll" mit Mitarbeitern umgegangen werden. An anderer Stelle gilt der gleiche Sachverhalt als schamlose Inanspruchnahme einer Subvention durch die Versichertengemeinschaft, die zudem den Blick auf die aus Sicht der Kommentatoren dringend überfälligen Einschnitte in die Struktur des Unternehmens verstellt.

Wenn man hieraus etwas lernen möchte, dann allenfalls, dass man es allen ohnehin nicht recht machen kann, dass aber eine Fähigkeit unbestritten als herausragend positiv beurteilt wird: die Fähigkeit zur schnellen Reaktion.

10.2   Geschwindigkeit als Wert an sich

Innovationsfähigkeit ist nichts anderes als die Fähigkeit, neue Lösungen für neue oder alte Probleme zu finden. Eine Lösung, die ich als zweiter Sieger finde, ist nicht mehr neu. Neu kann allenfalls sein, dass ich eine kopierte Lösung endlich in meinem Unternehmen einführe. Aber damit bewegt sich niemand an die Spitze, sondern holt nur zu den Besseren auf. Das innovationsfähige Unternehmen ist hingegen in der Lage, auf die gegebene Situation angepasste Lösungen eigenständig zu entwickeln und schnellstens einzuführen. Für diese Fähigkeit und in deren Gefolge für die geleistete Arbeit winkt eine hohe Belohnung: Der weniger innovationsfähige Wettbewerb wird in der Krise überproportional verlieren. Anders ausgedrückt: Im Unterschied zur Situation in einem üblichen, in gewissen Grenzen vorhersehbaren Konjunkturzyklus, fordert eine unvorhergesehene Krise die Fähigkeit zur schnellen Reaktion. Wo Konjunkturzyklen in vielen reifen Unternehmen nach „Schema F" begleitet werden, braucht vor allem die Krise neue Lösungen. Je weniger die Krise vorhergesehen ist, umso höher muss die Einführungsgeschwindigkeit dieser Lösungen sein. Es geht also im ersten Schritt gar nicht über die objektive Güte der gefundenen Lösung, sondern nur über die Schnelligkeit ihrer Einführung. Schön, wenn beides zusammenkommt. Aber ohne schnelle Einführung taugt die beste Lösung im Gesamtoptimum nichts!

10.3   Befähiger für Geschwindigkeit

Wenn Innovationskraft somit gleichbedeutend ist mit der Fähigkeit, Geschwindigkeit aufzunehmen, ist es hilfreich zu verfolgen, durch welche Faktoren eine Organisation in die
Lage versetzt wird, Prozesse zu beschleunigen. Der „Blick über den Tellerrand" führt bei
der Verwendung dieser Begrifflichkeiten zur Physik und zu einer erneuten Platitude: So wie
in der Physik bei gleicher beschleunigender Kraft die Beschleunigung umso größer ist, je
kleiner die zu beschleunigende Masse ist, so trifft es sich auch mit der Lebenserfahrung aus
Organisationen. Ein kleines Unternehmen lässt sich leichter steuern als ein Großkonzern.
Nein, die wahren Stellhebel für die Beschleunigung von Prozessen und Organisationen
dürften sich eher im Bereich des „Social Engineering" finden als in den glasklaren Kausal-
zusammenhängen der Physik.

Nach den Erfahrungen der MAN Nutzfahrzeuge AG sind die wesentlichen drei Befähiger
Führung, Know-how und Vertrauen.

Führung

Über Führung ist zu viel geschrieben worden, als dass eine halbwegs angemessene Auseinandersetzung mit der Thematik an dieser Stelle möglich wäre. Jedenfalls aber hat Führung
neben der Facette, das Ziel zu kennen, mitzugehen in der Variante des Vorangehens, deswegen alle Höhen und Tiefen des Weges zu teilen, Vorbild zu sein usw., nicht zuletzt auch
die Facette der Entscheidungsverantwortung. Die Entscheidungsverantwortung kann auf
unterschiedliche Arten wahrgenommen werden – theoretisch von der Abstimmung über die
Moderation bis hin zur autonom getroffenen Entscheidung. Damit wird deutlich, dass die
Methode der Entscheidungsfindung sorgfältig zu wählen ist. Jede Methode hat ihre spezifischen Vorteile und Nachteile. Wenn es um Beschleunigung geht, wird die Zeit, die eine
Entscheidung benötigt, eine wichtige Rolle spielen.

Das Fazit an dieser Stelle ist deutlich: Die schnellste Entscheidungsmöglichkeit ist die autonom durch eine Führungskraft getroffene Entscheidung. In zeitlich engen Situationen ist
diese Entscheidung ein Wert an sich, einerlei ob sie sich später als richtig oder falsch erweist.

So logisch diese Konsequenz erscheint, so eigenartig mutet sie an: Hatten wir nicht soeben
erst den „ältesten Knochen", den unbelehrbar gestrigen Verfechtern der „junger-Mann-
machen-Sie-erst-einmal-meine-Erfahrungen"-Doktrin beigebracht, dass Kreativität und
überdurchschnittliche Leistungsentfaltung auf der Langstrecke Freude an der Arbeit vo-
raussetzt und diese nur durch Partizipation auch und gerade an Entscheidungsprozessen zu
gewinnen ist?

Die gute Nachricht ist, dass schnelle Entscheidungen auf der einen Seite und Partizipation
der Mitarbeiter an Entscheidungsprozessen auf der anderen Seite kein Widerspruch sind.
Entscheidungen durch eine Projektleitung oder eine klassische Linienführungskraft werden
akzeptiert, wenn die Determinanten der Entscheidung vom Team getragen werden. Das
setzt voraus, dass der Entscheider zunächst als Person akzeptiert ist und sodann Transpa-

renz über die Entscheidungsmechanismen herrscht. Diese Transparenz ist für den zweiten Befähiger für Geschwindigkeit ebenfalls unabdingbar: für die Generierung und Anwendung von Know-how.

Know-how

Das „gewusst wie" befand sich zu Beginn der Krise bereits in den 36.000 Köpfen der Mitarbeiterinnen und Mitarbeiter der MAN Nutzfahrzeug Gruppe. Die Kunst besteht ausschließlich darin, das vorhandene Wissen zu konzertieren. Es ist an einer oder mehreren Stellen, an „Kristallisationspunkten", zu sammeln und zu bewerten. Angereichert mit neuen Aufgabenstellungen und Fragen kann es an diesen Kristallisationspunkten in die Organisation zurückgespielt werden, um mit einem höheren Reifegrad und angepasster auf die aktuelle Problemlage nach Bearbeitung zurückzukehren.

Ich gehe davon aus, dass alle Unternehmungen von einer gewissen Größe alles notwendige Managementwissen in ihren Mitarbeitern versammelt haben. Die Unternehmen unterscheiden sich durch etwas anderes: nämlich durch die Fähigkeit, dieses Wissen verfügbar zu machen. Und anders als unter Punkt „Führung", wo ein mutiger Entscheider – beseelt durch die Aufforderung „entscheide ruhig falsch, Hauptsache du entscheidest schnell" – sich selbstbewusst in die Bresche stellen kann, gelingt dies bei der Aggregation von Know-how nicht. Die Strukturen, die schnelle Verfügbarkeit von Wissen erlauben, müssen zu Beginn der Krise bereits aufgebaut sein. Ein eventuelles Versäumnis an dieser Stelle ist nicht schnell nachholbar.

Welche Systeme sind es nun, die vorher aufgebaut sein müssen? Es drängt sich der um die Jahrtausendwende en vogue gewordene Begriff des „Wissensmanagements" auf, wobei dieser Begriff ein allgemeines Schicksal teilt. Mit zunehmender Verwendung wurde er mehr zu einem Wort als zu einem Begriff, weil der Inhalt, den wir unter Wissensmanagement verstehen, zunehmend unterschiedlich aufgefasst wurde. Heute reicht das Spektrum von IT-Lösungen, die einen Katalog angeblich vorhandenen Expertenwissens darstellen, bis zum visionären Bild einer sich selbst antreibenden organisatorischen Maschinerie, die stets neues Wissen generiert.

Die MAN Nutzfahrzeuge AG ist hinreichend groß, dass sie sich keiner Strömung der Zeit gänzlich verschließen kann. Irgendwo wird immer alles verprobt. Die MAN hat deswegen auch manchen erfolgreichen und manchen weniger erfolgreichen Anlauf zum Thema Wissensmanagement hinter sich. Der gegenwärtige Stand der Erkenntnis im Personalbereich ist der, dass mächtige IT-Tools an Pflegeaufwand scheitern. Im Detail: Die Menschen, die eine entsprechende Maschinerie am Laufen halten müssten, sind die Mitarbeiterinnen und Mitarbeiter in dezentralen Linienfunktionen. Nicht nur dort, aber auch dort, ist das Dringliche der Feind des Wichtigen. Wenn in der Werkstatt in Hintertupfingen (und ich hoffe, diesen Ort gibt es nicht wirklich) ein Kunde in der Bürotür steht, dann ist zum Glück dieser Kunde das Wichtigste, was gerade passiert – nicht die überfällige Pflege eines EDV-Systems. Wenn der Kollege in Hintertupfingen später Zeit hätte, die Wissensmaschinerie nachzupflegen, so bräuchte es zusätzlich zur Zeit einen Motivator. Und hier mache ich es mir einfach: Rückstandslisten oder abstrakte Erläuterungen von Stabsabteilungen zur Sinnhaftigkeit von

Wissensmanagementsystemen sind keine hinreichenden Motivatoren. Dieses „es wäre schön, wir hätten …", „man müsste, man sollte" ist genau der Stoff, mit dem Zentralen ihre Akzeptanz auch bei gutwilligen Mitarbeiterinnen und Mitarbeitern immer wieder verspielen!

An die Stelle der Technik muss daher soziale Interaktion treten. Diese ist nachhaltig und selbst erklärend. Technik darf sie unterstützen, aber nicht ersetzen. Soziale Interaktion in diesem Sinne kennt ebenfalls einen schillernden Begriff: Networking. Es gibt ein Investment, das bereits vor der Krise getätigt sein muss. Die Beziehungen zu den Menschen in der Organisation müssen bereits aufgebaut sein und eine grundsätzliche Akzeptanz für deren Fähigkeiten muss untereinander herrschen. Die Beschäftigten müssen sich frei von Funktion und Hierarchie als Kolleginnen und Kollegen auf Augenhöhe begegnen können. Im geschaffenen Klima darf keine Frage zu dumm und keine Antwort zu kreativ sein. Der Zentralist muss verstanden haben, dass er für die anderen da ist, nicht umgekehrt. So wie Führung in einem produzierenden Unternehmen nur und ausschließlich den Sinn hat, den Wertstrom zu ermöglichen und zu erleichtern, so muss das Produkt des Zentralisten von der dezentralen Einheit „gekauft" werden. Die Leistung, das in der Fläche bereits vorhandene Wissen zu sammeln, transparent zu machen und an die Stellen zurückzugeben, an denen es gerade benötigt wird, kann nur aus Zentralen heraus erbracht werden. Gerade in Krisen wird sie von den Dezentralen „gekauft", weil (endlich) einmal verständlich wird, wozu der Zentralist taugt.

Im konkreten Anwendungsbeispiel bei der MAN Nutzfahrzeuge AG waren die entsprechenden Bindungen vorhanden. Die Personalbereiche haben einen gewachsenen Altersaufbau mit im Durchschnitt etwa zwölf Jahren Betriebszugehörigkeit und einer relativ ausgeprägten Job-Rotation-Kultur. Bereichsspezifisch ist der Personalbereich krisenerprobt, da neben Konjunkturzyklen allfällige Restrukturierungen die Mitarbeiterinnen und Mitarbeiter – wie in anderen Unternehmen auch – trainiert haben. Krisenbetroffen war und ist die ganze Welt. Aufgrund der historischen Konzentration des Entwicklungs- und Produktionsverbundes auf die Bundesrepublik Deutschland lag und liegt hier der Schwerpunkt der Krisenbewältigungsaufgaben. Hinzu kommt, dass wir dort im Hinblick auf die Arbeits- und Sozialbeziehungen das komplexeste System vorfinden. Hier galt es, die Problemlage aufzunehmen, Lösungsmöglichkeiten zu sammeln, aus Alternativen die richtige zu wählen, in Zweifelsfragen zu entscheiden und die Entscheidungen zu operationalisieren. In unserem Wüstenbild gesprochen: Wir haben das Netzwerk gefragt, ob jemand weiß, wie schnell Löwen laufen können, haben bewertet, wie schnell wir laufen, und versucht herauszufinden, welche Hilfsmittel es gibt, den Löwen langsamer oder schneller zu machen.

Das Umsetzungsmittel ist kein großes EDV-System, das eine Vorlaufzeit von sechs Monaten für Einrichtung und Customizing benötigt. Das Umsetzungsmittel sind quartalsweise Zusammenkünfte mit strammem Arbeitsprogramm und eine Folge von Telefonkonferenzen. Die Telefonkonferenzen fanden anfänglich alle zwei bis drei Tage statt, abhängig von den in ihnen erteilten und genommenen Arbeitsaufträgen. Ab einem gewissen Reifegrad der Krisenreaktionsmaßnahmen reichte ein 14-tägiges Intervall.

Die Telefonkonferenz hat darüber hinaus bis zur Teilnehmerzahl von etwa 15, max. 20 Beteiligten enorme Vorteile für die unter a) angesprochene Führung. In der Telefonkonferenz ist alles Geschehen gleichzeitig und transparent. Die zuvor aufgestellte Bedingung, die Determinanten der Entscheidung müssten verfügbar sein, ist somit zwangsläufig erfüllt. Dies führt zur Akzeptanz von Entscheidungen, selbst dann, wenn sie nicht von jedem Teilnehmer persönlich geteilt werden. Jeder Teilnehmer wird nämlich erkennen, dass die Entscheidung eine Frage der Bewertung gewesen ist und es nicht die mathematisch richtige Entscheidung gegeben hat. Er wird in einem krisenhaften Umfeld gleichzeitig erleichtert sein, dass es ohne quälende zeitraubende Diskussion endlich weitergeht und auf der Basis einer Entscheidung klare weitere Schritte von allen verfolgt werden. Networking in diesem Sinne schließt also schnelle Entscheidungen keineswegs aus, sondern begünstigt sie.

Vertrauen

Bis hierher wird schon fast evident, warum der dritte Treiber von Geschwindigkeit nach unserer Erfahrung „Vertrauen" ist: Wenn Transparenz für die Wissenden und Erfahrenen zur Akzeptanz von Entscheidungen und gemeinsam beschrittenen Wegen führt, so ist es für die noch Jüngeren und noch etwas Unerfahrenen Vertrauen. Was sich in unseren Köpfen abspielt, wenn wir vertrauen, lässt sich für den hier relevanten Sachverhalt etwa mit dem Satz zusammenfassen: „Die Entscheidungen dieser gut ausgebildeten und erfahrenen Kollegen waren in allen Beispielen, die ich bislang beobachten konnte, nicht so sehr neben der Sache. Wahrscheinlich passt es deswegen auch diesmal."

Vertrauen hat darüber hinaus noch einen wesentlichen Aspekt an den Stellen, an denen Transparenz nicht in dem Maße gegeben sein kann wie in der oben beschriebenen Telefonkonferenz. Das ist beispielsweise der Fall, wenn adressierte Gruppen aufgrund ihrer schieren Größe nicht am Entscheidungsprozess unmittelbar teilhaben können. Innerhalb der Veränderungsorganisation, in meinem Beispiel des Personalbereichs, mag noch im Sinne einer Mehrstufigkeit mit Transparenz gearbeitet werden können: Der lokale Repräsentant hat in seinem Team den Dialog fortzuführen und damit gleichzeitig die nächste übergeordnete Diskussion aufzubereiten. Nicht logisch ausgeschlossen, aber in der Praxis von mir noch nie beobachtet, ist dies in der internen Massenkommunikation mit der Summe der Mitarbeiter. Hier könnten theoretisch die Fachführungskräfte die Rolle der Transparenzmittler übernehmen, in allen von mir bisher erlebten Beispielen sind derartige Versuche jedoch gescheitert, mit der Folge, dass eine starke interne Kommunikation vonnöten ist und eine repräsentative Vertrauensinstanz.

Diese Vertrauensinstanz bilden idealerweise die Arbeiternehmervertreter, wobei es je nach Rechts- und Sozialordnungen gewisse Differenzierungen gibt.

Bei zielorientiertem Zusammenwirken lässt sich hierdurch eine exponentielle Steigerung des Vertrauens auslösen. Auf der ersten Stufe wird dem Fachvorgesetzten vertraut (hoffentlich!). Auf der zweiten Stufe ist der Betriebsrat als aus den Reihen der Arbeitnehmer hervorgegangene Vertrauensperson in der Lage (noch mal: hoffentlich!), Nachfragen und Bedenken zu behandeln. In besonderer Weise wirkt dieses System vertrauensbildend, wenn alle Vertreter die gleichen Erläuterungen, Auskünfte und Ratschläge geben. Da ist es dann gleichgültig, ob der französische Richtungsgewerkschafter formuliert: *„Auf der Basis des Status quo, den wir als sozial unausgewogenen Übergangszustand ansehen, hat der Patron leider noch gewisse Entscheidungsbefugnisse. Vor dem Hintergrund der ungerechten gesellschaftlichen Zustände konnten wir, Kolleginnen und Kollegen, nicht mehr für euch tun"*, oder ob ein deutscher Arbeitnehmervertreter aus einem Großkonzern formuliert: *„Die Gespräche wurden von den durch die Arbeiternehmerseite bestellten Aufsichtsratsmitgliedern und den Vorständen zu jeder Zeit auf Augenhöhe geführt. Wir haben einen unabhängigen Gutachter eingesetzt, der gemeinsam mit uns einige Alternativvorschläge gemacht hat. Das so gefundene Gesamtergebnis berücksichtigt ausgewogen die Interessen der Wettbewerbsfähigkeit und der Arbeiternehmerinnen und Arbeitnehmer in den Betrieben."* In jedem Falle verstehen die Beschäftigen: „Mehr war nicht drin!" Diese kollektive Erkenntnis fördert sodann wiederum Geschwindigkeit, weil sich niemand ewig mit der Ausformulierung von Durchführungsvorschriften aufhalten muss. Es wird vertraut und umgesetzt wie beschlossen.

10.4   Konkrete Umsetzung

Die Maßnahmen

Als Ende 2008 in der europäischen Metallindustrie jeder verstanden hatte, „was die Glocke geschlagen hat", war genau diese Geschwindigkeit gefragt. Für große Stellenabbauprogramme war vor dem Hintergrund Zeit (Verhandlungsprozesse, die dies auslöst) und Liquidität (Abfindungen, die sofort fällig werden) ohnehin kein Raum. MAN Nutzfahrzeuge hat nicht mehr und nicht weniger getan, als alle bereits vorhandenen Instrumente zum Ausatmen von Personal sogleich zu nutzen.

Hinter jeder einzelnen Maßnahme, wobei die „Puzzlestücke" in **Abbildung 10.1** auch die Überschrift für ein Bündel für Maßnahmen sein können, steckt allerdings eine Menge Arbeit der Kolleginnen und Kollegen aus dem Personalernetzwerk. Vereinbarungen mit Betriebsräten sind abzuschließen, Vertragsmuster sind zu erarbeiten und über alle Standorte gleichförmig anzuwenden, Kontakte zu öffentlichen Stellen sind aufzunehmen und sollten bei der teilweise föderalen Struktur der öffentlichen Verwaltung nicht zu grob unterschiedlichen Ergebnissen führen. Nicht zuletzt ist unglaublich viel mit den Führungskräften und Beschäftigten zu kommunizieren. Die Führungskräfte wollen Lösungen und lassen sich in der Krise gerne vom Personalbereich den Weg zeigen. Die Beschäftigten wollen Antworten auf ihre Existenzsorgen.

Neben zahlreichen kleineren Innovationen ist insbesondere ein Ergebnis für die MAN Nutzfahrzeuge Gruppe neu. Während früher neben einer immer weiter ausformulierten Arbeitszeitflexibilisierung vor allem „Austritte ohne Wiederkehr" das Bild bestimmten, wird gegenwärtig der temporäre Austritt hoffähig. Sinnvoll waren solche Lösungen vor dem Hintergrund des demografischen Wandels schon immer. Der beachtliche Managementaufwand stand einer Umsetzung indes oft entgegen. Es sind Vertretungen zu finden, diese sind mit dem Rückkehrzeitpunkt zu harmonisieren. Insbesondere im Falle von Familienphasen ist man häufig mit auf Wunsch des Mitarbeiters veränderten Rückkehrzeitpunkten konfrontiert. Mit dem freigestellten Mitarbeiter ist der Kontakt zu halten, vielleicht gibt es ein Tele- oder Teilzeitarbeitsverhältnis usw. Im aktuellen Geschehen hat jedoch die absolute Größe des Personalüberhangs die bei Fachführungskräften früher vorhandenen Widerstände gegen temporäre Austritte deutlich geschwächt. Wo früher die Sorge um den Erhalt des „besten Mitarbeiters" ebenso im Vordergrund stand wie die geschilderten Aufwände, ist das Bild heute davon bestimmt, dass die Fachführungskräfte angesichts ihres geschrumpften Budgets nicht mehr jeden Mitarbeiter halten können. Auch temporäre Flexibilisierungsmaßnahmen, wie die Kurzarbeit, werden hier problematisch. Ebenso wie entfallende Ergebnisbeteiligungen und Boni führen sie zu Einkommensverlusten. Da gleichzeitig die besten Mitarbeiter auch in Krisen Alternativen auf dem Arbeitsmarkt haben, ist die Wahl für die Führungskräfte einfach zu treffen: Entweder verliere ich den Mitarbeiter für immer oder für die Dauer eines Sabbaticals, einer Weiterbildung, einer Familienpause. Auf den ersten Blick verwunderlich, auf den zweiten logisch: Der temporäre Austritt wird in der Krise zum Bindungsprogramm.

Abbildung 10.1: MAN Einzellösungen wirken im Verbund

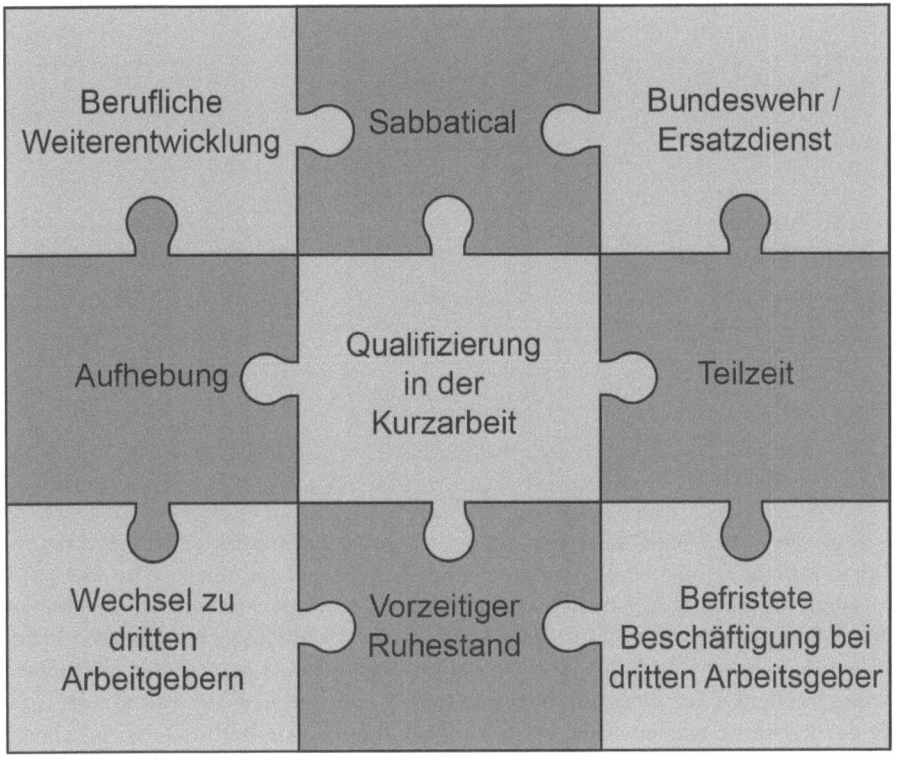

Wer erlebt hat, mit welchen anfänglichen Vorbehalten Zeitkonten Mitte der 90er Jahre ausgesetzt und wer sieht, welche breite Akzeptanz dieses Instrumentarium inzwischen erreicht hat, der darf auf eine *sensation de déjà-vu* hoffen. Vor dem Hintergrund von sich global individualisierenden Erwerbskarrieren wird künftig das Unternehmen im „War for Talents" die Nase vorne haben, welches den Mitarbeiter mit seinen individuellen Bedürfnissen im Unternehmen bedienen kann. Gut ist, wenn eine Organisation angesichts einer Krise bereits im Jahre 2009 gelernt hat, dass der temporäre Austritt eines Mitarbeiters kein Nachteil für die Organisation ist. Evident ist, dass der mit einem internationalen MBA zurückkehrende Mitarbeiter nicht nur zufriedener ist, weil sein Unternehmen ihm die Fortbildung ermöglicht hat, sondern auch mit größerem akademischen Know-how künftige Aufgaben bewältigen kann. Aber auch der Beschäftigte, der „nur" von einer 18-monatigen Weltumsegelung zurückkehrt, wird seinem Unternehmen nach der Reise von größerem Nutzen sein als vorher. Die persönlichen Erfahrungen gibt auch dieser Mitarbeiter nicht beim Werkstor ab, sondern bringt sie ein.

Abbildung 10.2: MAN Facharbeiterqualifizierung während der Krise

---

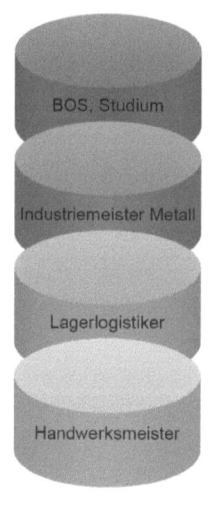

In der Ausbildung bei der MAN und als Jungfacharbeiter

Die Rückkehr einer Gewinnsituation für alle Beteiligten

Mit temporären Ausstiegen lässt sich zudem ein gewisser Summeneffekt erreichen, wenn auf gleichförmige Gruppen mit standardisierten Angeboten zugegangen wird. Bei MAN ist die weitere Ausbildung der in den eigenen Betrieben ausgebildeten Jungfacharbeiter die größte Fallgruppe. Zweitausbildungen nach Maßgabe der künftigen betrieblichen Erfordernisse wurden ebenso angeboten wie betriebliche Meisterkurse oder weiterer Schulbesuch, teilweise mit der Option eines anschließenden Studiums und in jedem Fall mit der Zusage, nach der Rückkehr wieder einen vergleichbaren Arbeitsplatz bei MAN zu erhalten. Die Idee, die in den Köpfen der jungen Frauen und Männer entstehen soll, ist: „Gerade sind schlechte Zeiten. Ich habe Einkommensverluste/bekomme meinen ausbildungsgerechten

Wunscharbeitsplatz nicht/werde nicht befördert. Da investiere ich in meine Zukunft. Wann, wenn nicht jetzt."

Die Transfersicherung

Bei aller Individualität des dargestellten Programms ist gleichzeitig das Ergebnis in der Summe zu sichern. Hier sind kollektive Ansätze mit großen Abfindungsprogrammen naturgemäß im Vorteil. Der Nachteil der individuell geprägten Vorgehensweise ist durch ein nachhaltiges Controlling sicherzustellen. MAN hat den üblichen Ansatz von Strategiefindung, Aufgabenbeschreibung, Commitment zu individuellen Zielen und Verfolgung der Zielerreichung in simplen Excel-Blättern gewählt. Auch hier erweist sich das einfache Instrument der Telefonkonferenz zur Förderung der Transparenz und zur Feineinstellung der Ziele als geeignet. Eine 14-tägliche Diskussion der vor dem Hintergrund der Produktionsprogramme zu erreichenden Ziele und deren Abarbeitungsgrad hält die entsprechenden Themen hoch auf der Prioritätenagenda der dezentralen Einheiten und ist damit bereits der halbe Erfolg.

Auch soll nicht generell gegen kollektive Ansätze argumentiert werden. Die individuellen Maßnahmen treten lediglich ergänzend hinzu, wo kollektive Programme nicht alleine den Erfolg bereits sichern. Exemplarisch sei die in Deutschland und Österreich vom Gesetzgeber eingeräumte Möglichkeit der Qualifizierung während Kurzarbeit hervorgehoben, die von der MAN Gruppe breit genutzt wurde.

Abbildung 10.3: MAN Qualifizierung Produktionssystem während Kurzarbeit

- Innerhalb von wenigen Monaten wurden bislang ca. 1500 Mitarbeiter geschult (Produktionssystem)
- Kaskadenförmige Schulung und 100% praxisnah

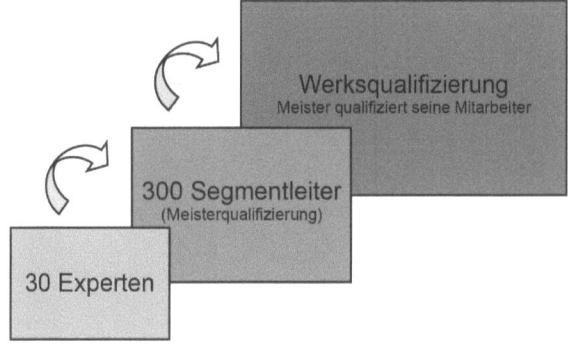

10.5   Ausblick

Es verwundert niemanden, dass ein solcher Artikel von einem HR-Verantwortlichen kommt. Personaler sind ja ohnehin verdächtig, Krisen zu mögen. Nicht weil sie gerne unter wirtschaftlich schwierigen Umständen leben oder gar gerne entlassen würden, sondern weil sie erstens das Know-how haben, wie man Entlassungen vermeidet, und weil sie zweitens nicht ständig erklären müssen, warum sie eigentlich auf der Welt sind. Die Erklärungsversuche aus guten Zeiten, mit welchen Maßnahmen der Human Capital Index um fünf Prozentpunkte zu steigern sei, verblassen, wenn der Personalbereich in der Lage war, schon innerhalb der ersten sechs Wochen die Personalkosten um 15 Prozent weltweit zu senken. Aber im Ernst: Die sogenannten „guten Zeiten" klopfen vor dem Hintergrund des demografischen Wandels bereits an die Tür. Und dieser demografische Wandel ist kein zentraleuropäisches Phänomen: Im Februar 2010 hat die Anzahl der Sterbefälle in der Türkei erstmalig die Anzahl der Geburten überstiegen. In den Boom-Regionen Asiens ist vor dem Hintergrund des dortigen Wirtschaftswachstums die Schicht der in globalen Managementtechniken ausgebildeten Fach- und Führungskräfte schon heute viel zu dünn. Ich wage die Vorausschau, dass dieser Mangel das interne Wachstum der Boom-Regionen begrenzen wird. Die in freiheitlichen Systemen aufgewachsenen und ausgebildeten Managementkapazitäten werden hier unterstützen können und in der Tendenz zu einem zusätzlichen Abfluss von Personalkapazitäten aus den reifen Ökonomien führen. Gut, wenn ein Unternehmen in vorangegangenen Krisen seine Innovationskraft stärken konnte. Wenn noch nicht in der aktuellen Wirtschaftskrise, so ist es nicht zu spät. Die nächste Prüfung – so viel ist bei aller Ungewissheit sicher – steht dem unternehmerischen Alltag unmittelbar bevor.

11 Innovation durch ein modernes Personalmanagement

Michael Kramer

Innovation ist der wesentliche Treiber eines nachhaltigen Unternehmenswachstums. Wer mit innovativen Produkten, Dienstleistungen und/oder Prozessen nahezu unangreifbare Alleinstellungsmerkmale geschaffen hat, kann davon nicht nur in stabilen, sondern auch in labilen Konjunkturphasen profitieren.

Gerade in konjunkturellen Schwächephasen eröffnen sich innovativen Unternehmen besondere Marktchancen. Wettbewerber mit austauschbaren Produkten und Lösungen geraten dagegen gefährlich ins Trudeln. Mit Einsetzen der konjunkturellen Erholung ziehen die „Innovativen" an denjenigen Unternehmen vorbei, die „schlichtweg" um die Existenz kämpfen müssen und/oder denen die finanziellen und zeitlichen Ressourcen für das Innovationsmanagement fehlen.

> Sind damit schon automatisch die Unternehmen langfristig auf der sicheren Seite, die eine klar definierte Innovationsstrategie konsequent und auch antizyklisch verfolgen? Die Antwort liegt auf der Hand: Ja! Aber auch hier gilt: Wie es geht, wissen viele. Die Erfolgreichen zeichnen sich dadurch aus, dass sie es auch besser machen.

Kreative Ideen für die Weiterentwicklung des Geschäfts entstehen in erster Linie in den Köpfen der Mitarbeiter. Erst danach folgen Kunden, Lieferanten und/oder Forschungseinrichtungen. Wollen Unternehmen das Produktportfolio technologisch weiterentwickeln oder mit den technologischen Entwicklungen Schritt halten, stellen sich automatisch Fragen der personalpolitischen Umsetzung, wie zum Beispiel:

- Reichen die vorhandenen Mitarbeiter-Kompetenzen aus, um innovativ zu sein?
- Wie müssen Fach- und Führungskräfte weiterentwickelt werden, um auch zukünftig innovativ zu sein?
- Welche Kompetenzen müssen zusätzlich über die Talent-Märkte rekrutiert werden?
- Wie kann die Unternehmenskultur innovationsfördernd ausgerichtet werden?
- Wie muss das Human Resources Management aufgestellt sein, um die Umsetzung der Innovationsziele unterstützen zu können?

Derartige Fragestellungen im Zusammenhang mit der Umsetzung von Innovationsstrategien sind ja nicht neu. Jedoch haben die Globalisierung der Wirtschaft und der gesellschaftliche Wandel auf vielen Märkten die Wettbewerbsbedingungen extrem verschärft. Wer sich beispielsweise als „First Mover" oder „First Follower" positioniert hat, steht im Markt unter permanentem Innovationsdruck. In kurzen Zyklen müssen erfolgsträchtige Produkte entwickelt und vermarktet werden. Was dann zählt, ist ein schneller „Return on Invention" innerhalb einer kurzen „Time-to-Cash-Spanne". In vielen Märkten wird mit hohem Tempo das Produktportfolio alle zwei bis drei Jahre neu erfunden. Diesem extremen Marktdruck muss auch das Human Resources Management Rechnung tragen und sich entsprechend aufstellen. So ergeben sich gerade bei Knappheiten auf den Talent-Märkten besondere Herausforderungen für die Personalbeschaffung. Um beispielsweise den „permanenten Hunger" der Forschungs- und Entwicklungsbereiche nach hochqualifizierten (Jung-)Ingenieuren schnell und zuverlässig stillen zu können, reichen die üblichen Instrumente und Maßnahmen des Human Resources Managements nicht mehr aus. Vielfach sind neue, innovative Wege zu beschreiten, um die Innovatoren von morgen zu erreichen und zu gewinnen. Dazu zählen beispielsweise der konsequente Aufbau einer echten Arbeitgebermarke (Employer Branding) oder die Einführung neuer, effektiver Prozesse in der Rekrutierung.

Was aber, wenn Ideen im Unternehmen eher zufällig entstehen und dann sehr aufwändig den „langen Marsch" durch eine Silo-Organisation mit ausgeprägten Bereichsegoismen antreten müssen? Welche Chance hat dann noch die Innovation, jemals das „Licht des Marktes" zu sehen? Oder: Was, wenn ein „kreativer Geist", der voller Tatendrang Ideen entwickeln und umsetzen will, auf eine Organisation stößt, die nur angepasstes Verhalten zulässt und mit Aufstieg belohnt? Wie lang wird der Betreffende noch in dem Unternehmen bleiben? Wie vielen seiner Kontakte aus seinem persönlichen „XING-Netzwerk" wird er von seinen Erfahrungen berichten?

„Thinking out of the box" ist eine Fähigkeit, die nicht viele Menschen besitzen, die aber gefragt ist, wenn es darum geht, „zündende Ideen" zu entwickeln. Paart sich diese noch mit der Eigenschaft, Menschen für neue Ideen begeistern zu können, steht zunächst der internen Durchsetzung von Innovationen nicht mehr viel im Weg. Stimmen dann noch die Prozesse im Innovationsmanagement, sind die Voraussetzungen für die Generierung von Innovationsgewinnen vorhanden.

> Innovationen entstehen aus dem konzertanten Zusammenspiel von Kreativität und systematischer Umsetzung. Dieser Spagat macht vielen Unternehmen zu schaffen. Standardisierte Prozesse und Abläufe, wie sie häufig in den Bereichen Supply Chain Management oder Produktion zu finden sind, sind viel einfacher zu kontrollieren und zu steuern als unstrukturierte Prozesse in den Bereichen Kreativität, Ideenfindung und -bewertung.

Ansatzpunkte für die personalpolitische Umsetzung von Innovationsstrategien gibt es viele. Reicht es in dem einen Fall bereits aus, Ideenfindungen über Workshops, Teambuilding oder Gewährung von kreativen Freiräumen zu aktivieren, so bedarf es in komplexeren Organisationen regelrechter Programme für die Entwicklung einer innovationsfördernden Unternehmenskultur sowie der sie unterstützenden Strukturen.

Unsere Umfragen (Steinbach, 2010) sowie Beratungserfahrungen zeigen, auf welchen Feldern innovative Unternehmen auf ein starkes Human Resources Management bauen, um nachhaltig innovativ zu sein. Innovative Unternehmen …

■ haben Innovationen als integralen Bestandteil der Unternehmensstrategie klar definiert und im Human Resources Management fest verankert;

■ haben überzeugende Vorteile in der Herausbildung eines akquisitorischen Arbeitgeber-image (Employer Branding);

■ identifizieren kreative Köpfe mit spezifischen HR-Instrumenten;

■ gewinnen trotz bio- und demografischer Knappheiten auf den Arbeitsmärkten kreative Köpfe und Talente;

■ setzen auf internes Unternehmertum/Entrepreneurship;

■ optimieren permanent Strukturen und Abläufe für ein schnelles „Time to Market" bzw. „Time to Cash";

■ binden und entwickeln kluge Köpfe mit ausgefeilten HR-Programmen;

■ gleichen regelmäßig Personalplanung mit dem Personal-Portfolio ab;

■ setzen die richtigen Anreize und vergüten innovationsförderndes Verhalten;

■ verzahnen betriebliche Aus- und Weiterbildung mit dem Innovationsmanagement;

… hören nie auf, innovativ zu denken und zu handeln.

Zusammengefasst sind es organisatorische und vor allem aber personelle Faktoren, die helfen, Innovationsstrategien nachhaltig erfolgreich umzusetzen. Dies ist zunächst das Pflichtprogramm. Die Kür liegt nun darin, die oben genannten Erfolgsfaktoren konzertant aufeinander abzustimmen und dann auch konsequent umzusetzen. Voraussetzung dafür ist ein unternehmensweit legitimiertes und akzeptiertes Personalmanagement mit einer klaren Ableitung aus der Unternehmensstrategie.

11.1   Die erstarkte Rolle des Human Resources Managements

In der Praxis aber zeigt sich allzu häufig ein anderes Bild. Gerade in den vielfach verbreite-ten „Silo-Organisationen" arbeiten funktionale Bereiche bzw. Geschäftsbereiche unkoordi-niert nebeneinander her. Strategische Problemstellungen werden weder bereichsübergrei-fend bearbeitet noch Lösungen aus einem Guss auch bereichsübergreifend umgesetzt. Paart sich dies noch mit einer reaktiven Rolle des Personalwesens, einhergehend mit einer Fokus-sierung auf operative und Service-Aufgaben, können Innovationsstrategien weder entwi-ckelt noch personalpolitisch effektiv umgesetzt werden.

Erfolgreiche Unternehmen statten ihr Human Resources Management mit der notwendigen Governance- und Richtlinienkompetenz unternehmensweit aus. Hiernach nimmt der Perso-nalmanager die Rolle eines Business-Partners ein, der auf „Augenhöhe" mit dem Manage-ment substanzielle Beiträge zum Innovationsmanagement leisten soll.

Sie steuern Personalplanung, -beschaffung und -entwicklung von Schlüsselkräften über ein Personal-Portfolio, aufgespannt über die Dimensionen Potenzial und Performance. Voraussetzung für die Aufstellung eines Personal-Portfolios ist natürlich, dass im Unternehmen die entsprechenden Tools und Instrumente vorhanden sind. In einer aggregierten High-Level-Betrachtung kann so das Leistungsvermögen der Organisation schnell visualisiert und beurteilt werden (Ist-Portfolio). Steuernde Maßnahmen für die Erreichung eines ausgewogenen Portfolios (Soll-Portfolio) können auf diese Weise exakt definiert und umgesetzt werden.

Abbildung 11.1: Personal-Portfolio

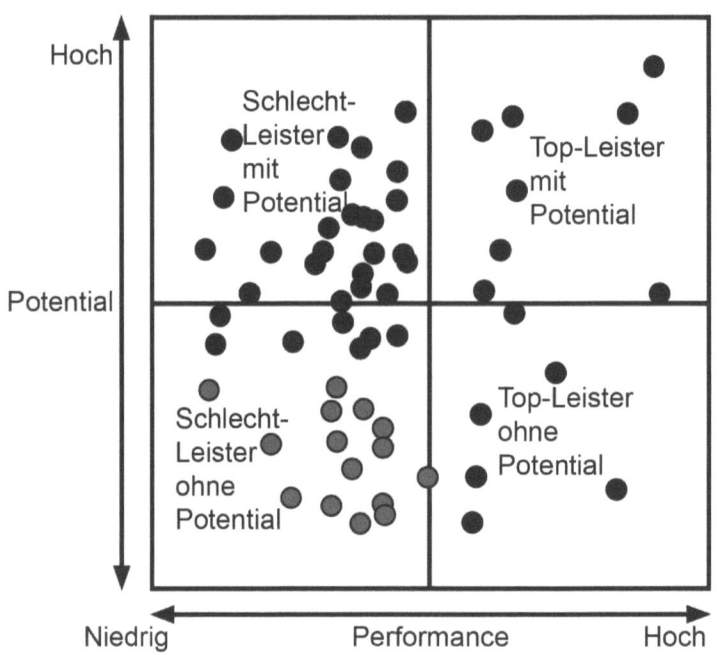

Besonders die Schlüsselfunktionen, die mit der Entwicklung, Entstehung und Vermarktung von Innovationen befasst sind, sollten in einem separaten „Innovatoren-Portfolio" abgebildet werden, um so noch zielgerichtetere Personalmaßnahmen initiieren zu können. Allerdings ist darauf zu achten, dass hieraus keine „Sonderbehandlungen" resultieren, die zu einer Sonderstellung der betreffenden Funktionen im Unternehmen führen. Gerade Unterschiede in der Vergütungspolitik würden intern schnell die Runde machen und zu meist irreparablem Unfrieden führen. Gemeint sind vielmehr Aus- und Weiterbildungsmaßnahmen, die die Umsetzung der gesteckten Innovationsziele unterstützen. Fehlende Kompetenzen können so entwickelt werden. Reichen diese weder quantitativ noch qualitativ aus, müssen sie über die Talent-Märkte rekrutiert werden.

11.2 Herausforderung: War for Young Talents

Vorteile in der Ansprache und Gewinnung von (jungen) Talenten haben vor allem die Unternehmen, die glaubhaft und auch belegbar nachweisen können, dass Innovationen den treibenden Erfolgsfaktor der Unternehmensstrategie ausmachen. Wem es dann noch gelingt, über geeignete Maßnahmen von Öffentlichkeitsarbeit und Unternehmenskommunikation hieraus ein entsprechend positives Arbeitgeberimage bis hin zur Kreierung einer Arbeitgebermarke (Employer Branding) dauerhaft aufzubauen, generiert hieraus wichtige akquisitorische Potenziale im „Kampf um die Besten".

> Diese Herausforderung stellt sich erst recht im Zusammenhang mit dem sogenannten demografischen Wandel: Rückläufige Geburtenraten, wachsende Lebenserwartungen oder späte Eintritte verbunden mit frühen Austritten aus dem Erwerbsleben bedeuten einerseits eine Zunahme „grauer Belegschaften", andererseits aber auch eine Verschärfung des sogenannten War for Young Talents.

Mit Szenarien und Simulationen können jedoch differente Annahmen über die Wirkungen des demografischen Wandels auf das Personal-Portfolio abgebildet und bewertet werden. Wenn beispielsweise anzunehmen ist, dass sich die demografische Situation des Unternehmens, gerade im Segment der jungen Talente, im Zeitverlauf permanent verschlechtern bzw. verknappen wird, sind die Personalbeschaffungs- und entwicklungsmaßnahmen entsprechend zu gestalten. Aber auch hier gilt es, vorhandene Vorteile als Arbeitgeber glaubwürdig und vertrauensbildend einzusetzen.

Die Glaubwürdigkeit steigt, wenn den Worten auch die Taten folgen. So wird die erfolgreiche Teilnahme an Assessment-Verfahren, wie „Great Places to Work" oder „Top-Arbeitgeber", mit den jeweiligen Gütesiegeln und Zertifikaten der Emittenten belohnt, die dann regelmäßig die externen Stellenausschreibungen der Unternehmen zieren.

Bis es soweit ist, durchlaufen die teilnehmenden Unternehmen aber noch einen aufwändigen Prozess, der nicht nur das Selbstbild des Unternehmens, sondern gewissermaßen auch das Fremdbild der Mitarbeiter aufnimmt. Dabei wird das Feedback der Belegschaft zu Fragestellungen nach der Unternehmenskultur, der internen Kommunikation, der Sichtbarkeit der Führung, der Gerechtigkeit von Vergütungen, der Aus- und Weiterbildungsmöglichkeiten oder auch zu Aufstieg und Karriere aufgenommen und ausgewertet. Die in einem Index-Wert aggregierten Beurteilungen werden dann in Ranking-Listen periodisch veröffentlicht. Gerade für Young Professionals bieten sie eine gute Orientierung bei der Wahl des zukünftigen Arbeitgebers. Gezielte Mehr-Kanal-Kommunikation wie Mund-zu-Mund-Propaganda und/oder Kommunikation über soziale Netzwerke können ebenfalls zum Aufbau eines positiven Arbeitgeberimage beitragen.

Dass das Aufbauen von anziehungsstarken Arbeitgebermarken, hier sei nicht nur Audi oder Google erwähnt, die regelmäßig die Top-Rankings anführen, keineswegs allein eine Domäne von Großunternehmen ist, liegt auf der Hand. Schon längst setzt auch der „Deutsche Mittelstand" auf die Strahlkraft von starken Arbeitgebermarken, um vor allem auch jenseits der Ballungsräume im Top-Talent-Recruiting mithalten zu können. Wer auf Innovationen setzt, braucht einen steten Zufluss von Top-Talenten, um ehrgeizige Wachstums- und Innovationsziele überhaupt erreichen zu können.

> Trotz des Hypes um Top-Arbeitgeber-Rankings darf nicht darüber hinweggetäuscht werden, dass der untrüglichste Gradmesser für Innovationsfähigkeit und -erfolg immer noch der Markt ist. Der Markt selektiert geradezu unbarmherzig und gnadenlos diejenigen Unternehmen aus, denen es nicht gelingt, aus Sicht der Kunden innovative Lösungen und Produkte anzubieten, und zwar permanent.

Wie groß dann die Kluft zwischen erfolgreichen und weniger erfolgreichen Unternehmen sein kann, zeigt sich beispielhaft an dem Kriterium Höhe und Zusammensetzung von Vergütungspaketen. Erfahrungen zeigen, dass die überragende finanzielle Performance erfolgreicher Unternehmen sich in bis zu 20 Prozent höheren Vergütungspaketen von Fach- und Führungskräften niederschlagen kann. Wenn dann noch zwischen guter und sehr guter Performance ausreichend finanziell differenziert wird, ist eine der Voraussetzungen im Top-Performer-Recruiting erfüllt. Markt- und leistungsgerechte Vergütungen rangieren als „Attracting-Factor" in der Gewinnung von Young Professionals allerdings nur auf Platz sechs.

Entscheidender sind dagegen „herausfordernde Aufgabe", „gutes Klima", „klare Karrierewege", „fairer Vorgesetzter" oder „spannende, emotional aufgeladene Produkte". So antworten Jungingenieure „beim Daimler" auf die Frage, welche Produkte aus dem Mercedes-Programm besonders begehrenswert sind, unisono mit „AMG", der schon kultisch verehrten Tuning-Marke von Mercedes-Benz.

Welchen Aufwand Unternehmen heute betreiben, um gute Kandidaten zu gewinnen, wird besonders in der Anbahnungsphase deutlich. Wer sich als Innovationsführer positioniert hat, sollte auch im Bewerbermanagement alle Register ziehen, um diesem Anspruch gerecht zu werden. Dies fängt bereits mit einem gut funktionierenden Workflow an. Wird der Bewerbungseingang meistens noch zeitnah bestätigt, können bereits erste Irritationen bei der Statusverfolgung einer Bewerbung auftreten. Allzu oft vagabundieren Curricula vitae durch das Unternehmensnetzwerk, ohne dass der betreffende Ansprechpartner im Personalbereich dem Bewerber eine befriedigende Auskunft über den aktuellen Bearbeitungsstand geben kann.

Nicht weniger peinlich ist es, wenn Bewerber die Auswahlgespräche als nicht sehr konzentriert erleben, weil Ansprechpartner verstohlen ihre Posteingänge über Blackberry bearbeiten oder den Raum für einen kurzen Augenblick verlassen, um auf wichtige Anrufe reagieren zu können. Unternehmen mit einem professionellen Bewerbermanagement, und zwar verstanden als umfassendes Management aller notwendigen Informations-, Kommunikations- und Entscheidungsprozesse in der Schnittstelle Bewerber und Unternehmen, übertreffen bereits in der Anbahnungsphase die Erwartungen der Bewerber, indem sie mit reibungslosen Abläufen punkten und dem Bewerber in den Auswahlgesprächen die volle Aufmerksamkeit schenken. Denn bereits hier werden – oft unterschwellig – Elemente der Unternehmenskultur und auch -politik transportiert. Geradezu kontraproduktiv wäre es, wenn der Bewerber den Eindruck gewinnt, eine laufende Nummer in einem durch-rationalisierten „Massenabfertigungsverfahren" zu sein.

Unternehmen, die der Auswahl der zukünftigen Talente ihre volle Aufmerksamkeit schen-ken, gestalten diesen Prozess derart, dass möglichst viele Kontaktpunkte zwischen Unter-nehmen und Bewerber liegen. So lernen die jungen Talente im Zuge von Firmen- bzw. Ar-beitsplatzbesichtigung ihre zukünftigen Kollegen kennen. Sie nehmen vor Ort die Arbeits-bedingungen auf, erfahren einiges über das Abteilungsklima und erhalten erste Eindrücke von dem zukünftigen Arbeitsplatz und den Aufgaben. Fach- und disziplinarische Vorge-setzte erklären den Charakter und Zweck der Stelle innerhalb der Organisation und formu-lieren genau Leistungserwartungen und Zielsetzungen.

Darüber hinaus wird durch strukturierte Interviews und Assessments die Eignung des Kandidaten für die Stelle evaluiert. Idealerweise werden über High Potential Assessments die grundliegenden Persönlichkeitseigenschaften, Werte und Motive aufgenommen, um so das aus den Interviews gewonnene Bild abzurunden und zu validieren.

Es empfiehlt sich, gerade bei der Auswahl „kluger Köpfe" nicht auf Standardverfahren zurückzugreifen, sondern einmal alternative Wege zu gehen. Vielfach treffen Unternehmen heute Auswahl- und Besetzungsentscheidungen auf Basis standardisierter Kompetenz-Modelle. Über ein Set von vordefinierten, unternehmensspezifischen Beurteilungskriterien, üblicherweise erfolgskritische Soft Skills, wird der „Match" zwischen Stelle und Kandidat abgeprüft. Es ist naheliegend, dass auf diese Weise die Querdenker unter den Kandidaten durch das Beurteilungsraster fallen. Diese punkten möglicherweise mit Persönlichkeitsei-genschaften, die in den Kompetenz-Modellen nicht abgebildet, für das Innovationsmana-gement aber entscheidend sind.

11.3   Spitzen- und Breitenförderung

Im Rahmen eines systematischen Ansatzes wird im Unternehmen zunächst definiert, was ein Talent ist, und zwar differenziert nach Stellenfamilien wie Vertrieb, Forschung und Entwicklung oder Produktmanagement. Schon innerhalb eines Unternehmens können hier-zu unterschiedliche Begriffsfassungen vorhanden sein. In einem zweiten Schritt wird dann das dazugehörige Rollen- und Persönlichkeitsprofil definiert hinsichtlich fachlicher und sozialer Kompetenzen. Sind im Unternehmen Assessment-Tools nicht etabliert, kann auch über eine summarische Einschätzung der Führungskräfte ein „Matching" durchgeführt und die Liste der Talente aufgestellt werden. Sollen dann noch die „Innovatoren" unter den Talenten selektiert werden, kann dies exemplarisch auf Basis folgender Persönlichkeitsei-genschaften geschehen:

Tabelle 11.1:   Innovatoren-Filter: Persönlichkeitseigenschaften

Dimension	Beschreibung
Ehrgeiz	Ausmaß für das Streben nach beruflichem Erfolg
Sozialverhalten	Ausmaß für das Gefallen am sozialen Austausch
Wissbegierde	Ausmaß für die Neugierde an neuen Dingen
Lernen	Ausmaß für das Interesse an Weiterbildung

Quelle: In Anlehnung an Hogan Assessments, www.hoganassessments.com

Wer mit hohen Werten bei diesen ausgewählten Dimensionen der Persönlichkeit punktet, sollte auf dem Senior-Level in der Lage sein, zündende Ideen zu entwickeln, bereichsübergreifende Teams (fachlich) zu führen, die Entwicklung neuer Produkte voranzutreiben und das Top Management von der Erfolgsträchtigkeit der Projekte überzeugen zu können.

Während das Talent Management gewissermaßen auf die Spitzenförderung setzt, um in einer personellen und organisatorischen Sonderstellung der Innovatoren den „großen Wurf" zu machen, geht es dagegen in der Breitenförderung darum, die Menschen zu ermutigen, Ideen zu entwickeln und sich in kreative Prozesse einzubringen, die nicht im „Rampenlicht" stehen. Es sind die gut ausgebildeten Facharbeiter, die fachlich und persönlich in Academy-Programmen geschult, schon fast unscheinbar an der Verbesserung von internen Abläufen arbeiten oder Produkte innovativ weiterentwickeln.

Welche Strategie soll nun verfolgt werden? Spitzen- und Breitenförderung oder Spitzen- vor Breitenförderung? An dieser Stelle geht es nicht, wie beispielsweise im Kontext der Begabtenförderung, um Fragen der Chancengleichheit, sondern schlichtweg um die Erhöhung der Chancen auf innovative Produkte und Prozesse. Werden von den Top-Innovatoren bei Apple Produkte erwartet, die Blockbuster-Qualitäten haben (ipod, iphone oder jetzt ipad), ergeben sich – in Abhängigkeit von der Branche und dem Wettbewerbsumfeld – grundsätzlich unterschiedliche Anforderungen an die Entwicklung und Vermarktung von Innovationen.

Wer den „großen Wurf plant" oder „alles auf eine Karte setzt", muss zunächst auch finanziell in der Lage sein, Durststrecken oder Rückschläge verkraften zu können. In einer derartigen Ausgangssituation, die vielfach charakteristisch für den Bereich der Fast Moving Consumer Products ist, sind Innovatoren gefragt, die sich schnell und durchsetzungsstark, auch ohne formale Linienkompetenz, Zugang zu finanziellen und funktionalen Ressourcen verschaffen können, um so Ideen durch die Organisation in den Markt zu treiben.

Verlangt der Markt dagegen eher nach einer evolutionären Produktentwicklung – dies ist beispielsweise im Bereich langlebiger Investitionsgüter der Fall –, ist eine extreme „Visibility" oder eine exponierte Stellung der Innovatoren im Unternehmen weniger gefragt.

Gerade im Mittelstand ist der Unternehmer in Personalunion immer noch der maßgebliche Innovator. Aufgrund seiner Markt- und Kundenkenntnisse sowie seiner Letztentscheidungskompetenz kann er sehr schnell Neuproduktideen umsetzen und zur Marktreife bringen. Dies veranlasste einen bekannten Unternehmer einmal zu fragen, warum sein Produktmanagement nicht in der Lage ist, neue Produkte zu entwickeln und in den Markt zu bringen. Wie bereits erwähnt, dies hat auch etwas mit Führung und Förderung zu tun!

In den Fällen, in denen Innovationsmanagement auf eine breitere Basis gestellt ist, kommen sowohl Spitzen- als auch Breitenförderungen zum Zuge. Es kommt letztlich auf das konzertante Zusammenspiel aus Spitzen- und Breitenförderung an, wobei Spitzenförderung eher auf den „großen Wurf" („top line"), Breitenförderung eher auf inkrementelle Verbesserungen („bottom line") setzt. Beides zusammen macht dann den Innovationserfolg aus.

Welche Rahmenbedingungen brauchen nun Spitzen- und Breitenförderungen, um die Umsetzung der Innovationsstrategie unterstützen zu können? Hier gibt es zwei Ansatzpunkte. Zum einen sollte das Human Resources Management wesentliche Beiträge für den Aufbau einer innovationsfördernden Unternehmenskultur leisten, zum anderen sollten Instrumente zur Verfügung gestellt werden, die innovatives Verhalten entwickeln und belohnen.

Unserer jüngsten Umfrage zufolge, kann in Unternehmen ein innovationsförderndes Klima durch folgende Faktoren aufgebaut werden:

- Schaffen eines kreativen Umfelds (Campus mit Grünflächen, Lounge-Bereiche etc.)

- Ständige Weiterbildung der Mitarbeiter

- Schaffen kreativer Freiräume

- Förderung der bereichsübergreifenden Zusammenarbeit

- Verbesserung der internen Kommunikation

- Mentoren-Modell zur persönlichen Unterstützung der „Innovatoren"

- Zulassen von Fehlern

- Offene Feedback-Kultur

- Mit dagegen wenigen Nennungen: Ausloben von Prämien

In konjunkturell labilen Zeiten sparen Unternehmen schon fast reflexartig bei den Ausgaben für Aus- und Weiterbildung. Programme für die Entwicklung von Talenten und Schlüsselkräften werden dann „schnell mal auf Eis gelegt", und zwar oftmals gepaart mit dem Versprechen, bei Wiederanspringen der Konjunktur Budgetmittel sofort wieder freizugeben. Im gleichen Atemzug werden dann aber Gelder für Maßnahmen bereitgestellt, deren Sinnhaftigkeit sich nicht mal einmehr auf den zweiten Blick erschließen lässt. Dazu zählen bei-spielsweise Outdoor-Events im Hochseilgarten oder Pferde-Coaching für Führungskräfte.

Im Zuge des Aufbaus bzw. der Weiterentwicklung der weiteren Qualifizierung von Talen-ten und Schlüsselkräften spielen erfahrungsgemäß folgende Gestaltungsparameter eine Rolle:

■ Nicht „Gießkanne", sondern gezielte Förderung individueller Entwicklungsfelder

■ Zielgruppenspezifischer, modularer Aufbau der Programme (Curriculum-Struktur)

■ Ableitung von Maßnahmen aus strategischen Prioritäten

■ Förderung des bereichsübergreifenden Denkens und Handelns

■ Stärkung interkultureller Kompetenzen

■ Networking-Plattform auf internationaler Ebene

Maßnahmen der Mitarbeiterqualifizierung, also Spitzen- und Breitenförderung, werden heute immer häufiger gebündelt und institutionalisiert. Auf diese Weise können zum einen operative Synergien erschlossen, zum anderen aber auch Elemente der Unternehmenskultur transportiert werden. Dann erhalten sie auch ein eigenes Branding. Derartige Einrichtungen heißen dann Academy, Campus, Center of Excellence, Corporate University, Talent Arena oder Trainingscenter. In vielen Fällen werden an diesen Orten auch Schulungen und Trai-nings für Kunden durchgeführt, was wiederum auch die Erreichung von Networking- und Client-Relationship-Zielen unterstützt.

Welche Instrumente können nun zur Verfügung gestellt werden, die innovatives Verhalten belohnen? Abgesehen von Prämierungen aus dem betrieblichen Vorschlagswesen, rangieren monetäre Anreize im Zusammenhang mit Kreativität eher auf mittleren Plätzen. Auch wenn Unternehmen eher mittelbar „Erfindergeist", Kreativität oder Innovation monetär fördern, etwa durch Zuschüsse zur Höherqualifizierung (Meister- oder MBA-Ausbildung), können in einem ausgeklügelten Steuerungs- und Anreizsystem noch Potenziale für innovations-förderndes Verhalten stecken.

Das Prinzip „Verhalten zu Geld machen" muss aber sehr umsichtig eingeführt werden. Personalverantwortliche müssen hier genau abwägen, welche Auswirkungen dies auf Kultur, Zusammenarbeit, Lernen, Teilen von Wissen und technisch auf die Gehaltsstruk-turen im Unternehmen haben könnte.

Dabei zeigt die Praxis, dass viel zu selten Steuerungs- und Anreizsysteme aus einem Guss entwickelt, eingeführt und in regelmäßigen Zeitabständen nachjustiert werden. Woran mag dies liegen? Vielfach fehlt einfach die richtige Abstimmung mit den bereits vorhandenen Vergütungskomponenten. Auf Vorhandenes wird meistens noch on top eine Komponente für innovatives Verhalten aufgesetzt. Dadurch kann es zu divergierenden Verhaltenserwar-tungen kommen. Auf der einen Seite wird Produktivität, auf der anderen Seite wird Kreati-vität erwartet. Wer setzt bei gleicher Zielgewichtung dann die Prioritäten?

Das Neue zu gestalten, ohne das Vorhandene auf den Prüfstand zu stellen, funktioniert nicht. Ansatzpunkt ist das Vergütungssystem mit den verbundenen Ziel- und Steuerungsgrößen. Folgende Fragestellungen geben Hinweise auf die Zukunftsfähigkeit der Steuerungsinstrumente:

Tabelle 11.2:   Vergütungssystem auf dem Prüfstand

Dimension	Fragestellungen
Konformität	Setzt das Vergütungssystem die Unternehmensstrategie und die abgeleitete Innovationsstrategie richtig um?
Effektivität	Wie wirken die definierten Ziel- und Steuerungsgrößen auf die Erreichung zentraler Unternehmens- und Innovationsziele?
Konsistenz	Sind die Ziele horizontal und auch vertikal aufeinander abgestimmt?
Funktionsorientierung	Werden Ziele vereinbart, die im Rahmen der Kompetenzen der Mitarbeiter liegen?
Erfolgsorientierung	Wird mit dem Bonus das Gehen der Extra-Meile belohnt?
Akzeptanz	Werden Zielvereinbarungen konsequent als Führungsinstrument eingesetzt? Werden Zielerreichungen auch unterjährig stringent verfolgt?

Vielfach stellen wir in der Beratungspraxis jedoch fest, dass Unternehmen ihre Hausaufgaben erst noch machen müssen. Dies fängt schon bei der Festlegung der Höhe und Zusammensetzung der Vergütungen an. Wenn, wie beispielsweise bei IT-Führungskräften, eine hohe Eigenverantwortung, gepaart mit herausfordernden Zielsetzungen signifikant monetär belohnt werden soll, dann muss dies auch im „Pay-Mix", also der Relation von fixen zu variablen Gehaltsbestandteilen, zum Ausdruck kommen. Die Verantwortung für mehrstellige IT-Budgets, gekoppelt an „sportliche" Innovationsziele sollte bei voller Zielerreichung mit deutlich mehr als 15 Prozent variabel, bezogen auf das Gesamtgehalt, belohnt werden.

Köpfe setzen Strategien um, Systeme können nur die Voraussetzungen schaffen, und zwar dadurch, dass sie Klarheit über die gewünschten Verhaltenserwartungen schaffen.

11.4   Ausblick

Dass die gegenwärtige konjunkturelle Situation Unternehmen weiter zu Innovationen an-
treibt, kann auch in dem Buch der Autoren David Rhodes und Daniel Stelter (2010), beide
Partner der Boston Consulting Group, nachgelesen werden. Es trägt den Titel: „Accelerating
Out of the Great Recession" mit dem bezeichnenden Untertitel: „How to Win in a Slow-
Growth Economy".

Erfolgreiches Innovationsmanagement hängt zum einen von kreativen Köpfen, zum anderen aber ganz entscheidend von der professionellen Unterstützung durch das Human Resources Management ab. Aus unserer Sicht können Unternehmen nur gewinnen, wenn sie
im Innovationsmanagement den Personalbereich mit seinen strategischen Kompetenzen
„auf Augenhöhe" beteiligen.

Literatur

HOGAN ASSESSMENTS.
RHODES, D. / STELTER, D. (2010): The Vicious Circle to Slower Growth, in: Rhodes, D. / Stelter, D. (Hrsg.):
     Accelerating out of the Great Recession, New York, S. 70.
STEINBACH & PARTNER (2010): Quick Poll 01/2010.
X-ING.

Demografie-Management

12 Innovative Human-Resources-Instruments and Tools to Meet the Challenges of the Demographic Change at European Airports

Theresa Fleidl

12.1 Introduction

Demographic change is a phenomena visible especially in western European countries and it means, in short the reversal of the population pyramid: the number of people over 50 is growing, while the younger generation, people up to 40 years get less. The pyramid that shows the age structure of the population is going to stand on its peak instead of having a broad and stable base. That this situation is not a really comfortable one is visible also in the picture of the pyramid without a base. Especially companies have to care for a possible danger potential coming from this situation.

This was the starting point for the project EncourAGE: "EncourAGE" is derived from the verb **"to encourage"**. Companies are supposed to be encouraged to utilise the valuable workforce of very experienced senior employees. Elderly employees themselves should be encouraged to be aware of the benefits they can bring to their employing companies. The project name already expresses one of the main attitudes that we are trying to express to find appropriate solutions for this challenge: we are facing an real AGE problem and the best way to go for a solution is to encourage ourselves and the whole company that good solutions can be found!

12.2 The project „EncourAGE"

Figure 12.1:   Logo "EncourAge"

Initial situation

A survey among member airports of the Airport HR-Net Europe, a group of HR executives and experts of European Airports, showed that most of the airports are well prepared in terms of health management and the analysis of key data that are of interest for the issue of demographic change (e.g. age structure, absenteeism rates).

On the other hand the majority of the participating airports have not yet developed and implemented strategies and measures in order to be able to cope sufficiently with the impacts of the demographic development.

Foresight is missing:

- The issue of demographic change has been of importance for only half of the participating airports.
- The majority of participants have a well established health management.
- Career development for elderly employees has not yet played an important role at 75% of the participating airports.
- Only 25% offer special working (place) conditions for elderly employees.
- One third of the airports build age-mixed teams as a measure to ensure a transfer of knowledge.
- For most of the participating airport the "war for talents" has not yet been of relevance.

Need for action and airport specifics

In order to ensure economic growth, efficiency and competitiveness in the future, employers increasingly will have to promote the workability, performance and motivation of their ageing workforce.

Airport specifics:

- Global competition affects the airport industry very much. New economic and legal requirements have to be fulfilled very quickly.
- In order to meet the requirements of the branch, training plays an important role.
- There are many highly specified jobs in the aviation branch. Highly qualified staff cannot be replaced easily.
- The aviation branch is a service-oriented and therefore personnel intensive branch.
- A great percentage of staff works in operations, which includes physically challenging working areas (e.g. loaders, fire fighters, security experts).

Only a balanced work force of younger and older employees will be able to meet the rapidly changing challenges of global competition.

Therefore a working group of HR-experts of the Airport HR-Net Europe member airports and of associated companies and institutions set up a project called "EncourAGE".

Project partners

Figure 12.2:   Project partners

The partners defined **four main fields of action** for the Human Resources management of their companies to work on:

1. Raising awareness

The awareness towards the consequences of the demographic development has to be increased. Corporate culture and strategy have to be in line with coming demands and changes.

2. Career management

Life-phase oriented career opportunities have to be provided, in order to promote the employees' performance and to implement an efficient succession planning.

3. Transfer of knowledge

In order to prevent know-how gaps due to qualified staff leaving the company, ways of how to transfer knowledge and how to implement a successful knowledge management have to be considered.

4. Working conditions

The workability of all employees has to be ensured. Therefore a good working atmosphere, health promoting measures and age appropriate work places should be provided.

Figure 12.3:	The EU educational programme "Leonardo da Vinci" supported by EncourAge

Education and Culture

Leonardo da Vinci
Pilot projects

EncourAGE was supported as a pilot project by the European educational and cultural programme "Leonardo da Vinci".

12.3 Objective: A handbook for Human Resources experts

The working group decided to develop, exchange and collect innovative instruments and tools for the HR management that should help to implement an efficient age management. In order to share experiences and material with other companies, mainly, but not necessarily of the aviation branch, a handbook for HR-experts was created.

According to the above-mentioned fields of action, a handbook has been developed that contains a chapter on raising awareness and three modules. It also offers a bunch of best practice examples, different materials and information.

Following a short introduction to the handbook and to each module and best-practice examples are given.

12.4 Raising awareness

For a company a successful age management is not only a question of having knowledge about the issue of demographic change or of being able to apply appropriate HR instruments and tools on time. It is also an important leadership task, as the demographic development will influence the company as a whole. Therefore the top management needs to have a clear awareness about the impacts of the demographic change in general and also about the specific situation the company has or will have to face.

The success and future of a company very much depend on the continuity of existing processes, on the ability to generate innovations in terms of products, markets and technologies, and last but not least, on the availability and development of employees.

In this context it is more important for the top management to support executives who are in charge of implementing demography-oriented measures, rather than dealing with the issue of demographic change in detail itself. Agreeing on targets, processes and budgets, the different facets of the demographic development within the company need to be considered.

Age management as a strategic task

Looking at age management as an important strategic task, it is no longer only a kind of subdivision of general management, but an integrated part of it:

"Good personnel management involves age management that supports the organisation in achieving its visions."

Regarding this definition, the first question arises for every company:

"Is age management part of our strategy and part of our mission statement?"

The second question is:

"Does especially the personnel strategy – if there is any! – relate to our vision?"

The following eight visions for age management, developed by Prof. Juhanni Ilmarinen[17] of the Finnish Institute of Occupational Health, can be helpful for checking and developing the own corporate and personnel strategy:

- good knowledge of age structures
- fair attitudes towards age
- good management that understand individuality and diversity
- good and operational age strategy
- good work ability, motivation, and the will to continue to work
- high level of competence
- good work organization and environment
- good life

These eight visions can be realized by applying operative tools and instruments. Taking vision one as an example ("good knowledge of age structures"), there could be a directive to update the company's age structure analysis every year. Responsible executives have to adjust the personnel planning process to the current age structure analysis, according the age related employment agreements.

---

[17] Source: Juhani Ilmarinen: Towards a longer worklife! Aging and the quality of worklife in the European Union. Published by the Finnish Insitute of Occupational Health and the ministry of Social Affairs and Health. Helsinki 2006, pp. 235-236

12.5   Career management

Looking at Human Resources areas of companies, the issue of demographic change has come up only in the last 10 years. It has become visible that there will be severe problems of available personnel in a very few years. As we can see already today, there will be a lack of well-trained staff in different professions. Companies will have to put a great effort in attracting young professionals – not only to replace retiring employees, but also to take over new functions, that are e.g. connected with the development of the new technologies.

At the other hand there are many qualified employees who will retire in the coming years. Born in the 1950ies and early 1960ies they belong to group of "baby boomers". One problem is that they will all retire, more or less, at about the same time. Moreover, they will take a big treasure of experience and know-how with them, which is most valuable for companies and cannot easily be replaced.

Results of different studies show that long-term experience is closely connected to age. Elderly employees are able to apply their professional knowledge in another way than younger people can. They have a broader overview, more flexibility in using different tools, more coolness in difficult situations, more social competence in working together, better abilities in teaching others – just to mention a few.

Both sides will endanger the continuity of Human Resources management, if the responsible executives are not aware of the impacts of the demographic development on time and if they do not have appropriate tools and measures to deal with the specific consequences for the company. It is obvious that the Human Resources management will be better prepared to face the future demographic challenges, if managers are able to *act*, rather than being forced to *re-act*. Therefore it is necessary for a successful Human Recourses management to show an intensive orientation towards future developments and to work on high professional standards. An efficient career management is a key condition for a successful age management. It comprises life-cycle oriented HR-development, competencies management, orientation seminars, learning strategies of older employees and appropriate training methods, employee talks and succession planning.

Strategic questions:

- Are there targets for career management according to our visions?
- Is career management an important issue for the top management?
- Is career management part of all other strategic issues of our company?
- Who is responsible for it?
- Is our company attractive for interesting applicants?
- Are the career perspective in our company interesting for our best employees?
- Are there horizontal paths of career as well as vertical ones?

Best Practice: Competencies management (Munich Airport)

Munich Airport's competencies management system is an IT-based database of the different competencies and skills employees provide (personnel profiles) and requirements for each position (job descriptions). All employees are asked not only to name formally acquired competencies and skills, but also competencies and skills they have acquired through informal learning, such as

- school education
- professional/academic education
- work experience
- further professional training
- airport specific qualifications
- professional qualifications
- method skills
- professional competence
- language skills
- computer skills
- management skills

The database contains the individual personnel profile of each employee (actual state) as well as the job description with its requirements for each position (target state). All superiors have access to the personnel profiles and job descriptions. There should be an adjustment between actual state and target state in the annual employee talks.

12.6   Transfer of knowledge

The question, how a company can manage that the necessary knowledge in terms of quantity, quality, specialisation and substance is available at the right place in due time, is not directly connected with the issue of demographic change. The impacts of the demographic development, however, especially the foreseeable retirement of the "baby-boomers" in the next five years and the imminent loss of knowledge connected with this development, will confront many companies with the task to ensure an efficient transfer of knowledge.

Speaking about knowledge management we do not primarily have in mind the big databases which were built up in the 1990ies when the awareness about the importance of this issue came up. Our approach, however, mainly refers to personnel-oriented tools and instruments. They will be efficient, if they are implemented on a systematic basis and are used regularly.

The probability that the existing knowledge will be kept in company is strongly connected with the cooperation between younger and elderly employees. This cooperation creates new knowledge and ensures a transfer of important knowledge through all age groups, which generates benefits not only for the company but also for the employees themselves.

Strategic questions:

■ What role does knowledge play in our company?

■ What is the role of our employees as producers of knowledge?

■ How is the responsibility organised for creation of knowledge?

■ How do we keep our existent knowledge remaining in the company?

■ Do we appreciate the knowledge brought in by employees?

■ How do we care for development of knowledge in our processes?

■ Do we know our most experienced employees?

■ How do we use the experience of our elderly employees?

Mentoring

Mentoring is a special form of work organisation that is based on teamwork an in which employees are encouraged to work in cooperative and creative responsibility.

Mentors as well as mentees profit by the participation in a mentoring program. The aims of mentoring are knowledge-management and knowledge protection. Leadership competencies should be advanced. Another aim is the encouragement of younger executives and the precise transfer of special knowledge to younger executives.

Learning partnerships

Criteria for a Learning partnership

1. Number of learning partners: A learning partnership consists of two or more fixed employees.

2. Age structure: The project is set up for collaborative learning among both younger and older employees. Thus, significant age differences between the learning partners are a prerequisite.

3. Content: The content of the learning partnership must be clearly defined from the start. Generally, the content consists of clearly defined themes or projects in which the learning partners must work together. This content is specified in a so-called learning roadmap.

4. Learning culture: Both partners in a learning partnership gain knowledge by jointly finding solutions to their daily work task, thereby exchanging knowledge with one another. As a result, the partners gain independence and develop self-controlled problem

solving abilities. The abilities and skills or knowledge that can be acquired depend on the amount of freedom the learning partners have in determining the learning subject, goals and methods.

5. Learning times: There is no set time in which collaborative learning must take place for a learning partnership in the traditional sense. Collaborative learning results most frequently and effectively during the joint solving of problems or work tasks at their time of occurrence. However, it is important that time is taken to briefly reflect on the problem solving that just took place in order to fully understand the "lesson" (in the sense of "lessons learned").

6. Learning locations: As with the learning times, the learning locations for collaborative learning are also often spontaneous and irregular. Based on previous experiences, learning locations for project meetings and their preparation and wrap-up, as well as the actual solving of problems, usually occurs at the place of origin, e.g., in the production area.

Best Practice: Knowledge Chain (developed by Volkswagen Consulting)

The "Knowledge Chain" is a method to transfer knowledge and experience of experts or managers who will leave the company or change to another department. It is focused on specific knowledge/experiences like lessons learned and experience of best practise, which is not found in handbooks or job instructions.

In individual prepared and moderated meetings valuable information and fields of knowledge will be collected and compiled to be available for the successor. For the exchange of knowledge half structured interviews and mind maps are used.

12.7   Working conditions

The area of working conditions usually is connected with factors like noise, cold and heat, quality of air, vibrations, dangerous material or work schedules. Without any doubt they are very important for the quality of work life. Due to the demographic development and the fact that an increasing number of elderly employees will have to work longer, the area of working conditions will have to be extended by specifying the above mentioned factors for specific age groups and by adding more social and communicative factors such as mental stress or appreciation of work.

In order to implement this broader view on working conditions, a company could formulate principles, that clarify the relevance of the subject itself and also principles for concrete measures. They could be included in the company's corporate vision as follows:

1. To work in our company is not only to fulfil a certain amount of operations at a specific working place. Working in our company is a very complex social situation which combines professional activities with various social, informational and communicative aspects.

2. To deal with working conditions is not only to be seen in physical sense. It has to take into account also emotional and intellectual conditions and effects of a working situation

3. To care for good working conditions is a leadership-target and it has to be applied for the whole company and all their activities in it – irrespective, if they are visible or hidden.

4. To deal with working conditions is more than a question of health management. It has to be considered as an important factor of added value.

In companies with a great physical work load – like airports – demographic change and its challenges will become visible very fast. It is obvious that elderly employees at a certain point of time will not be able anymore to cope with heavy loads or repetitive work and activities the same way younger employees can.

Dealing with demographic change is a rather new issue for most companies, whereas the implementation of a health management system has been common, at least for middle sized and larger companies. One reason is that there are laws and regulations. In order to cover the whole range of aspects referring to the area of working conditions, existing instruments and tools will have to be improved and extended on the way to implementing a health-oriented, integrative and holistic age management system.

The handbook does not cover all facets of working conditions. It rather points out some important aspects focussing on the special perspective demographic change adds to this area. Besides "classical" subjects such as ergonomics, health management, working time arrangements or job rotation, job enlargement and job enrichment, we also had to deal with the question of what makes a company an attractive place to work.

Strategic questions:

■ What kind of work is matching to our company's vision?

■ Are our working places able to represent our visions?

■ What kind of attention do we give to the working places?

■ Is working time more than to follow the prescriptions of the clock?

■ Do we have a concept for the relationship between man and tools/machines

■ Do we have principles and rules for the organisation of our working places

■ Can workers contribute themselves to the arrangement and organisation of the working places

Best Practice: Working time accounts (Fraport AG)

Working time-accounts are life-time-accounts run in money. Target is to finance a paid exemption from work for the employees. The cumulated balance will be invested at the capital market and the employee will receive yield interests depending on the chosen investment strategy. The subvention by the state for Old-Age Pensioners' Part-Time Work will be dropped in 2010 – all age groups up from 1955 are affected (approximate 84% of the permanent staff of Fraport). Additionally the Pension System Law shows a reduction of the statutory pension level – pension payments before the age of 67 are only possible with high deduction for age groups up from 1964. The labour union of the air traffic control (GdF) claimed for the operative employees of the central apron control beside other demands to get out of the working process earlier. During negotiations an employer-financed Working-Time-Account was offered and finally adopted in January 2008. The only use of the account is to achieve a paid exemption from work before the start of statutory pension payment.

12.8   EncourAGE Navigator

In the frame of the EncourAGE project a web-based navigation tool called "EncourAGE Navigator" was also developed. It is a tool that guides the users through a great amount of materials and documents according to their company's specific demographic situation and needs. The EncourAGE Navigator offers an interactive possibility to support HR-managers to find appropriate measures and tools for the demographic change issue in their companies.

The main target user group for the EncourAGE-Navigator are HR-managers in aviation industry that aims to improve their age-management by applying good practice solutions in order to master the challenge of demographic change.

The EncourAGE Navigator as well as the EncourAGE handbook are available on www.airporthr.aero.

13 Innovation mit Perspektive

Rudolf Kast

Sick ist einer der weltweit führenden Hersteller von Sensoren und Sensorlösungen für industrielle Anwendungen. Das 1946 von Dr.-Ing. e. h. Erwin Sick gegründete Unternehmen mit Stammsitz in Waldkirch im Breisgau zählt zu den Technologie- und Marktführern und beschäftigt mehr als 5.000 Mitarbeiter. Mit 50 Tochtergesellschaften und Beteiligungen in 30 Ländern sowie vielen spezialisierten Fachvertretungen ist Sick rund um den Globus präsent.

Im Geschäftsjahr 2008 erzielte der Sick-Konzern einen Umsatz in Höhe von 737 Mio. Euro.

Wir sind Erfinder (Auszug aus dem Leitbild der Sick AG, S. 21)

Abbildung 13.1: Das Leitbild der Sick AG

Independence

Innovation

Leadership

Dass wir uns „Erfinder" nennen, ist auch ein Bekenntnis zu unserer Geschichte und eine Verneigung vor dem Firmengründer Erwin Sick. In dem Begriff schwingt etwas mit, das uns als schöpferisches Unternehmen auszeichnet: die Faszination für Technologie und die Leidenschaft, Neues zu schaffen. Ebenso wichtig ist uns die unternehmerische Seite des Erfindens: Erfindungen müssen kommerzialisierbar sein; Gradmesser ist ihr Erfolg im Markt.

Im Markt nimmt man uns vor allem durch unsere innovativen Produkte wahr. Durch Produkte, die dem Kunden Nutzen bringen. Unsere Unternehmensgeschichte ist eine Geschichte erfolgreicher Innovationen. vom ersten Lichtvorhang über Laserscanner bis zur Ultraschallmessung und bildverarbeitenden Sensorik. Sie alle hatten und haben Erfolg, weil sie mehr sind als Produkte: Sie lösen Aufgaben intelligent, effizient und präzise. Ganz wichtig für unser Selbstverständnis als Erfinder: Innovation ist ein Anspruch, den wir an alle Bereiche stellen. Und er ist von der Administration über die Managementprozesse bis hin zur Produktion realisiert.

Interessanterweise sind innovative Organisationsprozesse nach dem Vorbild von Produktentwicklungsprozessen entstanden. Der Profit für das Unternehmen liegt in der Optimierung von Abläufen, die letztlich den innovativen Output unterstützen.

Jeder Arbeitsplatz bei Sick bietet Freiraum für Innovation. Nicht nur in Forschung & Entwicklung, wo es per Definition ums Erfinden geht, sondern auch in allen anderen Bereichen. Mitdenken, über den eigenen Tellerrand hinausschauen, intelligent mit Ressourcen umgehen – diese Fähigkeiten sind überall gefragt. Freiraum muss aber auch erkannt und genutzt werden. Innovativ zu sein bedeutet immer auch, etwas zu wagen und mit Mut, Neugier, Intelligenz und Lust auf Neues an die Dinge heranzugehen, nicht nur für Forschung und Entwicklung, sondern auch für Human Resources.

13.1 Zukunftsorientierte Ausbildung

Als internationaler Konzern mit Tätigkeiten auf dem globalen Markt, sind internationale und interkulturelle Kenntnisse und Werthaltungen, vor allem auch in beruflicher Hinsicht, unabdingbar. Sick legt großen Wert darauf, dass die jährlich 30 bis 35 neu eingestellten Auszubildenden und Berufsakademiestudenten bereits während der Berufsausbildung darauf vorbereitet werden.

Das Angebot an interkulturellen Qualifizierungsbausteinen ist nach dem Cafeteria-System aufgebaut und kann dem Interesse und dem Ausbildungs- und Leistungsstand der Auszubildenden und BA-Studenten angepasst und durchgeführt werden. Zu den Qualifizierungsbausteinen gehören folgende Programme:

- Sprachkurse

- Dreiwöchige Sprachreise nach Wales mit Erlangen des SEFIC-Zertifikats

- Auszubildenden/Studenten-Austausch mit einer Berufsschule in Finnland

- Ablegen des KMK-Sprachenzertifikats

- Teilnahme am Bundeswettbewerb Fremdsprachen

- Ausbildung von Industriekaufleuten mit Zusatzqualifikation Europäisches Wirtschaftsmanagement

■ Seminare: Interkulturelle Kompetenz Einführung, USA, China, Indien, Türkei, Russland

■ Ausbildungseinsätze bei ausländischen Tochterunternehmen

■ Auszubildenden-Austausch mit der Firma Unaxis in Liechtenstein/Schweiz

■ Theorie-Semester von BA-Studenten im Ausland

Neben der Vorbereitung auf eine internationale Berufskompetenz ist Ziel dieses Systems, lernstarke Auszubildende/BA-Studenten zu fördern und Anreize für Lernschwache zu schaffen. Daneben werden durch ständige Berührungspunkte, angefangen mit der Basisqualifikation Fremdsprache bis hin zur internationalen Projektarbeit das Bewusstsein und Verständnis für die Denkweisen anderer Kulturen geschaffen und eine breite Berufsqualifikation erreicht. Um Nachhaltigkeit und Transfer des erworbenen Wissens zu schaffen, werden die einzelnen Programme nicht als Insellösungen angeboten, sondern sind als Prozesse in die Ausbildung integriert und bauen aufeinander auf. Da die Auszubildenden/BA-Studenten je nach Bedürfnis unterschiedliche Module belegen, ist dieses System dennoch flexibel genug, sich den individuellen Möglichkeiten und Interessen anzupassen. **Abbildung 13.2** verdeutlicht, wie diese Programme während der Ausbildung aufgebaut sein können.

Abbildung 13.2: Möglicher Ablauf einer interkulturellen Kompetenzentwicklung

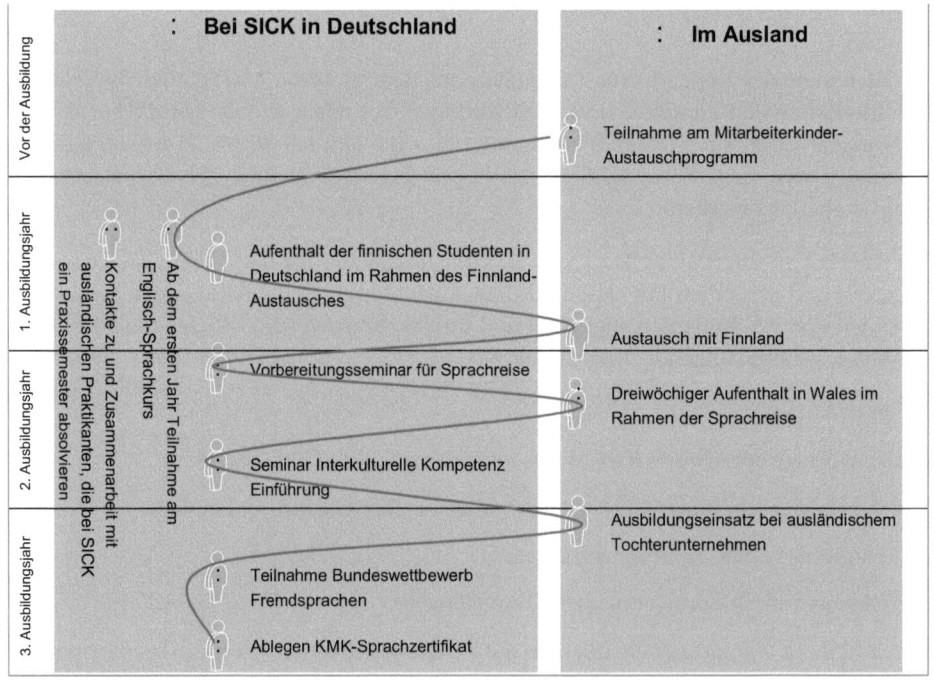

Die genannten Qualifizierungsbausteine sind seit vielen Jahren integrale Bestandteile unserer Ausbildung, die allen Auszubildenden zur Verfügung stehen. Die Organisation und Projektbearbeitung, die mit den internationalen Qualifizierungsbausteinen einhergehen, werden im Rahmen der Ausbildung unterwiesen und kommen durch die Beteiligung an den Auslandsaufenthalten zeitnah zur Umsetzung.

Zusätzlich werden zu vermittelnde berufliche Fachkenntnisse anstelle eines Einsatzes in der Sick AG in einem Tochterunternehmen im Ausland unterwiesen. Daher trifft das Kriterium *„in der Ausbildung integrierte Auslandsaufenthalte"* für die Programme Sprachreise nach Wales, Finnlandaustausch, Praxisphasen in Tochterunternehmen und Theoriephasen im Ausland besonders zu.

Innerhalb dieser Programme finden Projektarbeiten statt. Zum einen wird hier mit ausländischen Unternehmen kooperiert, zum anderen bestehen die Projektgruppen teilweise aus Projektmitgliedern aus dem Ausland. Daher treffen die Kriterien *„Ausbildung in internationalen Teams"* und *„Durchführung internationaler Projekte mit ausländischen Unternehmenspartnern und anderen Bildungseinrichtungen"* ebenfalls zu.

Der Mitarbeiterkinder-Austausch, Finnlandaustausch und der Austausch innerhalb der Ausbildung zu Industriekaufleuten mit Zusatz Europäisches Wirtschaftsmanagement sind geprägt von gegenseitigen Besuchen der Teilnehmer in deren Heimatländern. Dies findet sich wieder im Kriterium *„Austausch von Auszubildenden mit ausländischen Unternehmenspartnern und anderen Bildungseinrichtungen"*. Das am Ende der Sprachreise nach Wales absolvierte SEFIC-Examen führt zu einem ausländischen Zertifikat, das die englischen Sprachkenntnisse der Teilnehmer bestätigt. Die Nachweise über die bestandenen Theoriesemester im Ausland werden als Semesterabschluss an der deutschen Berufsakademie anerkannt. Deshalb trifft das Ausschreibungskriterium *„Ermöglichung von ausländischen Abschlüssen und Zertifikaten"* hierfür zu.

Eine *„Vermittlung von internationalen Zusatzqualifikationen"* findet sich in allen Programmen wieder. Besonders herauszugreifen sind hierbei die Seminare Interkulturelle Kompetenz als Qualifikationsbaustein innerhalb der Ausbildung, aber auch der Englisch-Sprachkurs und die Praxisphasen in Sick Tochterunternehmen. Eine *„Übertragbarkeit* dieser Qualifizierungsbausteine/-Programme *auf andere Betriebe"* ist aus unserer Sicht möglich. Die Partnersuche für Auslandsprojekte kann über ausländische Kunden- und Lieferantenbeziehungen oder Verbindungen zu Tochterunternehmen erfolgen. Außerdem gibt es Agenturen, die bei der Partnersuche für Austauschprogramme behilflich sind. Die finanzielle Belastung für das Unternehmen hält sich für Sprachreisen, Austauschprogramme und Auslandsaufenthalte in Grenzen, da hierfür über unterschiedliche Organisationen, z. B. die InWEnt gGmbH, Fördermittel der Europäischen Kommission beantragt werden können. Die Bereitschaft der Teilnehmer für Eigenbeteiligung sollte allerdings gegeben sein.

13.2   Sprachkurse, Sprachreisen, Austausch

Englisch-Sprachkurse

Die Fremdsprache Englisch ist im Sick-Konzern die Konzernsprache und die erste Brücke zur fremden Kultur. Deshalb bietet die Sick AG allen Mitarbeitern Sprachkurse in diversen Sprachen an, unter anderem in Englisch. Auch Auszubildende haben die Möglichkeit, einen Sprachkurs zu belegen.

Teilnahmebedingungen für das Englischtraining für Auszubildendengruppen:

- Einstufung in die Gruppe nach einem Test, der das Sprachniveau feststellt. Dadurch ist die Grundlage für einen optimalen Lernerfolg geschaffen. Gruppengröße ca. acht Teilnehmer.

- Wöchentliche Unterrichtseinheiten von 1,5 Stunden, um ein kontinuierliches Training zu gewährleisten.

- Die Kurse richten sich an alle interessierten Auszubildenden, an diejenigen, die mit der Fremdsprache bei ihrer Tätigkeit direkt konfrontiert werden (Kaufleute, BA Engineering etc.), und an alle, die an einem Auslandsprogramm (siehe Sprachreise Wales, Austausch mit Finnland, Praxisphase im Ausland) teilnehmen oder teilgenommen haben, um eine Vorbereitung auf den Auslandsbesuch zu haben bzw. das im Ausland erlernte Wissen weiterhin anwenden und umsetzen zu können.

Inhalte des Sprachkurses

Die Trainings bestehen zu gleichen Teilen aus Sprechen, Hören und Grammatik. Die Themen sind in der Regel aus dem Arbeitsumfeld der Teilnehmer entnommen. Die Kurse werden von englischen Muttersprachlern geleitet. Durch die fremde Herkunft der Trainer mischen sich zusätzlich Kulturvergleiche in die Diskussionen, womit eine interkulturelle Ausbildung integriert wird.

Steuerung der Teilnahme der Auszubildenden am Sprachkurs

Die Auszubildenden bekommen zu Beginn ihrer Ausbildung einen Weiterbildungspass, der alle Seminare und Lerneinheiten für den persönlichen Ausbildungsberuf beinhaltet, die während der gesamten Ausbildungszeit verpflichtend oder fakultativ absolviert werden. Dieser Weiterbildungspass ist Grundlage im Mitarbeitergespräch und hilft, die personenbezogenen Lehr-/Lernprozesse individuell zu planen und zu bestimmen. Ist der Sprachkurs Baustein dieses Weiterbildungspasses, kann der Ausbilder die Teilnahme in Absprache mit dem Auszubildenden bestimmen.

Weitere Sprachkurse

Freiwillige Teilnahme an Spanisch, Italienisch oder Französischkursen auf Freizeitbasis gegen eine Teilnehmergebühr von 150 Euro für 36 Trainingseinheiten à 45 Minuten.

Dreiwöchige Sprachreise nach Wales mit Erlangen des SEFIC-Zertifikats

Sprache lernen und erleben, vor allem auch im beruflichen Kontext steht hier im Vordergrund.

Inhalte des Sprachreisen-Programms

■ Vorbereitungsworkshop

Die Teilnehmer werden von einem Trainer, der gleichzeitig Begleiter der Sprachreise ist, auf die dreiwöchige Reise vorbereitet. Seminarinhalte sind die Definition der Ziele, kulturelle und sprachliche Vorbereitung, Projektstart.

■ Dreiwöchiger Aufenthalt in Wales

1. Woche: Kennenlernen der Alltagskultur durch Integration in Familien, Unternehmensbesichtigungen, Kennenlernen der Landesgeschichte beim Lord Major.

2. Woche: Kennenlernen von Geschäftspraktiken, Verhaltensweisen, Umgangsformen bei Praktika in einem Unternehmen.

3. Woche: Intensivkurse Englisch zur Vorbereitung des SEFIC-Examens. Außerdem muss ein Projekt – ein Vergleich eines bestimmten Themas zwischen Deutschland und Wales – ausgearbeitet werden. Diese Projektausarbeitung erweitert das Verständnis für andere Arbeitsweisen und Organisationsstrukturen durch das aktive und intensive Kennenlernen der Unterschiede zwischen zwei Ländern. Außerdem werden durch die Projektbearbeitung internationale Projektfachkenntnisse sowohl im Vokabular als auch in der Zusammenarbeit mit Informationslieferanten aus einem anderen Land vermittelt.

■ Zertifikat

Am Ende der dreiwöchigen Sprachreise steht das Ablegen des SEFIC-Examens. Mit dem Zertifikat über die bestandene Englischprüfung wird dem Auszubildenden der Umfang seiner Englischkenntnisse im beruflichen Kontext bescheinigt. Außerdem wird die Teilnahme an dieser Maßnahme mit dem „Europass-Mobilität" bestätigt und die Auszubildenden und BA-Studenten erhalten ein Zeugnis über ihr Praktikum von dem jeweiligen Praktikumsunternehmen.

Teilnahme

Auszubildende können freiwillig teilnehmen, da neben einem Fördergelderanteil mit Eigenbeitrag der Teilnehmer das Programm finanziert wird. Außerdem werden Empfehlungen aufgrund der Weiterbildungspass-Methodik vom Ausbilder an den Auszubildenden ausgesprochen.

Nachhaltigkeit der Maßnahme

Um die in dieser Zeit erworbenen Sprachkenntnisse weiter zu trainieren und anzuwenden, nehmen die Teilnehmer am Englisch-Sprachkurs teil oder haben die Option auf einen Auslandspraxiseinsatz bei einer Tochterunternehmung. Die Sprachreise ist zusätzlich eine Vorbereitung auf die KMK-Prüfung, die über die Berufsschule abgelegt wird, bzw. auf den Bundeswettbewerb Fremdsprachen, an dem die Auszubildenden teilnehmen können.

Auszubildenden/Studenten-Austausch mit einer Berufsschule in Finnland

Kern dieses Austauschprogramms ist es, die Projektarbeit in einem internationalen Projektteam mit der Konversationssprache Englisch kennen zu lernen und zu erproben. Daneben spielen die Kultur- und Wirtschafts-Tagesprogramme eine Rolle.

Inhalte des Austausches

■ Unterweisung in Projektmanagement, um diese Kenntnisse bei der Projektbearbeitung anwenden zu können.

■ Englisch- und Finnischsprachkurs: Der Finnischkurs bezieht sich auf das Lernen von allgemeinen Umgangsformen und einfachen Sätzen für den täglichen Sprachgebrauch. Da die Trainerin Finnin ist, übernimmt sie gleichzeitig eine kulturelle Vorbereitung.

■ Fünfwöchiger Besuch der finnischen Studenten in Deutschland, damit sich das Projektteam kennen lernt und ein gemeinsamer Projektstart stattfinden kann.

  Das Projekt dauert sechs Monate. Nach dem Aufenthalt der finnischen Studenten in Deutschland schließt sich eine Phase der Projektarbeit an, in der ein Informationsaustausch über E-Mail, Telefon etc. erfolgt.

■ Anschließend findet ein dreiwöchiger Besuch der deutschen Auszubildenden/BA-Studenten in Finnland statt. Das Projekt wird hier beendet: Die Auszubildenden/BA-Studenten absolvieren ein Praktikum für eine Woche in einem Unternehmen und lernen neben Land und Kultur das Ausbildungssystem in Finnland kennen. Während des gesamten Projekts ist ausreichend Zeit, die Arbeitsweise und Art der Zusammenarbeit des anderen Landes kennen zu lernen und die eigene Flexibilität in Bezug auf die unterschiedliche Kultur zu testen. Durch den Aufenthalt der Finnen in Deutschland und deren Praktikum bei Sick haben wir den Vorteil, mehreren Auszubildenden die Anwendung ihrer Fremdsprache Englisch zu ermöglichen.

■ Zertifikat

  Am Ende des Aufenthaltes wird den Auszubildenden/BA-Studenten ein Zeugnis von den finnischen Partnern ausgestellt. Außerdem wird die Teilnahme an dieser Maßnahme mit dem „Europass-Mobilität" bestätigt.

Teilnahme

Die Teilnahme der Auszubildenden ist freiwillig, da neben einem Fördergelderanteil mit Eigenbeitrag der Teilnehmer das Programm finanziert wird. Empfehlungen durch die Weiterbildungspass-Methodik werden vom Ausbilder ausgesprochen.

Nachhaltigkeit der Maßnahme

Um die in dieser Zeit erworbenen Sprachkenntnisse weiter zu trainieren und anzuwenden, nehmen die Teilnehmer am Englisch-Sprachkurs teil oder haben die Option auf einen Auslandspraxiseinsatz bei einer Tochterunternehmung. Das Austauschprogramm ist zusätzlich eine Vorbereitung auf die KMK-Prüfung, die über die Berufsschule abgelegt wird, bzw. auf den Bundeswettbewerb Fremdsprachen, bei dem die Auszubildenden teilnehmen können.

Die Anwendung des Projektwissens wird dauerhaft während der Ausbildung geprobt, da die Ausbildung bei Sick zum Großteil an Projekten erfolgt.

Ablegen des KMK-Sprachenzertifikats

Die Berufsschule unserer kaufmännischen Auszubildenden bietet das Ablegen der Prüfung zum Erlangen des KMK-Fremdsprachenzertifikats an. Diese Prüfung nutzen wir, um die Sprachkenntnisse der Auszubildenden zu überprüfen und eine Erfolgskontrolle über unsere sprachlichen Ausbildungsmaßnahmen zu haben.

Prüfungsinhalte

Die Prüfungsinhalte sind *im schriftlichen Teil* Hör- und Leseverständnis, Geschäftskorrespondenz i. w. S., Erstellung eines Kurztexts (z.B. Memo oder Gesprächsnotiz) und die Übersetzung eines Textes ins Englische (z. B. eine Werbebroschüre). *Im mündlichen Teil* wird ein Fachgespräch über eine Geschäftssituation geführt, meist in Form eines Rollenspiels.

Teilnahme

Alle unsere kaufmännischen Auszubildenden legen diese Prüfung ab und erhalten das KMK-Sprachenzertifikat, das ihnen das Bestehen der Prüfung auf Niveau II oder Niveau III bescheinigt.

Teilnahme am Bundeswettbewerb Fremdsprachen

Der Bundeswettbewerb Fremdsprachen ist ein Angebot des Vereins Bildung und Begabung e. V. Auszubildendengruppen können hier ihre Fremdsprachenkenntnisse unter Beweis stellen, indem sie ein kreatives Hörspiel zu einer Berufssituation mit Auslandsbezug und eine dazugehörige Projektdokumentation zur Bewertung abgeben.

Unsere Auszubildenden können an diesem Wettbewerb teilnehmen, um ihr erworbenes Wissen (sowohl Kulturwissen und Sprache) anzuwenden und den Stand ihrer Fremdsprachenkenntnisse zu testen.

13.3   Zusatzqualifikation Europäisches Wirtschaftsmanagement

Ausbildung von Industriekaufleuten mit Zusatzqualifikation Europäisches Wirtschaftsmanagement

Zur Ausbildung von Fachkräften, die Kenntnisse im internationalen Warenverkehr besitzen, bietet die Sick AG die Ausbildung zur/zum Industriekauffrau/mann mit Zusatzqualifikation Europäisches Wirtschaftsmanagement an. In dieser Ausbildung werden internationale Fachkenntnisse, interkulturelle Kenntnisse und Fremdsprachenkenntnisse in Englisch und Französisch erworben. Zur Anwendung kommen die Kenntnisse bei einem dreimonatigen Praxiseinsatz des Auszubildenden bei einer Sick-Tochtergesellschaft und einem jeweils einwöchigen Austausch mit einer Schule in Frankreich.

13.4   Interkulturelle Kompetenz

Sick-spezifische Ausbildungszusatzbausteine

Zur umfangreichen Ausbildung gehört die Teilnahme an den Seminaren zur Interkulturellen Kompetenz Einführung – USA, China, Indien, Russland, Türkei und die Beteiligung an der Sprachreise nach Wales oder am Austausch nach Finnland. Das Sprachtraining wird durch den Besuch des Englisch-Sprachkurses und das Schreiben von Monatsberichten über Abteilungseinsätze in einer der Fremdsprachen intensiviert. Damit erreichen wir einen ständigen Transfer des erlernten Wissens und eine Erweiterung der Kompetenzen durch deren Erleben im Berufsalltag. Durch den in dieser Ausbildung integrierten Austausch mit Frankreich können wir die Vorteile nutzen, dass mehrere Auszubildende in Kontakt mit dem französischen Austauschpartner im Unternehmen kommen und ihre Sprachkenntnisse testen können.

Seminare: Interkulturelle Kompetenz Einführung - USA, China, Indien, Türkei, Russland

Je häufiger die Kontakte zum Ausland sind und Reisen ins Ausland unternommen werden, desto wichtiger ist die interkulturelle Kompetenz für diese Länder. Neben Informationen zur Business-Etikette, die jedem Mitarbeiter zur Verfügung stehen, bietet Sick den Mitarbeitern die Seminare Interkulturelle Kompetenz – Einführung für USA/China/Indien/Russland/ Türkei – an. Wichtig sind uns hier die Vorbereitung auf Auslandseinsätze und die Sensibilisierung für andere Arbeits-/Verhaltensweisen und Geschäftspraktiken etc.

Teilnahme
Die Auszubildenden/BA-Studenten haben über die Weiterbildungspass-Methodik die Möglichkeit, an diesen Seminaren als stille oder aktive Teilnehmer teilzunehmen.

Nachhaltigkeit der Maßnahme
Das hier erworbene Wissen bringen die Auszubildenden bei der Sprachreise, dem Austausch mit Finnland oder bei Praxisphasen im Ausland zum Einsatz. Aber auch im Tagesgeschäft in Abteilungen mit Auslandskontakten kann dieses Verständnis hilfreich eingesetzt werden.

13.5   Auslandseinsätze

Ausbildungseinsätze bei ausländischen Tochterunternehmen

Im Mittelpunkt steht hier, die Konzernstrukturen, Richtlinien im Konzern, Geschäftspraktiken, Arbeitsweisen etc. zu erleben. Ein Ziel ist, das Einfühlungsvermögen und Verständnis für die Geschäftspartner im Ausland zu stärken.

Teilnehmer
Für BA-Studenten und für Industriekaufleute mit Zusatzqualifikation Europäisches Wirtschaftsmanagement werden Auslandseinsätze (Praxisphasen von mindestens acht bis zwölf Wochen) in Tochterunternehmen der Sick AG organisiert.

Inhalte des Ausbildungseinsatzes
Aufgaben während der Praxiseinsätze reichen vom Mitarbeiten im Tagesgeschäft zu selbstständigen Projektausarbeitungen für das Tochterunternehmen, teilweise auch in Absprache mit Abteilungen der Sick AG. So können die BA-Studenten oder Auszubildenden als Vermittler zwischen der Tochtergesellschaft und der Sick AG arbeiten, Flexibilität beweisen und die fremde Kultur erleben.

Die Auslandspraktikumsplätze erhalten wir durch aktives Ansprechen der Tochtergesellschaften nach Möglichkeiten, einen BA-Studenten/Auszubildenden einzusetzen. Mittlerweile sind in einigen Ländern Praktikumsabläufe so bekannt, dass sie selbst auch Bedarf an BA-Studenten/Auszubildenden anmelden und eine Vermittlung damit einfach zustande kommt.

Die Organisation des Auslandsaufenthaltes wird dem Auszubildenden/BA-Studenten übertragen. Er trifft die Absprachen mit den Ansprechpartnern im Ausland, kümmert sich um seinen Flug und die notwendigen Papiere. Dadurch wird die Eigenverantwortung und Selbstständigkeit der Reisenden zusätzlich gestärkt.

Wie bei allen unseren Ausbildungseinsätzen, wird auch bei einem Auslandsaufenthalt am Ende der Phase ein Bewertungsgespräch mit dem BA-Studenten/Auszubildenden geführt, in dem seine Lernfortschritte besprochen und mittels eines standardisierten Bewertungsbogens dokumentiert werden.

Auszubildenden-Austausch mit der Firma Unaxis in Liechtenstein/Schweiz

Dieses Programm startete Anfang 2006 durch Kontakte unserer Ausbilder zu Ausbildungsverantwortlichen im Ausland, die sie über die Teilnahmen als Experten an Berufsweltmeisterschaften knüpfen konnten. Der Schwerpunkt dieses Austausches liegt derzeit in der Aufnahme von Auszubildenden für einen Praxiseinsatz bei Sick. Geplant ist allerdings ein gegenseitiger Austausch.

Inhalte des Ausbildungseinsatzes
Durch den Ausbildungseinsatz ausländischer Auszubildenden verspricht sich Sick einen Austausch der Arbeitsweisen. Durch die Zusammenarbeit der ausländischen Auszubildenden mit unseren Auszubildenden können Unterschiede in der Arbeitsweise, im Arbeitsverhalten und in der Bereitschaft zur Zusammenarbeit festgestellt und diskutiert werden. Dies öffnet den Blick für andere Strukturen und Vorgehensweisen und lehrt Toleranz. Dem ausländischen Auszubildenden ermöglichen wir zusätzlich einen qualifizierten Lerneinsatz in unserem Unternehmen mit Einblicken in unterschiedliche Abteilungen und das Arbeiten und Lernen an Projekten in der Ausbildungsabteilung. Damit dient dieser Einsatz neben einer methodisch, sozialen Kompetenzausbildung der fachlichen Ausbildung.

Theoriesemester von BA-Studenten im Ausland

Einige Berufsakademien, mit denen die Sick AG kooperiert, bieten für Studenten Theorie-semester im Ausland an unterschiedlichen Partnerhochschulen an. An diesen Theoriesemes-tern können unsere BA-Studenten teilnehmen. Wir unterstützen dabei lediglich bei der Organisation der Reise, falls dies notwendig ist, und mit einem kleinen finanziellen Zu-schuss.

Die Theoriesemester im Ausland ersetzen ein Theoriesemester an der deutschen Berufsaka-demie. Deshalb ist es wichtig, dass die Klausuren am Ende des Theoriesemesters mit gutem Abschluss erfolgen. Durch die Ergebnisse erhalten wir einen Eindruck davon, inwieweit der BA-Student Vorlesungen in fremder Fachsprache folgen konnte und Klausuren mit dem in der Vorlesung vermittelten Lernstoff bearbeiten konnte.

13.6   Qualitätssicherung dieser Programme

Die Ausbildungsabteilung hat ein in die Ausbildung integriertes Qualitätsmanagement. Der gesamte Ausbildungsprozess und die Kundenzufriedenheit werden regelmäßig überprüft. Das heißt, jede abgeschlossene Maßnahme wird von den Auszubildenden bewertet.

Außerdem findet eine Evaluation der Maßnahmen nach einem Jahr Berufstätigkeit statt. Hier wird geprüft, inwieweit das in der Ausbildung erworbene Wissen für die Berufstätig-keit hilfreich war bzw. was bei den Programmen angepasst werden muss, um eine interna-tionale Berufskompetenz noch besser zu erreichen. Aufgrund der Rückmeldung werden unsere Programme kontinuierlich verbessert.

13.7   „Lebenslang gesund arbeiten" (LEGESA) als integratives Projekt bei der Sick AG

Der globale Wettbewerb und die damit einhergehenden Veränderungen in der Arbeitswelt erfordern neue Führungs- und Organisationsstrukturen. Gerade die Vergangenheit hat gezeigt, dass diejenigen Unternehmen im internationalen Wettbewerb Vorteile besitzen, die auf eine partnerschaftliche Unternehmenskultur setzen. Denn motivierte und zufriedene Mitarbeiter, die sich mit Aufgabe und Unternehmen identifizieren, sind ein wichtiger, posi-tiver Erfolgsfaktor.

Für die betriebliche Gesundheitspolitik ändern sich unter diesem Vorzeichen Ausgangsposi-tion und Zielsetzung. Das erste und wichtigste Anliegen jeder glaubwürdigen betrieblichen Gesundheitsförderung müssen Wohlbefinden und Gesundheit der Beschäftigten sein. Ge-sundheit ist Voraussetzung und Ergebnis einer kontinuierlichen Auseinandersetzung des Menschen mit den Bedingungen und Herausforderungen in Familie, Arbeitswelt und Frei-zeit. Damit wird auf die Mehrdimensionalität von Gesundheit im Sinne eines nicht nur körperlichen, sondern auch eines psychischen und sozialen Wohlbefindens abgestellt. Deshalb verbindet die betriebliche Gesundheitspolitik mit der Prävention und Gesundheitsförderung große Hoffnungen: eine Verbesserung der persönlichen Gesundheit unserer Mitarbeiter, ihrer individuellen Lebensqualität und damit die Förderung der Beschäftigung und Weiterbeschäftigung gerade auch der älteren Mitarbeiter.

Das aktuelle Programm betrieblicher Gesundheitsförderung der Sick AG setzt sich aus zahlreichen Maßnahmen zur Erschließung von Gesundheitspotenzialen einerseits wie auch zur Reduzierung bzw. Vermeidung von Risiken andererseits zusammen. Die Teilnahme am Forschungsprojekt „Lebenslang gesund arbeiten" (LEGESA) schließt die Lücke zur Betrachtungsweise unter dem Blickwinkel der demografischen Entwicklung betrieblicher Personalpolitik bei der Sick AG. LEGESA als Demografieprojekt hat den Anspruch, betriebliche Prävention in den unterschiedlichen Bereichen mit deren aktuellen Problemstellungen zu integrieren.

LEGESA ist Bestandteil eines Forschungsverbundes und Teilprojekt der Fokusgruppe „Gesundheitsförderung im demografischen Wandel" unter dem Metaprojekt „Strategischer Transfer im Arbeits- und Gesundheitsschutz" (StArG).

Ziel von LEGESA ist eine demografiesensible Erneuerung der betrieblichen Gesundheitspolitik und die Entwicklung eines betriebsübergreifenden Curriculums zur demografieorientierten Prävention. Dabei geht es vor allem um die Behebung und Milderung psychischer Fehlbelastungen, die eine Herausforderung der modernen Arbeitswelt darstellen. Ein zukünftiger Präventionsgedanke reicht weit über den klassischen Arbeits- und Gesundheitsschutz und übliche Verhaltensprävention hinaus und verlangt, neue Wege zu gehen.

Im Rahmen dieser Zielsetzung werden bei der Sick AG im Forschungsprojekt LEGESA vier Themenfelder bearbeitet, die unter der Projektüberschrift LEGESA in Richtung Demografiefestigkeit weiterentwickelt werden:

1. Ansatzpunkt Fachlaufbahn: Altersgerechte Entwicklungswege

2. Ansatzpunkt altersgemischte Gruppen: Chancen und Herausforderungen der Altersdiversität

3. Ansatzpunkt Ganzheitliche Gefährdungsbeurteilung (GGB): Alterssensitive GGB

4. Ansatzpunkt Arbeitszeitgestaltung: Alter(-n)gerechte Schichtarbeit

Das **Themenfeld altersgerechte Entwicklungswege** zielt auf eine Erweiterung der beruflichen Entwicklungsmöglichkeiten im Sinne eines vertikalen Karrierepfades ab. Entwicklungsingenieure geraten nach einer gewissen Dauer der Betriebszugehörigkeit an die Peripherie des Innovationsprozesses, weil es an motivierenden Entwicklungswegen fehlt. Mit Ausnahme von wenigen Führungspositionen gibt es jedoch keine Angebote, die eine entsprechende Wertschätzung vermitteln. Eine Erweiterung beruflicher Entwicklungsmöglichkeiten in vertikale Bereiche bedeutet neben dem Aspekt der Wertschätzung gleichzeitig eine Flexibilisierung der Arbeitskarriere und bietet einen wichtigen Beitrag zum gesunden Altern durch abwechslungsreiche Berufsverläufe.

Es hat sich gezeigt, dass der Bedarf an einer Fachlaufbahn besteht. Trends haben sich bestätigt bzw. wurden bestärkt: Projektleitung oder Teamleitung sind keine wirkliche Alternative zur Führungskarriere, da der Wunsch dieser befragten Mitarbeiter sehr stark in die Richtung geht, sich langfristig etwas aus der unmittelbaren Projektarbeit zurückzuziehen, dafür jedoch im Rahmen von fachübergreifenden Tätigkeiten und neuen Technologiefeldern ihre fachlichen Erfahrungen nutzen zu können.

Abbildung 13.3: Entwicklungsperspektive Fachlaufbahn bei Sick AG

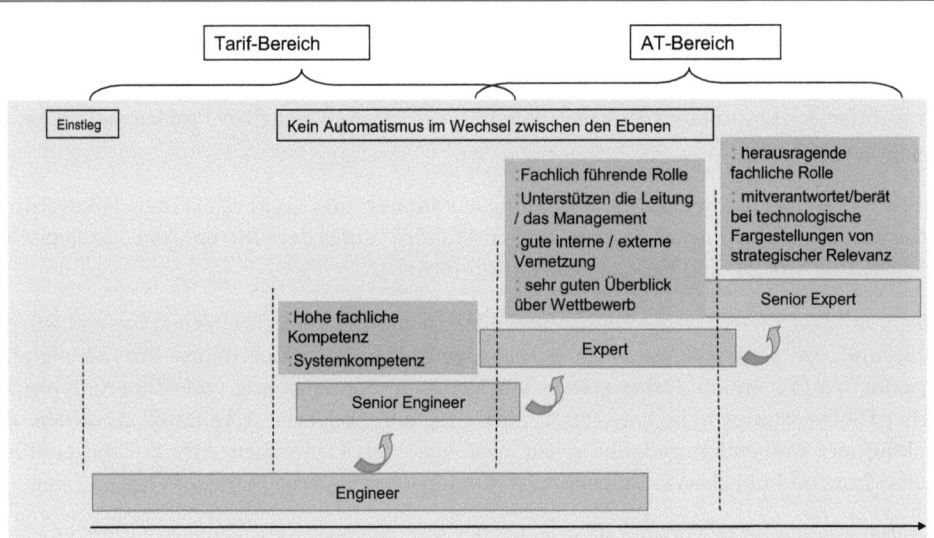

Im **Themenfeld Chancen und Herausforderungen der Altersdiversität** stellt sich eine ganz andere Ausgangssituation dar. Altersgemischte Arbeitsgruppen als Form der Kooperation werden durch den demografischen Wandel in Zukunft immer häufiger werden. Wie in vielen Unternehmen, gibt es auch bei der Sick AG bereits eine Vielzahl an altersgemischten Teams im Unternehmen. Ihre Zusammensetzung entsteht jedoch bisher mehr aus Zufall als Resultat personalpolitischer Intervention (Krüger, 2006). Die Brisanz für ein Demografieprojekt wie LEGESA liegt dabei vor allem bei dem Aspekt des Wissenstransfers und einer möglichen Variation des Belastungsgeschehens unterschiedlicher Altersgruppen.

Für die Sick AG steht in der Personalpolitik nicht das Alter, sondern vielmehr die Frage des Lebenslaufs und damit die Menschen und ihre individuellen Fähigkeiten und Kompetenzen im Vordergrund. Angesichts der zunehmenden Alterung der Belegschaft bedarf diese Betrachtungsweise jedoch der Ergänzung um die Vorteile einer Altersmischung. Ausgehend von einer umfassenden Altersstrukturanalyse und anhand qualitativer Interviews von Mitgliedern altersdiverser Arbeitsgruppen wurden Chancen und Herausforderungen dieser Kooperationsform rekonstruiert. Dies bildet die Basis für die Handlungsempfehlungen zu Chancen und Bedingungen produktiver Altersmischung bestehender und neu geschaffener Arbeitsgruppen bei der Sick AG.

Aufbauend auf dieser deskriptiven Analyse geben qualitative Interviews tiefere Einblicke in die Begründungszusammenhänge und die Bedeutung des Faktors „Alter" im Hause der Sick AG. Interessanterweise zeigen altersgemischte Arbeitsgruppen aus der Perspektive der Befragten ein salutogenes Potenzial. Das außergewöhnlich gute Generationenverhältnis im Unternehmen lässt sich sicherlich nicht zuletzt auf eine wertschätzende, altersindifferente Unternehmenskultur zurückführen. Ergebnis der Interviewreihe ist ebenfalls, das kalendarische Alter durch den Begriff der Betriebszugehörigkeit zu ersetzen: Nicht das kalendarische Alter, sondern vielmehr die Dauer der Zugehörigkeit zum Unternehmen wird bei der Altersmischung von den Mitarbeitern als relevant erachtet. Es sind vor allem Wissens- und Erfahrungsunterschiede in altersgemischten Gruppen, die als bedeutungsvoll wahrgenommen werden. Darüber hinaus haben sich Bedingungsfaktoren herauskristallisiert: Um die Chancen der Altersdiversität zu nutzen, müssen altersgemischte Gruppen vonseiten der Mitarbeiter und der Führungskräfte gepflegt werden (= Kulturaufgabe) und es müssen von Unternehmensseite bestimmte Voraussetzungen erfüllt sein (zum Beispiel das Vorhandensein von Zeitressourcen für den Generationenaustausch etc.) (Anton, 2009). Im Projektverlauf ist die Idee entstanden, diesen Bewusstseinsprozess zu Aspekten der Altersmischung mit einer Broschüre für Mitarbeiter und Führungskräfte zum Thema Altersgemischte Teams zu unterstützen. Sie soll für die Synergieeffekte der Altersmischung sensibilisieren und den Dialog zum Thema fördern.

Das **Themenfeld Alterssensitive Ganzheitliche Gefährdungsbeurteilung (GGB)** setzt an einem Projekt an, welches bereits seit Jahren im Unternehmen (weiter-)entwickelt wird mit dem Ziel, ein für die Bedürfnisse der Sick AG zugeschnittenes Analysetool zur Erfassung der ganzheitlichen Gefährdungsbeurteilung zu entwickeln.

Im Rahmen des Forschungsprojektes LEGESA liegt die Aufgabe dieses Themenfeldes darin, die GGB durch die demografische Brille zu betrachten und entsprechend um alterssensitive Elemente zu erweitern. In ergänzender Funktion soll im künftig verwendeten Fragebogen die Alters- und Alternsfrage Aufnahme in die Architektur der Gefährdungsbeurteilung finden. Damit sind die Berücksichtigung der Belastungsbiografie (Fokus Vergangenheit) und die Belastungskarriere (Fokus Zukunft) feste Bestandteile künftiger Pilotbereiche der ganzheitlichen Gefährdungsbeurteilung im Unternehmen. So liefert das erweiterte Instrument detaillierte Aussagen zum Umgang mit älteren Mitarbeitern, der Eignung des derzeitigen Arbeitsplatzes für Ältere, den persönlichen Entwicklungschancen sowie der generationenübergreifenden Zusammenarbeit.

Beim **Themenfeld Alternsgerechte Schichtarbeit** handelt es sich um eine Aktivitätenmatrix, die die Ausgangsfrage stellt: Was müssen wir heute bei der Schichtarbeit beachten, um langfristige Beschäftigungsfähigkeit zu gewährleisten?

Ziel des Themenfelds Alternsgerechte Schichtarbeit ist es, die Möglichkeiten der „Humanisierung" der Schichtarbeit für Ältere herauszuarbeiten und ein gesundheitsgerechtes Schichtarbeitsmodell zu entwickeln, das für alle Altersgruppen gangbar ist. Dabei ist die Ermöglichung des Ausstiegs eine Facette. Im Mittelpunkt jedoch steht die Diskussion der „Lebensphasenorientierung" und nicht die des Ausstiegs. Ein zukünftiges Modell zur Schichtarbeit soll darüber hinaus der Erhaltung der Arbeits- und Beschäftigungsfähigkeit der Mitarbeiter dienen und eine bessere Planbarkeit für die Mitarbeiter zum Beispiel im Falle einer Notwendigkeit der Pflege von Angehörigen (Work-Life-Balance) ermöglichen. Schließlich soll ein neues Modell auch den zunehmenden Erfordernissen der Flexibilisierung und damit dem Erhalt der Wirtschaftlichkeit Rechnung tragen.

Neben einer Bestandsaufnahme existierender Schichtsysteme im Unternehmen wie auch andernorts praktizierter innovativ anmutender Schichtmodelle wird deutlich, dass der Schlüssel bei der Entwicklung eines neuen Schichtmodells in der Lebensphasenorientierung liegt. Als weiterer zentraler Punkt vorhandener Schichtmodelle im Unternehmen zeigt sich der Konflikt zwischen Maschinenlaufzeiten und monetären Anreizen der Nachtschicht auf der einen Seite und der Gesundheit der Mitarbeiter auf der anderen Seite. Viele Mitarbeiter berechnen die Nachtschichtzuschläge in ihre Lebensplanung mit ein. Eine Bestandsaufnahme und Gruppeninterviews mit Mitarbeitern aus allen Schichtbereichen haben schließlich zum Modell der „freiwilligen und begrenzten Dauernachtschicht" geführt. Auf den ersten Blick mag es paradox anmuten, dieses Modell an der einen oder anderen Stelle entgegen arbeitwissenschaftlicher Erkenntnisse wie beispielsweise von Beermann (2005) als Ergebnis gesundheitsverträglicher Schichtsysteme zu nennen. Bei näherer Betrachtung wird deutlich, dass das Modell große Vorteile mit sich bringt. Müssen sich nach dem „alten" Modell relativ viele Mitarbeiter immer wieder auf eine Phase der Nachtarbeit einstellen und den biologisch, sozial und psychisch komplizierten Wechsel im 3-Schicht-Betrieb über die gesamte Berufsbiografie hinweg bewältigen, so können sich mit dem neuen Modell einzelne Mitarbeiter für eine festgelegte Zeitperiode zur Nachtschicht entscheiden.

Abbildung 13.4: Modell der freiwilligen und begrenzten Dauernachtschicht bei der Sick AG

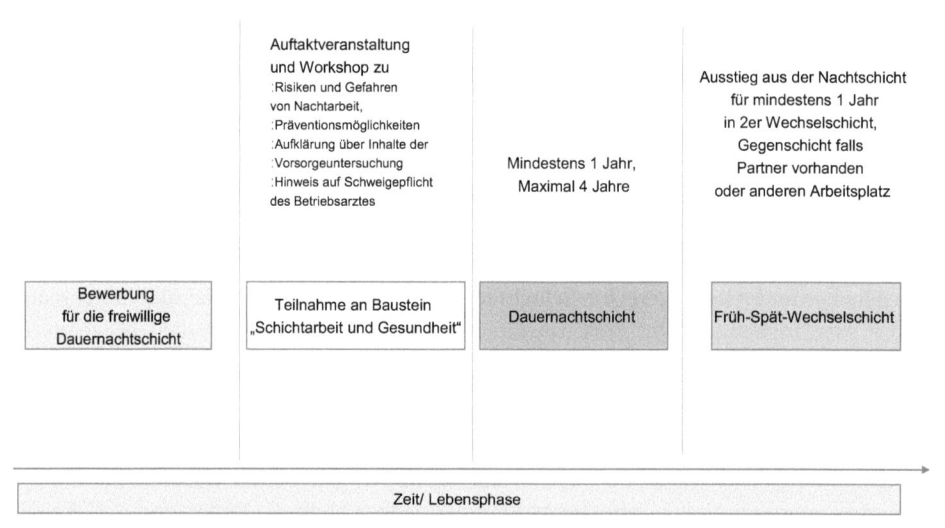

Vor allem für ältere Mitarbeiter, die die Nachtschicht als Belastung empfinden, stellt dieses Modell eine Entlastung dar. Es impliziert darüber hinaus, dass Mitarbeiter die Nachtschichtzuschläge nur noch für begrenzte Zeit in ihre Planung integrieren können. Damit bewegt man sich weg vom gefährlichen Grundsatz „Geld gegen Gesundheit". Zudem ist das neue Modell an einen Baustein zur Sensibilisierung der eigenen Gesundheit gekoppelt. Ein interaktiver Baustein zu Risiken und Gefahren der Nachtarbeit und zu Präventionsmöglichkeiten ergänzt die klassischen Vorsorgeuntersuchungen. Insgesamt erhöht sich durch das neue Modell der freiwilligen und begrenzten Dauernachtschicht die Planbarkeit sowohl für die Mitarbeiter wie auch für das Unternehmen und bietet gleichzeitig die Möglichkeit des Ausstiegs aus der Nachtarbeit.

Die Ergebnisse aus dem Projekt LEGESA - ein (Zwischen-)Fazit

Rückblickend sind durch das Projekt LEGESA auf die ausgewählten Themen bezogen unterschiedliche Leistungen erbracht worden: Beim Themenfeld Fachlaufbahn beispielsweise hat das Projekt maßgeblich dazu beigetragen, das in den Köpfen der Akteure schon lange gehegte Vorhaben in die Tat umzusetzen. Ursprünglich hatte die Idee dieser neuen Entwicklungsmöglichkeit ihren Anfang im Zusammenhang mit dem Bereich Forschung & Entwicklung, jedoch bereits im Bearbeitungsstatus haben sich unterschiedliche andere Bereiche für das Konzept interessiert und sind dabei, in die Umsetzung zu gehen. Die Ganzheitliche Gefährdungsbeurteilung als Werkzeug wird künftig um den demografischen Blickwinkel erweitert durchgeführt werden. Beim Themenfeld Altern(s)gerechte Schichtarbeit wurden völlig neue Wege gegangen, indem ein Konzept entwickelt wurde, welches sich zwar punktuell über wissenschaftliche Erkenntnisse zur Konstruktion von Schichtmodellen bzw. Schichtarbeit hinwegsetzt. Dies geschieht jedoch zugunsten einer „maßgeschneiderten" Lösung, die sich sehr eng an den Bedürfnissen der Mitarbeiter vor Ort orientiert. Die Untersuchungen im Themenfeld Chancen und Risiken der Altersdiversität zeigen, dass die Altersmischung im Unternehmen geschätzt wird und durch die Optimierung der Voraussetzungen beispielsweise Synergieeffekte zum Erfahrungs- und Wissensaustausch zwischen den verschiedenen Generationen entstehen können.

Die Bearbeitung der Projektthemen hat noch ein zusätzlichen Effekt erzielt, der nicht unerheblich erscheint: Sich im Rahmen des Forschungsprojektes mit dem Thema Demografie auseinanderzusetzen hat nicht nur das offenkundige Ziel, in den beschriebenen Themenfeldern konkrete Produkte in Form von Handlungsempfehlungen, Konzepten, Modellen etc. zu entwickeln. Die Beteiligung an diesem Projekt impliziert gleichermaßen die Aufgabe, die Auseinandersetzung mit den Herausforderungen des demografischen Wandels in das Unternehmen zu tragen und so zur Sensibilisierung für dieses Thema beizutragen. Auch dies ist als Anschubleistung eines Bewusstseinsprozesses zu bewerten.

Insgesamt fördert LEGESA das Unterstützen von Umdenkprozessen und schafft ein Bewusstsein für zukünftige Herausforderungen wie beispielsweise einer veränderten Rolle des klassischen Arbeits- und Gesundheitsschutzes (Reindl, 2009b). Es geht nicht um Prävention für die Mitarbeiter, sondern vielmehr um Prävention mit den Mitarbeitern. Damit geht eine Fokusänderung im Betrieblichen Gesundheitsmanagement einher: Im Mittelpunkt steht nicht die Risikovermeidung, sondern die Ressourcenstärkung. Mit diesem salutogenen Ansatz soll einem veränderten Belastungsspektrum moderner Arbeitswelt Rechnung getragen werden. Innovative Präventionsansätze brauchen demzufolge ein erweitertes Setting an Akteuren als Ergänzung für die traditionellen Akteure im Arbeits- und Gesundheitsschutz. Schließlich ist der Titel des Projektes „Lebenslang gesund arbeiten" gleichsam als Ziel zu verstehen, welches in Form einer interdisziplinären Aufgabe als Organisationsentwicklungsprozess zu begreifen ist. Um das Ziel von LEGESA nachhaltig zu verfolgen, muss sich Gesundheitspolitik in der täglichen Arbeits- und Personalpolitik wiederfinden.

Literatur

ANTON, S. (2009): Altersdiversität als Chance und als Risiko aus kognitionspsychologischer Perspektive. Nicht veröffentlichte Studienabschlussarbeit, Universität Freiburg.

BEERMANN, B. (2005): Leitfaden zur Einführung und Gestaltung von Nacht- und Schichtarbeit, 9. Auflage, Bundesanstalt für Arbeitsschutz und Arbeitsmedizin (Hrsg.), Dortmund.

GREIF, S. (1991): Stress in der Arbeit – Einführung und Grundbegriffe. In: Greif, S., Bamberg, E. & Semmer, N.: Psychischer Stress am Arbeitsplatz, Göttingen, S. 1-28.

KRÜGER, D. (2006): Veränderungsprozesse in der Arbeits- und Personalpolitik vor dem Hintergrund der demografischen Entwicklung. Handlungsansätze für die betriebliche Praxis, Kassel, Dissertation.

REINDL, J. (2009a): Ergebnisse der Altersstrukturanalyse. Nicht veröffentlichte Präsentation, Institut für Sozialforschung, Saarbrücken.

REINDL, J. (2009b): Neue Aufgaben für Multiplikatoren. Die Mobilisierung der Laienkompetenz. In: Henning, L., Richter, A. & Hees, F. (Hrsg.): Tagungsband zur Jahrestagung 2008 des BMBF-Förderschwerpunktes,. Aachen, S. 167-173.

WEGGE, J., ROTH, C. & SCHMIDT, K.-H. (2008): Eine aktuelle Bilanz der Vor- und Nachteile altersgemischter Teamarbeit. In: Wirtschaftspsychologie, 3, S. 30-43.

Online-Angaben

GESELLSCHAFT FÜR ARBEITSSCHUTZ- UND HUMANISIERUNGSFORSCHUNG MBH (GFAH) (2007): Lebenslang gesund arbeiten – LEGESA. Der Forschungsverbund. Verfügbar unter http://www.lebenslang-gesund-arbeiten.de [20.10.09].

14 Innovationsfähigkeit im Zeichen des demografischen Wandels

Im Gespräch mit Helmar Aßfalg

Wie definieren Sie Innovation für sich und die Allgaier Gruppe?

Eine Innovation ist für mich die Weiterentwicklung unserer Produkte, bei denen es uns gelingt, für Kunden einen Mehrwert zu schaffen und uns vom Wettbewerb zu differenzieren. Unser Selbstverständnis entspricht nicht dem, der günstigste Anbieter am Markt zu sein oder Preisbrecher sein zu wollen. Wir wollen Kunden-Know-how, Technologie und Innovation verkaufen.

Wie wichtig ist Innovationsfähigkeit für Sie?

Ohne Innovationsfähigkeit wird unser Unternehmen nicht auf Dauer bestehen.

Setzen Sie sich konkrete Innovationsziele in Form von neuen Produkten, neuen Applikationen oder ist Innovation eher ein fortlaufender Prozess, der nicht an Zielen gemessen werden kann?

Bei Allgaier gibt es indirekte Innovationsziele. Wir haben bei uns die Balanced Scorecard eingeführt. Hier ist Innovation natürlich ein ganz essenzieller Punkt. Wir geben keine spezielle Anzahl an Patenten oder Innovationen als Zielgröße vor. Beispielsweise in der Verfahrenstechnik gehen wir wie folgt vor: Wir haben gewisse Märkte und Branchen, von welchen wir glauben, dass sich starke Weiterentwicklungen ergeben müssten. Aus diesem Grund sind wir zurzeit sehr stark im Recycling und im Bereich Aufbereitung nachwachsender Brennstoffe tätig. Der nächste Schritt ist die Weiterentwicklung unserer Produkte, sodass diese auch für neue Branchen interessant sind. Innovation findet bei Allgaier sehr stark am Produkt für neue Zielgruppen statt.

Das heißt, Innovation hat System und ist ein schon bestehender Prozess?

Ja, das ist ein bestehender Prozess, ein dynamischer Prozess.

Wie unterscheiden Sie Innovation und Innovationsfähigkeit?

Innovation gibt es nur, wenn das Unternehmen innovationsfähig ist.

Wie kann man definieren, wann ein Unternehmen innovationsfähig ist? Was sind die Kriterien dafür?

Am Ende des Tages zeigt sich, ob ein Unternehmen innovationsfähig ist, wenn es Innovationen in den Markt bringt. Wie geht das? Das ist nur zu schaffen, wenn Mitarbeiter bereit sind, ausgetretene Pfade zu verlassen und sich ohne Denkblockaden neuen Herausforderungen zu stellen. Für unsere regelmäßig stattfindenden Klausurtagungen ist es beispielsweise erste, goldene Regel, dass es keine Denkblockaden gibt. Erkennen wir, dass ein Gedankengang nicht zielführend ist, schließen wir ihn ab. Wichtig für die Innovationsfähigkeit ist, sich von der klassischen Denke „Das haben wir schon immer so gemacht" komplett zu verabschieden. Wir sammeln erst einmal alle Ideen und sortieren dann im Zuge unserer Klausurtagung aus. Wir konzentrieren uns auf die Ideen, von denen wir glauben, dass sie zu etwas führen können.

Bilden Sie dafür Szenarien oder wird frei diskutiert?

In Vorbereitung auf unsere Klausurtagung eruieren wir die Top-Themen in Bezug auf Weiterentwicklung und Wachstum der Allgaier Gruppe. Das ist das Grundszenario. Eine andere Position ist dann die Diskussion über neue Produkte, die wir brauchen, um wachsen zu können. Das nächste Szenario ist die Definition der Zielmärkte und Branchen. Hier ist der Vertrieb gefragt. Dieser trägt Ideen und Überlegungen unserer Kunden in die Allgaier Gruppe. Wir verstehen uns als Lieferant, der seinen Kunden zwar Maschinen, aber auch eine Problemlösung verkauft. Wir verkaufen einen verfahrenstechnischen Prozess, wozu natürlich unsere Maschinen gehören. Das ist der neue Ansatz.

Wie ist aus Ihrer Sicht der Einfluss der drei Themen Demografie, Talent Management und Employer Branding auf die Innovationsfähigkeit eines Unternehmens?

Talent Management ist meines Erachtens ganz wichtig und zwar im Zusammenhang mit der Verbindung durch erfahrene Leute. Das versuchen wir gerade. Wenn Sie ein streng hierarchisches Unternehmen haben, das sich über Hierarchien und die Dauer der Betriebszugehörigkeit stark definiert hat, ist es schwierig, Innovationen in diesem Unternehmen zu generieren. Entscheidend ist es, die erfahrenen Mitarbeiter mit den High Potentials zusammenzubringen. Erstere müssen die High Potentials coachen. Den erfahrenen Mitarbeitern darf nicht das Gefühl vermittelt werden, dass High Potentials ihre Position gefährden können. Dieser Prozess sollte vielmehr die Weiterentwicklung fördern und beleben.

Entspricht dies einem altersneutralen Talent Management?

Nein, wir coachen die jungen Mitarbeiter über die Erfahrenen. Wir müssen den älteren Mitarbeitern die Angst nehmen, dass jetzt der Jugendlichkeitswahnsinn begonnen hat, wir plötzlich nicht mehr mit ihnen zusammenarbeiten wollen. Wir haben viele erfahrene, gute Mitarbeiter. Ich gebe Ihnen ein Bespiel: Im Bereich Werkzeugherstellung haben wir beispielsweise den Fall, dass sich ein Blech noch nicht so faltet, wie es gewünscht ist. Der Ansatz der jüngeren Mitarbeiter ist die Verbesserung über Computer-Simulation. Doch stimmen Simulation und das Resultat nicht immer überein. Die erfahrenen Mitarbeiter können dann ihre langjährige Erfahrung einbringen. Dann stimmt das Ergebnis. Die Simulation des jungen Kollegen ist vorab notwendig, damit der Status quo überhaupt relativ schnell erreicht wird. Inzwischen haben wir da ganz fruchtbare Verbindungen. Die jungen Leute lösen dann gemeinsam mit erfahrenen Werkzeugmachern mit 30, 35 Jahren Berufserfahrung die Probleme und entwickeln dabei schlaue Ideen. Im Automotive-Bereich beschäftigen wir uns zum Beispiel mit neuen Werkstoffen. Das ist dann auch Innovation. Die Karosserie muss leichter werden. Der heute eingesetzte Stahl wird durch Aluminium oder höherfeste Stähle ersetzt. Hier sind jüngere und ältere Kollegen gefragt, gemeinsam die richtigen Mischungen zu entwickeln.

Wer nimmt bei Allgaier die tragende Rolle zum Thema Innovationen und Innovationsfähigkeit ein? Gibt es einen Innovationsmanager?

Die Innovationsfähigkeit ist bei uns eindeutig Aufgabe der Vorgesetzten. Hier fordere ich das ein. Je nach Vorgesetztem funktioniert das besser oder schlechter. Als ein Unternehmen mit 1.950 Mitarbeitern können wir uns keinen hauptamtlichen Innovationsmanager leisten. Ich denke auch nicht, dass dies eine sinnvolle Funktion für eine Person ist. Ich halte es vielmehr für sinnvoll, regelmäßig eine Klausurtagung stattfinden zu lassen, ihre wichtigsten Spieler dort zusammenzubringen und Weiterentwicklung als gemeinsame Aufgabe zu verstehen. Dann erkennen sie, dass sie nicht alleine gewinnen können, ihr Team in der richtigen Mischung verstärken müssen, um Innovationen zu fördern. Bei Allgaier beginnt dieser Prozess beim Unternehmenserfolg und bei der Grundidee. Wir müssen das Unternehmen technisch und technologisch weiterentwickeln. Standardverfahren können andernfalls günstiger im Ausland, in Rumänien oder der Ukraine, angeboten werden. Also müssen wir uns mit unserer Technologie differenzieren. Dann ist der Kunde bereit, dafür mehr Geld zu bezahlen, und wir sind wieder mit im Spiel.

Sehen Sie Ihre Verantwortung zur Innovationsfähigkeit als Vorsitzender der Geschäftsführung?

Ja, ich bin derjenige, der den Prozess immer wieder anstoßen muss, der immer wieder den Finger darauf halten und nachlegen muss. Wie gesagt, geschieht dies auf unseren Klausurtagungen. Mittels der Balanced Scorecard sehen wir, was bereits passiert ist, wo wir heute stehen, was nicht funktioniert hat und auch wo wir Fehler gemacht haben. Entsprechend wird die Balanced Scorecard regelmäßig weiterentwickelt mit Punkten, die erreicht wurden oder die verändert werden müssen.

Welche Rolle spielt aus Ihrer Sicht das Thema Demografie, demografischer Wandel im Zuge der Innovationsfähigkeit für die Zukunftsfähigkeit eines Unternehmens?

Bei Allgaier haben wir ein Durchschnittsalter von 38 Jahren im Unternehmen. Wir haben ältere Mitarbeiter im Unternehmen, sind aber auch traditionell relativ stark in der Ausbildung. Da wir ein Familienunternehmen sind, das langfristig denkt, können wir überdurchschnittlich viel in die Ausbildung investieren. Wir bilden deutlich über dem Industriestandard aus, sind im Umkreis für eine sehr gute Ausbildung bekannt. Hier ist es noch ein Privileg, einen Ausbildungsplatz bei Allgaier zu bekommen.

Also ist auch die Reputation wichtig?

Das kommt dazu. Die Jugendlichen möchten etwas werden. Das ist ein Kreislauf, der sich immer wieder ein bisschen weiterdreht. Dadurch, dass wir eine gute Reputation für einen Ausbildungsplatz haben, bewerben sich viele junge Menschen, die wirklich etwas lernen wollen.

Die haben noch Lust, das Unternehmen weiterzuentwickeln?

Genau, und diese Mitarbeiter bleiben dann auch. Wir unterstützen die Jugendlichen ebenfalls nach ihrer Ausbildung in der Weiterentwicklung. Wir gehen verstärkt auf BA-Studiengänge. Ich habe beispielsweise vor zwei Jahren damit angefangen, vier Auszubildende in die Werkzeuginstandhaltung unserer Tochtergesellschaften in Frankreich zu schicken. Sie übernehmen dort eine Position, die sie im Stammhaus erst nach einigen Jahren erreichen würden. Sie werden in Frankreich ab dem ersten Tag komplett in die Werkzeuginstandhaltung integriert, die sie eigenständig verantworten. Das Feedback der Mitarbeiter ist sehr positiv.

Drei der vier Auszubildenden haben entschieden, dass sie diese Weiterbildung intensivieren wollen. Gemeinsam haben wir besprochen, ob die Technikerschule oder die Fachhochschule der nächste richtige Schritt ist. Das unterstützen wir. Genauso wissen die Mitarbeiter, dass wir nach Abschluss ihrer Weiterbildung mit ihnen weiterarbeiten möchten.

Diese Mitarbeiter werden sicherlich auch aufgrund Ihrer Reputation bei Ihnen anklopfen.

Ja, das sehen wir schon als Kernaufgabe in unserem Unternehmen. In vielen anderen Unternehmen wird in der Ausbildung eingespart. Schaut man sich jedoch die Demografiekurve an, ist zu erkennen, dass wir in fünf Jahren einen Fachkräftemangel haben werden. Die Rekrutierung unserer Fachkräfte in den letzten zwei Jahren gestaltet sich bereits schwierig. Wenn wir die Mitarbeiter selber ausbilden und damit natürlich auch an Allgaier binden, dann haben wir einen gewissen Wettbewerbsvorteil.

Betrachten Sie die Faktoren Demografie, Employer Branding und altersneutrales Talent Management als einen Kreislauf, in dem sich die Themen gegenseitig befruchten und bedingen? Erreichen Sie auf diese Weise Mitarbeiter, die langfristig Interesse am Unternehmen haben und etwas vorantreiben wollen?

Wenn wir Motivation nur über Geld erzielten, dann würden wir vermutlich alle Mitarbeiter an Unternehmen wie Daimler oder Porsche verlieren. Diese Unternehmen zahlen einfach mehr. Motivation wird sicherlich auch über das Einkommen erzielt, aber auch über kreative Freiräume definiert. Gute und eigenständige Mitarbeiter haben dann natürlich in einem Unternehmen wie Allgaier einen viel größeren Freiraum als in jedem größeren Konzern. In Konzernen muss es starre Regeln geben. Bei einem Mittelständler sind Sie bezüglich Freiräumen deutlich besser aufgehoben.

Glauben Sie, dass ein Mittelständler bessere Grundlagen für Innovationsfähigkeit schaffen kann als ein Großkonzern? Lässt sich das tendenziell sagen?

Tendenziell nein. Ich würde sagen, dass ein Mittelständler sicherlich schneller und per se innovationsfähiger ist, weil er barrierefreier arbeitet. Innovationsfähigkeit hängt aber zudem von dem einsetzbaren Kapital ab. Ein Mittelständler hätte es sicher schwer, eine Lithium-Ionen-Batterie herzustellen, weil die Erstinvestition in eine neue Technologie nicht zu stemmen wäre. Handelt es sich jedoch um Investitionen aus schon laufenden Produkten heraus, so hat ein Mittelständler sicherlich einen Geschwindigkeitsvorteil.

Welches sind aus Ihrer Sicht die Top-Themen für Allgaier, unabhängig vom Thema Innovation?

Für uns als Unternehmen bleibt es bei Innovationsfähigkeit. Hier müssen wir noch besser, noch flexibler werden. Im Rahmen von Innovationsfähigkeit müssen wir uns noch stärker mit unseren Kunden auseinandersetzen, um mehr Input vom Markt für unsere Entwicklung aufzunehmen. Wir müssen uns als Problemlöser anbieten, müssen die Zusammenarbeit mit den Entwicklungsabteilungen unserer Kunden intensivieren. Hier sind wir mit ersten Projekten gestartet. Wir werden neue Verfahren im Bereich Process Technology auf den Markt bringen und die Entwicklung von sämtlichen Starkstoffbehältern in Zusammenarbeit mit einem großen OEM forcieren. Als Zwischenschritt dafür haben wir weitere Entwicklungsingenieure eingestellt, allein hätten wir das nicht gepackt.

Also ist es Ihr Ziel, gemeinsam mit dem Kunden für den Kunden an Lösungen zu arbeiten?

Der Ansatz geht sicherlich noch weiter. Dennoch ist so eine Zusammenarbeit für den Anfang nicht schlecht. Ich gebe Ihnen ein Bespiel: Wir sind im Bereich der Hybrid-Batterie-Technik sehr aktiv. Hier bringen wir uns bei einem der wenigen Hersteller in Deutschland ein. Bei der ersten Hybrid-Batterie, die Sie in der S-Klasse kaufen können, stammt das Gehäuse von uns. Hier erfüllen wir die hohen Anforderungen an die Sicherheitsstandards. In diesen Fällen sprechen wir bereits vor der eigentlichen Entwicklungsphase mit unseren Kunden. So ergeben sich automatisch die Schritte für die richtige Innovation.

Ein anderes entscheidendes Thema ist die Demografie.

Ist Demografie das Top-Thema in Bezug auf Nachwuchs?

Nachwuchsförderung ist entscheidend. Früher gab es für die gewerblichen Berufe nur die Werkstatt. Heute haben wir BA-Studiengänge mit Unterstützung der Fachhochschulen. Talent Management haben wir eingehend gestartet. Wir identifizieren unsere High Potentials unter den ganz jungen Mitarbeiten und wollen diese in gemeinsamen Projekten zusammenbringen. Dabei stellen wir ihnen Mentoren – das sind bei uns Führungskräfte – an die Seite. Auf diese Weise erkennen wir die Stärken und können Positionen innerhalb der Allgaier Gruppe gezielt besetzen, gerade auch in anderen Segmenten. Dafür müssen wir jedoch das Potenzial derjenigen erkennen, die dazu in der Lage sind. Das wird in einem Projekt deutlich.

Sehen Sie die Innovationsfähigkeit für Allgaier als gesichert?

Innovationsfähigkeit oder Innovationen sind ein fließender Prozess und immer sehr stark von Menschen abhängig, die sich damit beschäftigen und Ideen generieren. Verlieren Sie einen wichtigen Mitarbeiter an dieser Stelle und haben keinen Ersatz, bricht der Innovationszug ab. In einem Unternehmen mit der Größenordnung, wie wir sie bei Allgaier vorfinden, kann Innovation von wenigen Köpfen abhängen. Die Umsetzung dieser neuen Ideen liegt im nächsten Schritt in den Händen anderer. Es ist jedoch wichtig, die treibenden Kräfte für Innovation im Unternehmen zu halten.

Gibt es Bereiche (Vertrieb, Produktmanagement, Controlling), von denen Innovationsfähigkeit getrieben wird, oder sind alle Bereiche miteinander verzahnt?

Diese Verzahnung gibt es bei uns in dieser Form nicht. Das sind oft punktuelle Ideen, in den meisten Fällen vom Markt getrieben. Hin und wieder kommen die Vertriebsmitarbeiter mit neuen Ansätzen, bisher ungelösten Problemen. Hier müssen wir theoretisch, basierend auf dem, was wir uns schon erarbeitet haben, starten. Wir haben nicht die Möglichkeit, Grundlagenforschung oder -entwicklung zu betreiben. Wir sind sehr marktgetrieben. Gibt es also ein konkretes Bedürfnis vom Markt, arbeiten wir an der Lösung.

Gibt es einen Zusammenhang zwischen Innovationszyklen und Ihrer Unternehmensstrategie?

Wir haben keine kurzfristigen Innovationszyklen und auch keine kurzfristigen Produkte. Unsere Produkte sind langfristig angelegt. Unsere Unternehmensstrategie teilt sich in zwei Bereiche. Wir müssen uns neue Marktzugänge, beispielsweise in der Verfahrenstechnik oder im Automatikbereich, erschließen. Um langfristig erfolgreich zu sein, müssen wir mit unseren OEMs Schritt halten. Außerdem kann ich Russland, Asien oder die USA nicht von Deutschland aus bedienen. Wenn wir an diesen Märkten teilhaben möchten, müssen wir dorthin gehen. Der nächste Punkt ist die Produktdifferenzierung. Wir müssen etwas können, was der Wettbewerb nicht kann. Nur so können wir in einem Hochlohnland wie Deutschland überhaupt existieren. Im Ausland haben wir normalerweise nur einen Produktionsstandort. Die Entwicklung und Innovation finden ausschließlich in Deutschland statt.

Wenn Sie sich Unternehmen anschauen, entkoppelt von Allgaier: Woran erkennen Sie, ob eine Firma innovativ ist oder Innovationsfähigkeit besitzt?

Wenn ich in eine Firma gehe und mir die Produkte anschaue und sehe, dass es diese schon seit Jahrzehnten gibt und die einzige Differenzierung über den günstigeren Preis stattfindet, dann ist ein Unternehmen nicht innovationsfähig. Sehe ich ganz neue Produkte, hat das per se etwas mit Innovation zu tun.

Haben Sie zum Schluss noch eine goldene Regel für Berufseinsteiger? Was müssen diese beachten, um ein Unternehmen zu finden, in dem sie innovativ sein können?

Die goldene Regel wird es nicht geben. Zu einem Berufsanfänger würde ich sagen – und das ist meine persönliche Meinung: Gehe zu einem Unternehmen, dessen Produkt du „sexy" findest. Es ist wichtig, eine emotionale Bindung zu den Produkten zu gewinnen. Wenn das Produkt begeistert, kommt der Rest von alleine.

Marken-Management

15 Innovationskommunikation

Astrid von Rudloff und Franziska Weber

Im allgemeinen Sprachgebrauch verwenden wir Innovation unspezifisch für neue Ideen und Erfindungen. Im engeren Sinne wird eine Invention, der erste Schritt im Prozess, jedoch erst dann zur Innovation, wenn diese in neuen Produkten, Dienstleistungen oder Verfahren erfolgreich Anwendung findet, den Markt durchdringt und in der Gesellschaft ankommt.

Um Letzteres zu erreichen, ist begleitende Kommunikation fast unerlässlich – sowohl innerhalb der innovationstreibenden Organisation als auch mit externen Stakeholdern. Doch was macht Innovationskommunikation aus – und was macht sie erfolgreich?

Da an kommunikationstheoretischen Fachbüchern zum Thema kein Mangel besteht, versucht dieser Beitrag nicht, idealtypische Prozesse und Strukturen von Innovationskommunikation zu beschreiben. Vielmehr widmet er sich der Frage, in welchem Spannungsfeld sich Innovationskommunikation im 21. Jahrhundert bewegt. Welchen spezifischen Herausforderungen muss sie sich stellen? Was sind zentrale Faktoren für die erfolgreiche Kommunikation von Ideen und Erfindungen? Wo steht Innovationskommunikation in Deutschland heute? Und wie könnte sie wirkungsvoller gestaltet werden?

15.1 Innovation im Spannungsfeld zwischen Bedrohung und Chance

Als Henry Ford Anfang des 20. Jahrhunderts den Automobilbau revolutionierte, war das nicht für jeden eine gute Nachricht.

Für Arbeiter, die zuvor mit komplexen, qualifizierten Arbeitsvorgängen betraut waren, brachten die Automatisierung und Entindividualisierung des Produktionsprozesses Entfremdung und eine Erschütterung des Selbstwertgefühls mit sich. Gleichzeitig war es der auf Effizienz und Wirtschaftlichkeit ausgerichtete Innovationsprozess, der das Produkt Auto für völlig neue Käufergruppen erschwinglich und zugänglich machte.

An diesem Grundkonflikt hat sich bis heute nicht viel geändert: Innovation bringt Verunsicherung auf der einen und neue Möglichkeiten auf der anderen Seite. Innovation ist Chance und Risiko, sie weckt Begehrlichkeit und Angst gleichermaßen.

Kommunikation übernimmt in diesem Spannungsfeld idealerweise die Aufgabe, allen relevanten Zielgruppen – den Mitarbeitern des Innovationsunternehmens, seinen Geschäftspartnern und Kunden, den Medien –, aber immer häufiger auch der Politik, NGOs und Verbraucherschutzorganisationen die positiven Effekte und den Nutzwert einer Innovation deutlich zu machen. Werden die mit Innovation verbundenen Vorteile als groß genug empfunden, steigt gleichzeitig die Bereitschaft, dafür auch Risiken in Kauf zu nehmen.

Hierbei sind jedoch nicht allein die innovationstreibenden Unternehmen gefordert. Innovationskommunikation ist auch eine gesamtgesellschaftliche Aufgabe: Im Vergleich zu anderen Ländern hat Innovation gerade in Deutschland mentalitäts- und sicher auch geschichtsbedingt eine grundsätzlich eher skeptische Resonanz. Um beim Beispiel Autobau zu bleiben – Deutschland ist seit Jahrzehnten Technologieführer mit einer qualitativ herausragenden Autoindustrie und fällt doch bei hochaktuellen Innovationsthemen wie dem Elektroauto deutlich hinter anderen Industrienationen zurück. Im von McKinsey ermittelten *Electric Vehicle Index Evi* führen die USA im April 2010 das Feld in Sachen Elektromobilität an – trotz ihrer schwer angeschlagenen Autoindustrie, dafür aber mit Ideen: kostenlose Parkplätze für E-Cars oder die Erlaubnis für elektrobetriebene Autos, Taxi- und Busspuren nutzen zu dürfen. Deutschland, das im Index hinter Frankreich abgeschlagen auf Platz 3 landet, bremst seine eigene Innovationskraft mit erschwerten Absatzbedingungen und vergleichsweise verschwindend geringer staatlicher Förderung aus.

Das Beispiel zeigt: Um das gesamtgesellschaftliche Innovationsklima positiv zu beeinflussen, stehen neben der Wirtschaft auch die Politik, Universitäten, Forschungsinstitute und die Medien in der Pflicht. Die seit 2005 kontinuierlich laufende Kampagne *Deutschland – Land der Ideen* wurde vor genau diesem Hintergrund gestartet. Wettbewerbe wie *Jugend forscht*, Bildungsinitiativen wie *Faszination Licht – Innovation braucht Menschen* des Bundesministeriums für Bildung und Forschung oder Fernsehsendungen wie *Einfach Genial*, in der wöchentlich neue Erfindungen aus Deutschland vorgestellt werden, weisen ebenfalls den Weg in die richtige Richtung, mobilisieren aber noch nicht ausreichend.

Deutschland hat viele Könner, aber viel zu selten fasziniert leider die Kommunikation, die den Fortschritt begleitet. Woher kommt das?

Die These dazu lautet: Die Entwickler entwickeln, die Kommunikatoren kommunizieren. Und beide sprechen nicht besonders viel miteinander.

15.2 Innovationskommunikation ist Faszinationskommunikation

Innovations- und Unternehmensstrukturen sind zu oft in einer Art und Weise zementiert, die nicht genügend interdisziplinären Austausch zulässt. Um die Faszination von Innovation weiterzutragen – zunächst in der eigenen Organisation und anschließend darüber hinaus –, braucht es Strukturen und Protagonisten, die Fantasie, Querdenken und -kommunikation fördern und sich einem größeren interessierten Publikum öffnen.

Erste Ansätze in diese Richtung gibt es in Deutschland seit einigen Jahren unter dem Stichwort *Open Innovation*. Der Begriff beschreibt die Öffnung des Innovationsprozesses von Unternehmen und damit die aktive strategische Nutzung des Dialogs mit der Außenwelt zur Vergrößerung des eigenen Innovationspotenzials. Unternehmen holen sich externes Knowhow, zum Beispiel im Dialog mit Universitäten, an Bord, fördern den Austausch von internem und externem Wissen und stellen die traditionelle Exklusivität des Innovators infrage.

Diese Öffnung, wenn sie auch nicht in ausnahmslos allen Fällen möglich ist, markiert einen wichtigen Schritt auf dem Weg zur Faszinationskommunikation. Verschiedene Gruppen unterschiedlicher professioneller Hintergründe kommen im Prozess zusammen und entwickeln eine Innovationsgeschichte, die nicht nur den Erfinder inspiriert.

15.3   Strategische Erfolgsfaktoren in der Innovationskommunikation

Das jüngste Beispiel dafür, wie mitreißend und faszinierend Innovationskommunikation sein kann, stammt mit der erfolgreichen iPad-Einführung Anfang 2010 einmal mehr aus dem Hause Apple. Nicht jede Marke hat Kultstatus wie diese und nicht jedes Unternehmen einen *CEO of the Decade* Steve Jobs an seiner Spitze.

Und doch lassen sich einige Aktionsfelder identifizieren, die branchenübergreifend geeignet sind, im Rahmen kreativer Innovationskommunikation erfolgreich Neugier und Faszination zu wecken:

1.   Nur Innovationen als Innovation kommunizieren

So banal es klingt – ein inflationärer Umgang mit dem Begriff Innovation führt zu Überreizung und Reaktanz. „Innovativ" taucht auf jeder Liste von No-Go-Buzzwords auf, die in Pressemitteilungen und Kommunikation vermieden werden sollten. Es gilt also, sich auf Innovationen zu konzentrieren, die diesen Namen tatsächlich verdienen.

2.   Diskurse anstoßen

Für den Aufbau eines kommunikativen Spannungsbogens bieten sich bereits im Vorfeld einer Innovationseinführung zahlreiche Möglichkeiten. Über Ankündigungen in den Medien, mit Social-Media-Aktionen, auf Veranstaltungen und Podien kann eine Innovation so schon vor ihrem Erscheinen zum Talk of Town werden. Handelt es sich tatsächlich um eine bahnbrechende Technologie? Wird das neue Produkt die Welt verändern? Fragen wie diese können unter themenabhängiger Einbeziehung von Forschern, Branchenexperten und Psychologen schon sehr früh gestellt und diskutiert werden – um Neugier und Begehrlichkeit zu wecken und Bedrohungspotenziale zu entschärfen.

3.   Fürsprecher einbinden

Am glaubwürdigsten ist Kommunikation immer dann, wenn sie von unabhängiger dritter Seite kommt. Der Weber Shandwick *INLINE Communications Report von* 2009 belegt, dass persönliche Fürsprache (der Rat von Freunden, Bekannten und Familie) und Online-Advocacy (Produktrezensionen und Empfehlungen von unbekannten Personen im Internet) bei Kaufentscheidungen von Konsumenten europaweit die wichtigste Rolle spielen. Gerade in einer Zeit, in der die Ansprache von Zielgruppen über traditionelle Medien an Effizienz verliert, kann die Mobilisierung von Fürsprechern – den Advocates – einen wertvollen Beitrag leisten. Durch die Netzwerke und Möglichkeiten des Web 2.0 werden einzelne Stimmen so laut gehört wie nie zuvor. Dieses Potenzial gilt es, auch im Sinne von Innovationen zu nutzen.

Als die Deutsche Telekom im Jahr 2009 das erste Android-Mobiltelefon *T-Mobile G1* auf den deutschen Markt brachte, brachte sie diese Art von Advocacy-Kommunikation erfolgreich zum Einsatz: Unter Einbeziehung von Bloggern, Software-Entwicklern und anderen Beteiligten wurde die Geschichte der gemeinsamen Entwicklung von Android und G1 erzählt. Mit kommunikativer Unterstützung von Weber Shandwick gelang es der Telekom, zentrale Meinungsführer, zum Beispiel führende Telekommunikationsblogger, zu identifizieren und über ihre eigenen Kanäle zu Wort kommen zu lassen. Auch anfangs skeptische Stimmen wurden im Laufe der Kampagne zu Fans und glaubwürdigen Fürsprechern der Innovation G1.

4. Kontext herstellen

Mit ihrem hohen Komplexitätsgrad sind Innovationen heute enorm kontextbezogen, sie haben das Potenzial, Mentalität und Gesellschaft tiefgreifend zu verändern.

Unser Beispiel Autoindustrie zeigt dies besonders deutlich: Wenn Innovation sich allein auf die technologischen Neuerungen von Modellen und das Auto als Produkt konzentriert, verpasst sie einen Großteil ihrer Chancen. Mobilisierende Kommunikation setzt eine Ebene höher an: Ist das Auto in seiner heutigen Form das Transportmittel der Zukunft? Wie passt es in den Kontext von E-Mobility, Nachhaltigkeit & Co.? Ist Mobilität irgendwann ein wertneutraler Begriff ohne direkte Verknüpfung mit bestimmten Transportmitteln? Was bedeutet das zum Beispiel für die Städte- und Verkehrsplanung? Und werden die heute gültigen Regeln von Markt und Wettbewerb weiter bestehen, oder sind in einem neuen gesellschaftlichen Kontext meine heutigen Konkurrenten eventuell meine größten Verbündeten?

Auch die aktuelle Diskussion um Tablet-PCs, allen voran Apples iPad, demonstriert den möglichen Bedeutungsumfang von Innovation. Interesse und Kommunikation gelten nur zu einem geringen Teil den Produkteigenschaften und technologischen Neuerungen der E-Reader – die Implikationen sind viel größer: Von Medienwandel und Wirtschaftskrise gebeutelte Verlagshäuser erhoffen sich neue Perspektiven von der Innovation Tablet. Es geht nicht wirklich um das i- oder WePad, es geht um den Medienvertrieb der Zukunft.

Abbildung 15.1: Kontextebenen in der Innovationskommunikation

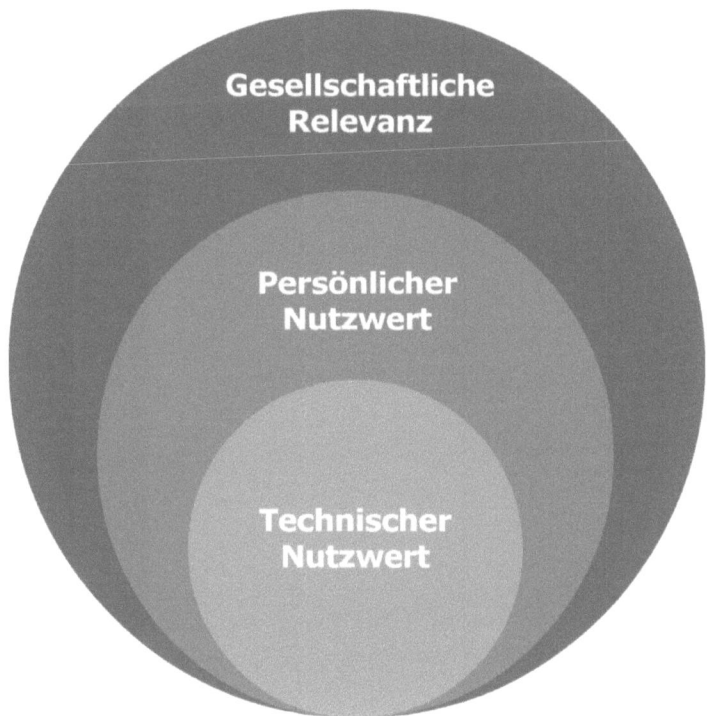

5. Geschichten erzählen

Doch emotionalisierende Kommunikation kann noch mehr, der Blick zurück kann mindestens ebenso spannend sein. Jede Innovation hat ihre eigene Geschichte – und diese kann man auf verschiedenen Ebenen lebendig und erfahrbar erzählen. Zum Beispiel: Wer hatte die erste Idee? Wie wurde diese aufgenommen? Wann wusste man, dass der entscheidende Fortschritt erreicht wurde? Wer hat dann entschieden, alles auf eine Karte zu setzen und in die Markteinführung dieser bestimmten Innovation zu investieren? Und wovor hatte man dabei am meisten Angst?

Diese persönliche Ebene des Storytellings bietet die große Chance, innovationsbegleitend Mythen aufzubauen und Identifikation zu schaffen – mit denen oft ein größerer Nachhall erzeugt werden kann als mit der Alleinstellungsdauer der Innovation, die bei der heutigen Geschwindigkeit des Marktes üblicherweise eher kurz ist.

15.4   Leitbild Faszination

Der Weg von der Produkt- zur Innovationskommunikation ist beschrieben. Voraussetzung für ein erfolgreiches Bezwingen des Weges sind das Bewusstsein und Wissen darüber, wie unterschiedlich Innovation antizipiert wird und dass eine rein rational orientierte Technikkommunikation auf manchem Gebiet sogar kontraproduktiv wirken kann.

Positive Mobilisierung erreicht man durch Faszination. Um diese glaubhaft zu transportieren, muss man allerdings zunächst selbst an die eigene Innovation glauben und von ihr begeistert sein.

Fangen wir damit an.

16 Innovation durch strategisches Marketing

Regina Mehler

Stellen Sie sich vor, Sie sind Marketing-Leiter eines großen Software-Unternehmens und Ihre Kollegen aus dem Vertrieb suchen die Gelegenheit zum ausführlichen Austausch mit den IT-Chefs der Kunden. Was tun Sie? Ganz einfach: Sie laden sämtliche IT-Chefs namhafter deutscher Unternehmen zu einem Treffen mit den Vertriebsleuten Ihres Unternehmens ein. „Funktioniert nicht", meinen Sie? Da haben Sie wahrscheinlich recht. Es sei denn, Sie laden ein zum Thema „Visionen der IT" – mit Bill Gates.

Ein solches Projekt habe ich vor einiger Zeit mit meinem Team realisiert – und konnte rund 20 europäische IT-Chefs ihrer Targeting-Liste auf einer fünftägigen USA-Reise begrüßen. Ein schöner Erfolg. Aus der gemeinsamen Reise haben sich solide Kontakte meines damaligen Unternehmens zu den CIOs entwickelt. Noch heute trifft man sich ab und an.

Natürlich haben wir das Projekt nicht ganz so beiläufig auf die Beine gestellt, wie es im Text oben erscheint. Stattdessen stand der Erfolg des Projektes auf vielen Säulen – meines Erachtens waren es sieben. In diesem Beitrag lesen Sie, welches die Erfolgsbausteine sind und was Sie tun können, wenn Sie innovative Ideen in Ihrem Marketing verwirklichen wollen. Sie erfahren, wie sich clevere Marketingideen entwickeln und realisieren lassen: trotz aller Skeptiker, Zweifler und organisatorischen Hürden.

Lassen Sie sich also zu innovativen Ideen motivieren und dazu, Ihre Chefs, Kollegen und externe Partner davon zu begeistern.

16.1 Die zündende Idee entwickeln

„Me too" ist langweilig, denn Marketingprojekte mit einem gängigen Format, das alle nutzen, besitzen nur wenig Aufmerksamkeitswert. Einige klassische Marketingprojekte müssen zwar auf die Agenda, weil es ohne sie nicht geht (beispielsweise Kampagnen, um die Markenbekanntheit zu stärken, Kundenbindungsmaßnahmen etc.), doch man sollte die Pflicht um die Kür ergänzen. Und die Kür wiederum muss außergewöhnlich und aufsehenerregend sein.

Daher ist eine Marketingidee dann gut, wenn sie völlig neue Wege beschreitet, „einen Unterschied macht", außergewöhnlich ist. Zugleich aber lässt sie sich idealerweise – auch mit geringem Budget – realisieren.

Solch guten Ideen muss man den Boden bereiten und für die entsprechende Kreativitätskultur sorgen, indem man eine Atmosphäre der Offenheit, der Wissbegierde und Diskussionsfreude schafft. Das klingt einfacher, als es ist. Denn im Wirtschaftsleben geht es meist um schnelle Ergebnisse, Zielorientierung und Effizienz. Daher fokussieren wir uns meist auf ein Ziel und strengen uns an, es in möglichst kurzer Zeit zu erreichen. Ganze Teams rackern sich ab wie die Hamster im Rad: mit Tunnelblick, fokussiert auf das gesteckte Ziel. Dabei kommt nur schwerlich eine kreative Atmosphäre auf und erst recht keine gute Idee zustande.

Denn Kreativität benötigt Raum. Gute Ideen entstehen in der Kaffeeküche, wenn das Team entspannt beisammensteht und ein Wort das andere gibt. Sie entstehen in der Diskussion und durch Inspiration – beides Aspekte, die in der modernen Arbeitswelt meist zu kurz kommen.

Wer in seinem Team oder Unternehmen für Kreativität sorgen will, muss daher zuerst einmal Freiräume schaffen, was im Kleinen beginnt, nämlich damit, dass man das Plaudern in der Kaffeeküche explizit erlaubt. Denn wer den ganzen Tag gebannt auf seinen Bildschirm starrt, wird keinen guten Einfall haben.

Fördern Sie die Kommunikation im Team. Dabei ist erlaubt, was Ihnen einfällt: Tischkicker, Billard, Arbeitsspaziergänge oder Offsite-Meetings.

Der Freiraum ist das eine. Ein zweiter Aspekt ist der regelmäßige Blick über den Tellerrand. Daher haben wir in meinem jetzigen Unternehmen die sogenannten Marketing Lectures etabliert. Das sind Vorträge Externer zu verschiedenen fachnahen, aber nicht unbedingt fachlichen Themen. Sie tragen dazu bei, den Blick jedes Einzelnen wach zu halten, neugierig, informiert und flexibel zu bleiben. Abgesehen davon: Die Marketing Lectures sind interessant, machen Spaß und erfreuen sich einer ständig wachsenden Teilnehmerzahl innerhalb und außerhalb des Unternehmens.

Zusätzlich veranstalten wir regelmäßig Offsite-Meetings und bieten zahlreiche interne Seminare zu verschiedenen Themen an. Das kostet zwar Geld, Zeit und Konzentration, diese sind aber gut investiert, weil sie das Team motivieren.

Wichtig ist es außerdem, eine Kultur zu schaffen, in der es erlaubt ist, Neues auszuprobieren. Das wiederum erfordert, dass es ganz explizit gestattet sein muss, Fehler zu machen. Denn neue Ideen können auch mal floppen. Besonders innovative Konzepte haben keine Garantie auf Erfolg. Daher müssen die Mitarbeiter wissen, dass sie auch dann noch Rückendeckung haben, wenn ihre Idee scheitern sollte. (Dabei sind eine vernünftige Risikoeinschätzung und eine entsprechende Risikobegrenzung grundsätzlich ein Muss.)

Wenn der Nährboden für das Entstehen von Innovation bereitet ist, brauchen Sie zusätzliche eine Technik, mit der Sie systematisch neue Ideen produzieren können. Verschiedenste Methoden dazu hat Anke Mayer-Grashorn entwickelt. Sie ist Autorin des Buches „Spinnen ist Pflicht" und Moderatorin von Kreativ-Seminaren, in denen sie mit Teams systematisch Ideen produziert. Davon haben auch meine Teams bereits mehrfach profitiert.

Die Methoden, die Anke Mayer-Grashorn verwendet, haben eines gemeinsam: Im ersten Schritt gehen sie weg von der eigentlichen Fragestellung und entwickeln die Ideen in einem völlig anderen Kontext. So werden die Teilnehmer locker. Sobald sie sich gedanklich auf einem anderen Terrain befinden, sind sie frei von „geht nicht", „klappt nicht" und offen für Neues.

Ein Beispiel ist das Möbelhaus Ikea. Das Unternehmen hat aus Möbeln Freunde gemacht, indem aus einem schlichtweißen Bücherregal „Billy" wurde. Bei Ikea gibt es freundliches Service-Personal, Maßbänder, Notizzettel und Dachgepäckträger zum Mieten, während man sich in vielen anderen Möbelhäusern schwer tut, überhaupt einen Ansprechpartner zu finden. Hier beginnt eine der möglichen Brainstorming-Methoden. Zunächst sammeln Sie auf einem Whiteboard die besonderen Service-Leistungen von Ikea: Baby-Service auf dem Herren-WC, kostenloser Lieferservice, Maßband in der Möbelabteilung, Sportschau-TV im Restaurant, Service-Points in jeder Abteilung und die Ikea Family-Card. Nach dem Brainstormen tauschen Sie den Namen „Ikea" durch den Namen Ihres Unternehmens aus.

Im nächsten Schritt verändern Sie die Frage des „Wie machen die das?" in ein „Wie können wir das machen?". Als Softwarehersteller könnten Sie vielleicht Ihren Kundenservice verbessern: die Antwortzeiten im Call-Service verkürzen, einen FAQ auf Ihrer Webseite einrichten oder einen Business Critical Support etablieren. Sammeln Sie, was Ihnen einfällt, und entscheiden Sie im dritten Schritt, welche Ihrer Ideen Sie wann realisieren wollen.

16.2   Projekte intern vermarkten

Die Projektidee alleine reicht nicht aus. Ein Marketier muss in der Lage sein, sie zu „verkaufen". Und zwar intern bei Mitarbeitern sowie extern bei Partnern und Agenturen – und natürlich beim Chef, was umso schwieriger ist, je außergewöhnlicher die Projektidee. Daher muss, wer eine innovative Idee intern verkaufen will, sehr gut vorbereitet sein. Dazu gehört es, mögliche Einwände des Chefs zu antizipieren und Argumente vorzubereiten, um die Einwände zu entkräften.

Findet das Gespräch oder die Präsentation in einer größeren Runde statt, ist es hilfreich, den einen oder anderen Teilnehmer vorab in die Idee einzuweihen. Auch ein solches Vorgespräch können Sie dazu nutzen, mögliche Kritikpunkte Ihrer Projektidee zu identifizieren – und sich entsprechend zu wappnen.

Bei aller Begeisterung, die Sie für das Projekt mitbringen: Es ist wichtig, dass Sie es kritisch genug betrachten, um sich sämtlicher Risiken bewusst zu sein, und Maßnahmen konzipieren, mit denen Sie Risiken begegnen können. Erst dann ist Ihr Projekt wasserdicht.

Für den Gesprächsaufbau ist es hilfreich, mit dem Nutzen des Projekts zu beginnen. Das heißt, zunächst begeistern Sie Ihre Zuhörer, erst danach erläutern Sie die Details Ihres Vorhabens.

Die meisten Präsentatoren beginnen genau andersherum. Sie erläutern zuerst die Maßnahme im Detail und schließen ihre Ausführungen mit der Darstellung des Projektnutzens ab. Das Problem dabei ist, dass der Zuhörer den Kontext noch nicht genau verstehen kann, während er bereits jede Menge Projektdetails hört. Weil er nicht wirklich weiß, was das Ganze bezweckt, hat er eine kritische Grundhaltung oder langweilt sich während der Ausführungen.

Daher gehe ich genau anders herum vor: Ich erkläre den Nutzen und schaffe Konsens. Erst dann erläutere ich die Details des Projekts. Ein Beispiel: Stellen Sie sich vor, Sie sind Marketing-Leiter eines kleineren Unternehmens mit geringem Bekanntheitsgrad und haben eine Idee für ein spannendes Veranstaltungskonzept. Dann können Sie Ihr Gespräch in etwa wie folgt beginnen: „Ich habe mir überlegt, wie wir trotz geringer Ressourcen eine größtmögliche Aufmerksamkeit auf dem Markt erreichen können. Mit dieser Idee werden wir unsere Bekanntheit deutlich erhöhen, was den Kollegen im Vertrieb sehr zugute kommen wird."

Sie beginnen demnach mit dem positiven Ergebnis, dem Vorteil, dem Nutzen. Alle werden nicken. Alternativ können Sie auch mit rhetorischen Fragen einsteigen: „Ist es nicht unser gemeinsames Ziel, den Bekanntheitsgrad unseres Unternehmens zu erhöhen?" oder „Wollen wir nicht alle gemeinsam dem Vertrieb den Zugang zu neuen Kunden erleichtern?" Solche Fragen können nur mit Ja beantwortet werden. Und diese Jas bereiten den Weg, um dann später die Zustimmung zu Ihrem Projekt herbeizuführen. Nach dem Motto „Wir waren uns doch zu Beginn einig, dass. .." oder „Also ist es doch in unser aller Interesse, dass ..."

Besonders wichtig ist es, dass Sie das Projektziel aus dem Gesamtziel des Unternehmens ableiten. So ist erkennbar, dass Sie auch im strategischen Sinne auf der richtigen Spur sind. Die Gleichung lautet dann: Ihr Projekterfolg ist gleich der Unternehmenserfolg ist gleich der Erfolg des Chefs. Sobald Ihre Zuhörer dieser Logik zustimmen, ist Ihr Projekt abgesegnet.

Doch zurück zum Ablauf des Gesprächs. Jeder wird Ihnen zustimmen, dass es gut wäre, die Bekanntheit Ihres bisher noch wenig bekannten Unternehmens zu erhöhen. Auf der Basis dieses Konsenses erläutern Sie die Details Ihres Projekts: „Um eine hohe Bekanntheit zu erreichen, müssen wir Dinge tun, die in dieser Form in unserer Branche noch nicht da gewesen sind. Denn dann können wir einen Überraschungseffekt erzielen, anstatt viel Geld in Imagekampagnen zu investieren."

Damit haben Sie einen ersten wichtigen Teil Ihrer Idee verraten: Sie machen etwas Ungewöhnliches, Neues und erläutern dessen Vorteile. Auch hier wird man Ihnen zustimmen: Schließlich ist eine hohe Bekanntheit zu geringen Kosten in der Tat attraktiv. Möglicweise fragt dann jemand: „Aha, und wie soll das bitte gehen?" Nun präsentieren Sie die Details.

Sollte es kritische Fragen geben, können Sie Ihre Zuhörer immer wieder auf den bereits erzielten Konsens fokussieren. Fragt beispielsweise jemand: „Du hast dabei vergessen, dass wir ein sehr kleines Core-Team sind und unser Budget nicht mal für das Catering reichen wird. Daher müssen wir ein paar Stufen zurückschrauben und diese Idee für in ein paar Jahre parken."

Dann gehen Sie wie folgt wieder zurück zum Konsens: „Auch eine Idee. Aber damit werden wir im Hier und Jetzt nichts verändern. Ihr im Vertrieb könntet doch umso viel leichter und schneller arbeiten, wenn man unsere Firma kennt und Ihr nicht immer erst erklären müsst, wer wir sind und was wir tun. Alleine durch die massive Presseresonanz werden wir unseren Bekanntheitsgrad deutlich erhöhen können."

Später erläutern Sie den finanziellen Aufwand und das Risiko auf der Grundlage Ihres detaillierten Kostenplans inklusive Risikoeinschätzung. Aber im gleichen Atemzug sagen Sie, welche Chance vertan wird, wenn man das Projekt nicht realisiert.

Zeichnen Sie bei alledem immer wieder das Bild, wie fantastisch es sein wird, das Projekt zu realisieren und dadurch Image und Bekanntheit Ihres Unternehmens zu erhöhen. Wenn Sie Ihre Begeisterung mit einer souveränen Argumentation kombinieren, werden Sie erfolgreich sein.

16.3 Ein solides Netzwerk aufbauen

Wenn Sie innovativ sein wollen, brauchen Sie ein gutes Netzwerk. Denn woher wollen Sie wissen, wohin der Trend geht, wenn Sie nicht mit den entsprechenden Personen verdrahtet sind? Woher wollen Sie wissen, welches die aktuellen Themen und die aktuellen Technologien sind? Wer mithalten will, muss die Best Practices kennen. Worin diese aktuell bestehen, erfahren Sie aber nur, wenn Sie über den Tellerrand des eigenen Unternehmens hinausschauen.

Mein Netzwerk hilft mir nicht nur, Ideen zu entwickeln. In puncto Innovationen kann es auch meine Testgruppe für neue Konzepte oder wertvoller Feedback-Geber sein. Dort kann ich noch unausgereifte Gedanken und verrückte Einfälle diskutieren, die ich im eigenen Unternehmen noch nicht präsentieren möchte. Vor allen Dingen kann ich dort von anderen und mit anderen lernen. Denn das Netzwerk bietet gebündeltes Wissen und Kompetenz, die ich als Einzelperson nicht aufbauen könnte – und die ich im Netzwerk ungeniert für meine Ziele nutzen darf.

Ob eine außergewöhnliche Location in Moskau, ein Ansprechpartner zu Fragen der IT-Infrastruktur in Pakistan oder der Kontakt zu einem Astronauten: In einem gut funktionierenden (Marketing-)Netzwerk kann zu diesen Fragen jemand weiterhelfen. Oder wenn Sie neutrales Feedback suchen: zu einem Vortrag oder zu der PowerPoint-Präsentation, die Ihren Chef von einer neuen Projektidee überzeugen soll. Im Netzwerk können Sie Fragen der Mitarbeiterführung oder Karriereplanung mit einer Offenheit diskutieren, die im eigenen Unternehmen nicht möglich ist. Außerdem lässt sich das Netzwerk zum ständigen Lernen nutzen. Dort können Sie sich zu Themen informieren, die außerhalb Ihres beruflichen Aufgabenbereichs liegen, die Sie aber gerade deshalb inspirieren werden.

Ihr Netzwerk wird umso besser funktionieren, je mehr Menschen aus verschiedenen Berufsfeldern und mit unterschiedlichem Hintergrund Sie integrieren. Je vielfältiger die Kontakte, desto ungewöhnlicher die Inspiration.

Gut gelebte Netzwerke beruhen darauf, dass ein fairer Austausch erfolgt, schließlich sind sie nichts anderes als eine Tauschbörse für Wissen und Ideen. Das heißt, in Ihrem Netzwerk müssen Sie sich auch als Input-Geber verstehen. Wer zu einem Treffen geht und versucht, dort möglichst viele Informationen für sich zu gewinnen, wird nicht erfolgreich sein. Stattdessen müssen Sie bereit sein, eigene Erfahrungen und eigenes Know-how einzubringen. Das kann im ersten Schritt darin bestehen, dass Sie über Ihre eigene Motivation, Ihre Erfolge – und Ihre Probleme erzählen. Schließlich wollen nicht nur Sie Ihre Ansprechpartner, sondern umgekehrt auch diese Sie als Person kennen lernen.

Was so einfach klingt, ist es oft gar nicht. Denn es erfordert durchaus Übung, von sich selbst, dem beruflichen Werdegang, schwierigen Fragestellungen und deren Lösung zu erzählen. (Wann haben Sie das zuletzt gemacht?) Unter Umständen brauchen Sie auch etwas Zeit, um sich darauf einzulassen. Aber lassen Sie sich nicht verunsichern: Das geht allen so – auch mir. Noch heute, nach zehn Jahren erfolgreichen Netzwerkens muss ich mir den kleinen inneren Schubs geben, wenn ich eine Veranstaltung besuche, bei der ich auf neue Kontakte treffe. Das Spektrum an Möglichkeiten, sich in ein Netzwerk einzubringen, ist denkbar breit: In manchen Netzwerken ist es gewünscht, dass Sie als Mitglied dort Vorträge halten. Tun Sie es. Oder es wird ein Raum für eine Abendveranstaltung gesucht. Laden Sie, wenn es geht, in Ihr Unternehmen ein. Oder jemand sucht eine Event-Agentur, einen Caterer, einen Weinlieferanten. Wenn Sie weiterhelfen können, tun Sie es. Je mehr Sie sich einbringen, desto bekannter werden Sie und desto leichter werden Sie weitere Kontakte knüpfen. Und dann fängt es an, richtig an Freude zu machen – und nützlich zu sein.

Ihr persönliches Netzwerk-Projekt

Es kann gar nicht anders sein: Auch Sie besitzen bereits ein kleineres oder größeres Netzwerk und damit ein gute Ausgangsbasis für Ihr persönliches Projekt der „Netzwerkerweiterung". Und wenn Sie nun motiviert sind, Ihr Netzwerk weiter auszubauen, bietet Ihr bereits bestehendes Netzwerk zahlreiche Ansatzpunkte dazu.

Am besten organisieren Sie Ihr Netzwerkprojekt genauso wie jedes andere berufliche Projekt. Sie planen es, Sie setzen die Maßnahmen um und zuletzt kontrollieren Sie Ihren Erfolg. Das ist sinnvoll, damit Ihr Netzwerkprojekt – wenn Sie es denn angehen möchten – die Nachhaltigkeit erhält, die es braucht, um erfolgreich zu sein. Denn wenn Sie kurzfristig und sporadisch agieren, werden Sie Ihr Netzwerk nicht erweitern können.

Ein guter Ansatzpunkt, das eigene Netzwerk zu erweitern, sind die Kontakte aus der Studienzeit, die sich in alle Winde, sprich: die verschiedensten Unternehmen verstreut haben. Machen Sie sie ausfindig. Oft helfen dabei die Alumni-Netzwerke der Universitäten. Durchforsten Sie Ihre früheren Kontakte und bauen Sie sie wieder auf. Wen möchten Sie treffen oder per E-Mail kontaktieren? Bei wem stoßen Sie auf positive Resonanz? Knüpfen Sie bei „alten" Kontakten an – und haben Sie keine Scheu zu sagen, worum es Ihnen geht. Der ein oder andere wird sich freuen. Vielleicht gibt außerdem eine Organisation, der Sie in Studienzeiten angehört haben, die Möglichkeit, Kontakte aus- und aufzubauen.

Fragen Sie außerdem im Kollegenkreis, wer dort welche Netzwerke besucht. Vielleicht können Sie sie ja begleiten. Oder noch besser: Lassen Sie sich in ein Netzwerk empfehlen. Aber Vorsicht: Bei manchen Netzwerken wie etwa dem Kaufmannscasino brauchen Sie drei erstklassige Empfehlungen, um aufgenommen zu werden. Setzen Sie sich solche Ziele erst im zweiten Schritt Ihres Netzwerkprojektes.

16.4   Der Draht zum Kunden und zum Vertrieb

Marketing steht in der Gefahr, vom grünen Tisch aus zu agieren, wenn die Mitarbeiter nicht wissen, wie der Kunde tickt. Daher sind der Schulterschluss mit dem Vertrieb und der eigene direkte Kontakt zum Kunden ein wichtiger Baustein Ihres Erfolgs. Nutzen Sie also alle denkbaren Möglichkeiten, mit Kunden zu sprechen. Das kann im Rahmen einer Messe oder einer Veranstaltung sein oder bei einem speziell dazu vereinbarten Termin. Haben Sie keine Scheu, Fragen zu stellen, wenn Sie als Marketier im Software-Bereich nicht alle technischen Details Ihrer Produkte kennen. Niemand erwartet von Ihnen, dass Sie technische Einzelheiten so genau kennen wie Ihre Kollegen aus Sales oder Technik. Schließlich ist es nicht Ihr Job, Kunden zu beraten.

Ein guter Rahmen, um mit dem Kunden zu sprechen, ist das in der IT übliche Erstellen von Anwenderberichten. Viele Kunden sind gerne dazu bereit, über ihre IT-Projekte zu berichten. Besonders dann, wenn sie mit der Lösung zufrieden sind und den Referenzbericht auch zu ihrer persönliche Profilierung nutzen können. (Denn nicht ein Marketier muss sich intern positionieren.)

Egal, in welcher Form Sie den Anwenderbericht erstellen – ob als schriftlichen Bericht oder als Video: Es wird ein Kunden-Interview durchgeführt. Auch wenn Sie damit externe Journalisten oder Agenturen beauftragen, Sie als Marketier können und sollten zumindest ab und zu mit dabei sein.

So bekommen Sie nicht nur ein sehr gutes Gespür für Ihre Kunden. Sie lernen außerdem, wie Ihre Lösungen in der Praxis funktionieren. Das wird Ihnen helfen, Ihre nächsten Kampagnen noch besser auf die Zielgruppen zuzuschneiden.

Mindestens genauso wichtig wie der Draht zum Kunden ist Ihre enge Kooperation mit dem Vertrieb. Der Vertrieb ist täglich „draußen" beim Kunden, also weiß er, was dort los ist und was der Kunde braucht. Stellen Sie in den Vertriebs-Meetings daher nicht nur ihre Konzepte vor, sondern fragen Sie aktiv nach, welche Unterstützung der Vertrieb benötigt. Beziehen Sie die Ideen des Vertriebs in Ihre Konzepte ein, aber lassen Sie sich nicht ins Handwerk pfuschen – auch wenn Sales allzu gerne mitredet, wie der Look einer neuen Broschüre aussehen soll.

Sorgen Sie für Transparenz und erklären Sie, warum Sie welche Maßnahme durchführen. Denn Ihre Kollegen aus dem Vertrieb müssen wissen, woran das Marketing-Team aktuell arbeitet, welche Zielsetzung es dabei verfolgt und worin der Mehrwert für sie, die Vertriebskollegen, besteht. Und nicht nur die einzelnen Projekte muss der Vertrieb verstehen, er sollte die Gesamtstrategie kennen.

Nach meiner Erfahrung sind regelmäßige, wöchentliche Meetings unabdingbar. In diesen Meetings erfährt man, mit welchen Themen der Vertrieb aktuell konfrontiert wird, und kann mit diesem Wissen sehr viel gezielter vertriebsunterstützende Maßnahmen planen.

Denken Sie bei der Vorbereitung des Vertriebsmeetings daran, dass der Vertrieb in Zahlen denkt, und argumentieren Sie entsprechend. Daher kommt es gut an, wenn Sie beispielsweise das Marktpotenzial und den firmeneigenen Anteil daran als Kuchendiagramm zeigen und – ebenfalls im Diagramm – das Wachstumspotenzial Ihres Unternehmens. Und leiten Sie daraus Ihre aktuellen Aktionen ab.

16.5   Geschäftliche Partnerschaften pflegen

Geschäftliche Partnerschaften dienen der Effizienz und ermöglichen Synergien, etwa wenn man dieselbe Zielgruppe bedient und diese mit einer gemeinsamen Veranstaltung anspricht oder wenn man gemeinsam einen Messestand organisiert oder eine Podiumsdiskussion.

In der IT zählen Partnerschaften zur üblichen Geschäftspraxis. Sie bestehen in Form strategischer Partnerschaften, sprich: als Kooperation auf Herstellerebene, etwa zwischen einem Software- und einem Hardware-Hersteller. Außerdem gibt es Partnerschaften im sogenannten Channel, bei denen ein Hersteller mit seinen Vertriebspartnern kooperiert. In der IT sind die Unternehmen sehr offen für diese Kooperationen und entsprechend organisiert. So verfügen etwa die Herstellerunternehmen über entsprechende Marketing-Gelder und Mitarbeiter, die sich ausschließlich um die Partnerschaften kümmern. Die Partnerschaften gehören demnach zum Tagesgeschäft.

Doch die Partnerschaften sind nicht nur Tagesgeschäft. Sie können die geeignete Plattform darstellen, um außerordentliche Projekte zu realisieren. Denn manche Projekte erfordern nicht nur ein riesiges Budget. Sie erfordern außerdem die geballte Reputation, etwa wenn Sie mit 25 CIOs führender europäischer Unternehmen eine einwöchige Reise in die USA unternehmen möchten.

Die Idee habe ich bereits zu Beginn dieses Aufsatzes kurz angerissen: Wir wollten Executives einladen zu einer Tour in die USA und einem Treffen mit Bill Gates. Denn Top Manager erreicht man erstens nur einer mit einzigartigen, überraschenden Idee, aus der sie einen Mehrwert für ihren eigenen Aufgabenbereich ziehen können. Schließlich ist der Arbeitsalltag eines Top-Managers sehr eng getaktet. Mit einem der üblichen Kaminabende oder Roundtable-Gespräche hätten wir nicht die Executives erreicht, die wir haben wollten. Das versuchten unsere Mitbewerber seit Langem.

Daher fragten wir uns zunächst, welchen Mehrwert ein IT-Vorstand oder ein CIO sucht. Die Überlegung war folgende: Da die IT-Chefs in Großunternehmen Jahresbudgets im achtstelligen Bereich zu verwalten haben, ist es für sie essenziell zu wissen, wie sie dieses Geld möglichst gewinnbringend investieren. In einer Welt schneller Entwicklungen kann eine verpasste oder eine falsche Investition schnell ein paar Millionen Euro kosten. Der IT-Vorstand profitiert also davon, wenn er möglichst viel Wissen über künftige Trends und zu erwartende Technologien besitzt.

An diesem Gedanken setzte unser Konzept an. Wir wollten eine C-Level-Plattform schaffen, in deren Rahmen man die Zukunft der IT diskutiert. Der passende Ort dafür schien uns Silicon Valley in Kalifornien zu sein, das noch heute die meisten IT-Innovationen hervorbringt.

Zweitens wussten wir, dass sich Vorstände an einem Event dann beteiligen, wenn sie eine Netzwerkmöglichkeit auf gleicher Ebene erhalten. Daraus entstand folgende Idee: 25 europäische IT-Chefs großer Unternehmen wollten wir zu einer einwöchigen IT-Vision-2020-Tour nach Kalifornien einladen. Dort sollten sie unser Unternehmen sowie drei Partnerunternehmen für je einen Tag besuchen und sich dort ausschließlich mit deren C-Levels austauschen, und zwar über die jeweilige unternehmerische Vision für die kommenden 15 Jahre. Das musste für die Executives eine interessante Option sein. Denn eine solche Reise mit derart hochkarätigen Kontakten konnte selbst der IT-Chef eines großen deutschen Autoherstellers alleine nicht ohne Weiteres auf die Beine stellen.

Und wir auch nicht. Denn ein solch anspruchsvolles Konzept erfordert strategische Partnerschaften. Nur wenn man die Kontakte bündelt, bringt man die IT-Chefs von 25 Top-Unternehmen zusammen und die US-Executives der führenden Software-Häuser. Mit im Boot waren daher andere führende Software-Hersteller, die ihre Top-Level-Absprechpartner genauso aktivierten wie wir unsere. Und so kamen wir zu dem Termin mit Bill Gates.

Tatsächlich gingen wir im Sommer 2005 mit 25 europäischen CIOs auf die Reise. Mit dabei waren Vertreter der jeweils führenden Unternehmen im Bereich Telekommunikation, Autohersteller, Banken, Handel, Lebensmittel und industrielle Fertigungen.

Ein Highlight für alle Teilnehmer war das Treffen mit Bill Gates. Er stellte die Visionen seines Unternehmens für die nächsten zehn Jahre vor. Mehr als drei Stunden nahm er sich Zeit, begeistert von der Tiefe des Diskussionsniveaus. Ein weiteres Highlight war, dass jeder der Teilnehmer ein persönliches Foto mit Bill Gates und dessen Widmung bekam. Da freuten sich die IT-Chefs wie Jungs über die Geste des IT-Visionärs, der eine zurückhaltende Erscheinung ist und erst auf der Bühne die Strahlkraft gewinnt, für die er bekannt ist.

Dank der Vorträge und Diskussionen gewannen die Teilnehmer Einblicke in die Visionen 2020 und damit mehr Sicherheit für ihre Investitionsentscheidungen. Noch heute werden die auf dieser Reise geknüpften Kontakte über die Grenzen hinweg gepflegt – eine Nachhaltigkeit, die darauf beruht, dass die gemeinsame Reise den Raum bot, tiefergehende Beziehungen zu knüpfen.

Aber auch wenn es nicht gleich die Bill-Gates-Tour werden soll: Partnerschaften sind eine gute Basis für große Projekte. Dabei profitieren Sie nicht nur von zusätzlichen Budgets, sondern auch – wechselseitig – von vorhandenen Kundenkontakten. Zwei oder drei Unternehmen gemeinsam können oft ein Vielfaches dessen erreichen, was man allein auf die Beine stellt. Denn in Partnerschaften steckt viel Potenzial für Synergien.

16.6   Mitarbeitern Freiheit gewähren

Vor einiger Zeit hatte ich einen Mitarbeiter, der ein genialer Innovator, im Team aber kaum zumutbar war: Termine hielt er nicht ein, Kollegen informierte er nicht, und so gab es öfters Probleme. Im Laufe der Zeit verschlechterten sich seine Stimmung und seine Leistung. Nach mehreren Anläufen und Gesprächen wurde mir klar, dass er, wenn er sich an die allgemeinen Gepflogenheiten und Regeln halten müsste, vermutlich als Mauerblümchen verwelken würde. Kurzum: Er passte nicht in unsere Strukturen, aber ich wollte nicht auf ihn verzichten. Also fanden wir eine neue Form der Zusammenarbeit: Er arbeitete als Freiberufler nach seinem Rhythmus und kam nur zu Besprechungsterminen ins Unternehmen. Das Ergebnis war frappierend. Er fand zu seiner alten Form zurück, kam zu Meetings gut gelaunt ins Büro, lieferte geniale Arbeit ab und kooperierte völlig unbefangen mit dem Team.

Das oben geschilderte Beispiel ist ein Extremfall, aber veranschaulicht dennoch, dass Leistung nichts mit Anwesenheit und Kontrolle zu tun hat, sondern Motivation und Freiraum erfordert. Auch wenn dazu nicht jeder die extreme Freiheit des Freiberuflers braucht: Mitarbeiter sollten Berufliches mit ihren persönlichen Bedürfnissen bestmöglich vereinbaren können. Als Manager sehe ich es als eine meiner Aufgabe an, die Mitarbeiter darin zu unterstützen.

Daher plädiere ich für flexible Arbeitszeiten genauso wie für Home-Office-Regelungen. Zwar ist es wichtig, sich regelmäßig abzustimmen und persönlich zu treffen. Aber solange der Job gemacht wird, gehe ich tolerant mit Arbeits- und Anwesenheitszeiten um. Schließlich gibt es Menschen, die für eine Aufgabe halb so lange brauchen wie andere. Alles, was zählt, ist das Ergebnis. Den Weg überlasse ich jedem selbst.

Auch wenn ein Projekt nicht wie gewünscht läuft, bleibt der Mitarbeiter in der Verantwortung. Denn ich erwarte, dass er die Situation in den Griff bekommt. Zwar stelle ich ihn zur Rede und hinterfrage, warum die Dinge nicht vorangehen, und wir legen dann gemeinsam fest, wie es weitergehen kann.

In ihrer fachlichen und persönlichen Qualifikation unterstütze ich meine Mitarbeiter durch großzügige Weiterbildungsmöglichkeiten. Denn jeder soll sich weiterentwickeln können. Daher hole ich hochkarätige Sprecher und Trainer ins Haus, um neue Impulse zu setzen und neues Wissen zu vermitteln.

Der Chef als Coach

Während ich in Sachen Arbeitszeit, Home-Office und Weiterbildung großzügig agiere, bin ich hinsichtlich der Performance anspruchsvoll und stecke die Ziele hoch. (Mir ist bewusst, dass meine Mitarbeiter oft darüber stöhnen.) Doch gut genug reicht nicht aus. Wer wirklich gut sein will, muss sich hohe Ziele stecken, an denen er sein tägliches Handeln ausrichten kann.

Der „Deal" zwischen meinem Team und mir besteht also darin, dass die Mitarbeiter zwar viel leisten müssen, doch dafür sehr flexibel und frei agieren können sowie von hervorragenden Entwicklungsmöglichkeiten profitieren. In der Regel funktioniert das gut. Dennoch verbringe ich im Tagesgeschäft viel Zeit damit, mein Team zu unterstützen.

Denn Mitarbeiter haben Stärken und Schwächen, machen Fehler, sind hin und wieder überfordert und gestresst. Das ist die Normalität im modernen Berufsalltag, zumal in einer Branche wie der IT, die sich schnell und fortlaufend ändert. Daher bin ich fast täglich als Ratgeber und Coach meiner Mitarbeiter gefordert. Zu meinen Aufgaben zählt es, jeden einzelnen Mitarbeiter mit seinen Stärken und Schwächen zu kennen und entsprechend zu fördern. So hatte ich vor einiger Zeit eine Mitarbeiterin, die sehr talentiert, aber sehr zurückhaltend war. Um keinen Preis wollte sie präsentieren und ihre durchaus beachtlichen Erfolge vermarkten. Mittels Präsentationstrainings und zunächst kleinen, dann größeren Auftritten nahm im Laufe der Zeit ihr Selbstbewusstsein zu und sie fragte nach mehr Verantwortung. Die bekam sie. Nach knapp 18-monatiger Zusammenarbeit übertrug ich ihr die Marketing-Verantwortung für einen kompletten Geschäftsbereich, eine Aufgabe, die sie mit großem Erfolg meisterte.

Das Coaching tritt heute an die Stelle eines hierarchischen Führungsstils von Anordnungen und Kontrolle. Zumindest in der IT ist das Hierarchiedenken nahezu verschwunden. Denn gerade wenn es schnell gehen muss, braucht man flache Hierarchien und kurze Wege zu Entscheidungen. Es gibt sicherlich noch Branchen, in denen man Hierarchien pflegt. Aber dies sind Unternehmen, die es sich (noch) erlauben können, in einem langsameren Tempo zu agieren.

16.7   Messbarkeit und Effizienz im Marketing

Wie jede andere strategische Unternehmensabteilung lebt auch Marketing vom darstellbaren Erfolg. Lange Zeit aber war es kaum möglich, im Marketing mit Fakten aufzuwarten, da die Ergebnisse kaum messbar waren. Heute allerdings gibt es eine Reihe von Messinstrumenten.

Zudem hat sich der Marketing-Mix gewandelt. Jede Online-Maßnahme beispielsweise lässt sich auf Herz und Nieren prüfen. Idealerweise werden neue Projekte schon in der Planungsphase in entsprechenden Systemen verwaltet und diese im Laufe der Aktion mit Zwischenergebnissen gefüttert. Da eine ideale Marketingstrategie für ein Produkt aus einer mehrstufigen Kampagne besteht, kann man Schritt für Schritt Zwischenergebnisse in allen einzelnen Bereichen abfragen. Der große Vorteil dabei ist: Man sieht sehr schnell, ob eine Markt- oder eine Zielgruppenansprache funktioniert oder ob man korrigierend eingreifen muss.

Später kann man die Erkenntnisse daraus verwerten. Sei es, dass eine Zielgruppe mehr online-affin reagiert als ursprünglich angenommen oder eine andere infolge einer Veranstaltung Kontakt mit dem Unternehmen aufnimmt. Das heißt, auf Basis der gewonnenen Information aus der Auswertung kann man die Budgets entsprechend zuordnen und die Effektivität des Marketing-Mix erhöhen.

Insbesondere die Online-Messinstrumente werden immer ausgereifter: Während man zu Beginn des Internets stolz war, die „Page Impressions" als Ergebnis zu präsentieren, weiß man mittlerweile, dass diese wenig Relevanz für die Marketiers besitzen. Interessant wird es erst mit Analysen dazu, wer wie lange auf welchen Inhalten unterwegs war, wohin er sich weiterbewegt und welche neuen Inhalte er sich heruntergeladen hat. Ebenfalls im Fokus steht: Welche Anzeigen hat der User angeklickt? Und welche Links, beispielsweise auf Partnerseiten? Letzeres wird besonders interessant, wenn man den Partner über die Ergebnisse gemeinsamer Projekte informiert. Denn neu generierte Kontakte sind das eine Ziel, die Weitergabe von gezielten Hintergrundinformationen das andere. Je genauer man heute im Unternehmen die Einflussnahme des Marketings am direkten Geschäft darstellen und belegen kann, desto leichter lässt sich ein höheres Budget einfordern. Denn nur dann, wenn der CEO die Relevanz des Marketings erkennt, versteht er das Marketing-Budget nicht länger als Kostenstelle, sondern als Investition.

Weg von dem „Fleißbienchen"-Image

Marketing-Manager arbeiten gerne mit großem Fleiß eine Unmenge an Projekten ab und vergessen darüber, ihre Arbeit intern zu vermarkten. So werden die Marketing-Teams von Kollegen häufig als „emsiger Bienenhaufen" wahrgenommen, von dem niemand so recht weiß, was die den ganzen Tag tun. So werden sie vornehmlich als Kostenstelle oder Backoffice wahrgenommen und am Ende des Geschäftsjahres gibt es allenfalls ein Fleißkärtchen.

Damit es Ihnen nicht so geht, präsentieren und kommunizieren Sie Ihre Konzepte – und belegen Ihre Erfolge mit Zahlen. Dabei liegt die Betonung auf Zahlen, die vielen Marketiers nicht unbedingt im Blut liegen. Wenn das auch auf Sie zutrifft: Springen Sie über Ihren Schatten, arbeiten Sie mit Kennzahlen und Statistiken, definieren Sie KPIs (= Key Performance Indices) und halten Sie deren Einhaltung nach.

Dann werden Ihre Arbeit und Ihr Beitrag zum Unternehmenserfolg messbar, etwa wenn Sie eine Road Show organisieren und per E-Mail dazu einladen. Legen Sie im Vorfeld fest, wie viele Teilnehmer Sie mit der Roadshow erreichen wollen. Diese Zahl wird dann Ihr Key Performance Indicator für diese Maßnahme. Halten Sie genau nach, wie viele Adressaten Sie angesprochen haben, erfassen Sie die Zahl der Anmeldungen und der Teilnehmer. Idealerweise nutzen Sie entsprechende Statistik- und CRM-Tools, die es Ihnen erlauben, für jeden Kunden zu erfassen, welche Informationsangebote ihn interessieren. Je mehr Ihr Unternehmen über einen Kunden weiß, desto besser können Sie ihn bedienen.

Moderne Inbound-Marketing-Systeme sind in der Lage, vom Kunden ausgehende Kontakte wie etwa einen Anruf im Call Center für die Kundenbindung und den Verkauf zu nutzen. Sie sind deswegen besonders effektiv, weil man optimal auf den Kunden reagieren kann. Anders als bei Outbound-Kontakten flattert kein unerwünschtes Mailing ins Haus. Stattdessen entsteht der Kontakt beim Inbound-Marketing freiwillig und bietet sich zur vertrieblichen Nutzung geradezu an.

Amazon macht uns vor, wie es funktioniert. Kaum haben Sie dort ein Mathematik-Übungsheft für Ihre Tochter in der fünften Klasse bestellt, werden Sie per E-Mail bis zu deren Abitur mit Angeboten für neue, passende Übungshefte versorgt. Lernen Sie daraus für Ihr Marketing und sprechen Sie darüber. Präsentieren Sie Ihren Kollegen die erreichten Zahlen, erstellen Sie Vorjahresvergleiche, präsentieren Sie Statistiken. Und wenn es das Budget erlaubt, beauftragen Sie ein Marktforschungsinstitut mit der Analyse des Bekanntheitsgrades Ihres Unternehmens in Ihrer Zielgruppe vor der Image-Kampagne und danach.

Informationen über den Kunden sind das A und O erfolgreichen Marketings. Speichern und verwerten Sie also alles, was Sie über den Kunden in Erfahrung bringen können. Betrachten Sie jeden Kundenkontakt als Chance – auch den Besuch auf der Webseite wie bereits oben beschrieben. Auch hier liefert der Kunde wertvolle Hinweise auf seine Wünsche. Was liest er? Wie lange hält er sich bei welchem Thema auf? Sobald der Kunde einen Download durchgeführt hat, können Sie seine Bewegungen auf Ihrer Webseite verfolgen und notieren.

Dieses Wissen müssen Sie zu einem späteren Zeitpunkt nur noch richtig nutzen: In Verbindung mit der Kundenhistorie können Sie dann Angebote maßschneidern, die aller Wahrscheinlichkeit nach zu erfreulich hohen Response-Raten führen.

17 Innovationsfähigkeit durch die Nutzung der Marke als Gravitationszentrum

Matthias Altendorf

17.1 Ausgangslage

Die weltweite Finanz- und Wirtschaftskrise im Jahre 2009 hat die hohe Vernetzung der Volkswirtschaften aufgrund der globalisierten Wirtschaftswelt aufgezeigt. Die Unternehmen sind auf der Suche nach hoher Wettbewerbsfähigkeit, um im internationalen oder weltweiten Wettbewerb zu bestehen. Dabei versuchen viele, dem Wettbewerbsdruck durch Kostensenkungsprogramme, Verlagerung in Niedriglohnländer und Verringerung der Wertschöpfungstiefe zu begegnen. Doch das allein wird nicht ausreichen, um langfristig im Markt zu bestehen, da diese Wettbewerbsvorteile nur von kurzer Dauer sind, keinen Kopierschutz beinhalten und wenig nachhaltiges Differenzierungspotenzial gegenüber dem Wettbewerb bieten, geschweige denn wirklichen Kundennutzen herbeiführen. Um einen langfristigen komparativen Wettbewerbsvorteil zu erzielen, der nachhaltig Kundennutzen herstellt, muss ein Unternehmen in der Lage sein, die Geschäftsprozesse schlank, vernetzt und lernend zu arrangieren, ohne dabei die Kreativität und Innovationsfähigkeit zu vernachlässigen oder zu beschädigen. Diejenigen Unternehmen, die mit diesem Spannungsfeld am besten umgehen können, haben die besten Chancen, am Markt zu bestehen, denn die menschliche Kreativität und Innovationskraft sind meistens die einzige Quelle in einem Humansystem – was ein Unternehmen am Ende des Tages immer ist –, die nie versiegt, sofern sie mit der notwendigen Sorgfalt genutzt und gepflegt wird.

Unabhängig von der Branche lassen sich folgende Innovationskategorien definieren:

- Produktinnovation (z. B. LCD, LED, 3-D-Fernsehen)
- Prozess- oder Verfahrensinnovation (z. B. Biotechnologie, Nanotechnologie)
- Service Innovation (z. B. Online Brokering)
- Innovation durch Veränderung der Geschäftsmodelle (z. B. Amazon)

Sicherlich sind die verschiedenen Kategorien einfacher oder schwerer, schneller oder langsamer zu erreichen, mit viel Kapital oder kapitalarm. Eines haben sie aber gemeinsam: Sie basieren auf dem Ideenreichtum und der Kreativität von Menschen. D. h., das Zusammenwirken von verschiedenen Menschen und deren Fähigkeiten rufen die Innovation hervor.

A.T. Kerney [1] betreibt seit 2003 den Best-Innovator Wettbewerb und hat aufgezeigt, dass sich innovative Unternehmen zumindest in Sachen Börsenattraktivität auch in der Krise deutlich von weniger innovativen Unternehmen unterscheiden. Die Werkzeuge für modernes Innovationsmanagement wie Innovationsstrategie, intelligentes Produktlebenszyklusmanagement, unterstützende Prozesse wie IT- und Entgeltsysteme bzw. Wissens- und Projektmanagement oder Innovationskultur und Organisation sind hinlänglich bekannt. Bilden die vorher beschriebenen Elemente ein harmonisches Konzert, dann bestehen gute Bedingungen für Erfolg. Leider entstehen diese Konzepte nicht über Nacht und es dauert sehr lange, bis sie etabliert und eingespielt sind.

Für eine Unternehmenskultur die durch Innovation geprägt sein sollte, sind die Globalisierung, der ständige Kostendruck und die Suche nach Verbesserung auf den ersten Blick Störgrößen. Das muss nicht sein, da eine starke Marke eine hohe Bindungskraft nach innen und außen in einem Unternehmen haben kann und somit die Kräfte von Innovation, Lean Management und Globalisierung in sich vereint und auf den Kundennutzen ausrichtet.

17.2 Was ist Kreativität oder ein innovatives Produkt, welches sind die beeinflussenden Faktoren?

Wenn wir die einzelnen Menschen betrachten, dann fällt es uns leicht, jemanden als kreativ oder innovativ zu beschreiben. Meistens erkennen wir am Resultat, das das Individuum produziert oder dargestellt hat, welches Maß an Kreativität in ihm steckt. Als Beobachter sehen wir die Kleidung eines Menschen oder das Kunstwerk, das er hergestellt hat, die persönliche Darstellung, die interessante Interpretation einer Rolle, die gespielte Musik, den gelebten Sport, das gefertigte Produkt – was wir als kreativ oder innovativ ansehen. Wir referenzieren dabei immer auf unserer eigenen Norm in Bezug auf Kreativität oder Innovation. Wenn etwas merklich von unserem eigenen Standard abweicht, sehen wir darin etwas Innovatives oder Kreatives. Aber das Ergebnis eines innovativen Prozesses kann nicht nur subjektiv sein, denn oft sind mehrere Menschen derselben Meinung, wenn es um die Beurteilung von Ergebnissen eines solchen Prozesses geht. Es gibt sicherlich viele Möglichkeiten, um die Ergebnisse eines innovativen Prozesses zu beurteilen. Vor allem wenn es zur Kunst kommt, scheiden sich die Geister sehr schnell. Nachfolgende Aufzählung des Kreativitätsforschers Dr. Gottlieb Guntern stellt eine sehr kompakte und eindeutige Betrachtungsweise hinsichtlich der Leistung eines kreativen Prozesses dar. Wenn alle vier Kriterien zusammenkommen, dann kann man von einer innovativen Leistung ausgehen.

Folgende Kriterien [2] dienen der Überprüfung von menschlicher Kreativität:

- ■ Einmaligkeit – das Entstandene existiert bis dato nicht

- ■ Funktionsgerecht – das Resultat einer kreativen Leistung funktioniert

- ■ Schönheit – das Ergebnis gefällt den menschlichen Sinnen

- ■ Werte – das Resultat einer Innovation schafft Werte für die Gesellschaft

Wenn wir diese Kriterien auf Kunstwerke oder Industrieprodukte anwenden, dann fällt es uns normalerweise relativ leicht, ein bis zwei Merkmale mit einem klaren Ja zu beantworten. Bei dem einen oder anderen Kriterium bedarf es eines zweiten Blicks oder der Überlegung, um der Prüfung standzuhalten, aber in aller Regel funktioniert es.

Wenn wir das Ergebnis von Handlungen einer einzelnen Person als innovativ betrachten, dann ist das sehr überschaubar, auch wenn sich der Weg dorthin für uns manchmal sehr schwer erschließt. In einer globalen Wirtschaftswelt werden allerdings sehr oft innovative Produkte und Dienstleistungen nicht von einzelnen Personen erzeugt, sondern sie sind das Resultat von vielen Beteiligten und basieren auf dem Zusammenwirken von verschiedenen Kräften in einer Unternehmung. Eine Unternehmung besteht aber nicht aus Beton, Maschinen, Werkzeugen, Computern oder Zahlen, sondern aus Menschen – lediglich die Bilanzwerte bestehen aus Sachen. Dinge können nicht kreativ sein, nur Menschen. Das Humansystem, das die Menschen in einer Unternehmung bilden, erweist sich nur unter bestimmten Rahmenbedingungen als kreativ. Der Nährboden für Innovation oder die Atmosphäre der Kreativität in einem Unternehmen steht oftmals im Konflikt mit Effizienzsteigerung oder Kostensenkung. Diese Grundlagen stehen unter ständiger Bedrohung von Rationalisierung, Personalabbau, Vereinfachung, Standardisierung, Vereinheitlichung, Normierung, Kostenreduktion etc.

In einem Unternehmen kann das Ergebnis, d. h. ein Produkt oder eine Dienstleistung, dann als innovativ bewertet werden, wenn folgende Merkmale erfüllt werden:

- Das Produkt (Dienstleistung) wird von den Kunden als einmalig und nachhaltig wahrgenommen.

- Es kostet den Kunden weniger, als es Wert beim Kunden generiert.

- Es funktioniert einwandfrei und nicht auf Kosten anderer.

- Es besticht durch ästhetische Differenzierung (Optik, Haptik, Bedienung etc.).

- Es ist unternehmerisch erfolgreich, d. h., es generiert mehr kumulierte Werte in einer Unternehmung, als es integrale Kosten verursacht. Nur ein Unternehmen mit nachhaltigen Gewinnen (Steuern), welches nicht auf Kosten anderer existiert, kann Werte für die Gesellschaft erwirtschaften.

Wenn wir die oberen fünf Punkte als Messlatte nehmen für die Innovationsfähigkeit einer Unternehmung oder deren Produkte, die geschaffen werden, dann muss man sich die Frage stellen, wie man dorthin kommt bzw. wie ein Unternehmen in dieser Position bleibt.

Die wesentliche Kunst für die Führung besteht dann darin, dass sich die Menschen in dem Humansystem, in dem sie tätig sind, kreativ und innovativ verhalten können bzw. dazu inspiriert werden. Innovation kann in einem Unternehmen weder verordnet noch erzwungen werden, noch ist es ein Wesenszug von Menschen oder eine Charaktereigenschaft. Die Kreativität erblüht nur dann, wenn Menschen in einer bestimmten Art und Weise miteinander in Interaktion stehen und treten können, und genau da beginnt die Führungskunst. Die Schaffung einer Unternehmenskultur und einer Wertelandschaft, die Menschen nachhaltig dazu inspiriert, sich innovativ zu verhalten – gemessen an den vorher aufgeführten Kriterien – ist der einzige Wettbewerbsvorteil, der sich über einen langen Zeitraum aufrechterhalten lässt, es sei denn man hat eine quasi Monopolstellung im Markt. Die Messgrößen für einen innovativen Nährboden in einem Unternehmen sind nicht primär betriebswirtschaftlich zu erfassen, sondern nur die fertigen Resultate. Aber folgende Beobachtungen sind ein guter Hinweis, ob man sich auf dem Pfad der Tugend befindet:

- Die Art und Weise, wie Menschen im Unternehmen miteinander umgehen

- Wie sich die Menschen neben der gegebenen Struktur organisieren und arrangieren

- Die Wertschätzung und Gleichbehandlung der Menschen unabhängig von Rang und Titel

- Diversität in Denkweisen, sozialer Herkunft, Nationalität, Ausbildung, Sprache etc.

- Die Fähigkeit, Konflikte produktiv zu verarbeiten und zu nutzen

- Die gegenseitige gemeinsame Inspiration und Akzeptanz

- Der Wille des Kollektivs, sich auf den Weg zu machen, um besser zu werden

- Außergewöhnliche Leistungen, die sichtbar werden für andere Menschen im Unternehmen oder für Kunden

- Veränderungsbereitschaft des Kollektivs bei einer unternehmerischen Herausforderung

- Die Abwesenheit der Angst bei den Menschen im Unternehmen, ohne das Gespür der Bedrohung von außen zu verlieren

- Der Nutzen und die Problemlösung für den Kunden stehen im Vordergrund und der betriebswirtschaftliche Erfolg ist das Ergebnis dieser Denkhaltung und nicht umgekehrt

Die Führungskunst besteht also darin, ein Umfeld zu schaffen, das es erlaubt, das kreative Potenzial der Menschen, die in und an der Unternehmung arbeiten, zu heben – ein langfristiger langsamer Prozess – und gleichzeitig aber operativ unternehmerische Effizienz mit betriebswirtschaftlichem Erfolg an den Tag zu legen, um die Zukunft zu ermöglichen.

Wenn man permanent Menschen entlässt, jedes Detail reguliert, einen Führungsstil, der auf dem Prinzip der Angst beruht, dem Quartalsergebnis Vorrang vor den Menschen gibt, dem Primat der Einheitlichkeit, Mittelmäßigkeit und Angepasstheit huldigt, darf man sich also nicht wundern, dass die Quelle der Innovation durch Dienst nach Vorschrift oder Abwanderung der besten Köpfe versiegt.

17.3   Irrtümer der Innovation

Angeblich scheitern acht von zehn innovativen Ideen im Markt, das heißt, es werden sehr viel Geld und Zeit verschwendet. Es drängt sich die Frage auf, warum das so ist und wie man das feststellen kann. Zum einen erkennt man es daran, dass die innovativen Merkmale, wie zuvor beschrieben, nicht erfüllt werden, und zum anderen herrscht oftmals noch die Meinung vor, dass Innovation

- sich allein durch Kreativität auszeichnet,

- in einem Forschungslabor kreiert wird,

- aus einer Idee besteht,

- nur in Nischen vorkommt,

- nur von kleinen Teams generiert wird,

- nur durch charismatische Chefs à la Steve Jobs zustande kommt.

Eine Innovation kommt in einem Unternehmen aber nur dann zustande, wenn es gelingt, ein Kundenproblem spezifisch zu erfassen und so zu beschreiben, dass es sich mit den Prozessen, Kompetenzen und Fähigkeiten der Unternehmung nachhaltig und betriebswirtschaftlich erfolgreich lösen lässt. Oftmals stellen die Identifikationen und die Beschreibungen der Kundenprobleme von morgen die größte Herausforderung dar. Die Kunst der kommunikativen Transformation von Kundenbedürfnissen in die Beschreibung von unternehmerischen oder technischen Herausforderungen gilt es zu beherrschen. Danach kann es sein, dass man einen technischen Spezialisten oder ein Expertenteam in einem Forschungslabor benötigt, um das Problem zu lösen. Es kann aber auch sein, dass ein guter Einfall in der Produktion, der Auftragsabwicklung, der Logistik etc. den erfolgsentscheidenden Faktor bildet. Innovation ist in einem Unternehmen in aller Regel das Resultat eines kollektiven Vorgangs verschiedener Disziplinen und nicht das Ergebnis vom Tatendrang einer einzelnen Person und zeichnet sich durch nachhaltigen betriebswirtschaftlichen Erfolg aus.

17.4   Lean Management und Kaizen

In der globalisierten Wirtschaftswelt ist neben Kreativität und Innovation die Kostenposition ein entscheidendes Differenzierungsmerkmal. Der Druck auf die Kosten ensteht zum einen dadurch, dass mehr Marktteilnehmer aus verschiedenen Ländern ein Stück vom Kuchen abhaben wollen, und zum anderen dadurch hervorgerufen, dass die unterschiedlichen Wohlstandsniveaus in der Welt einhergehen mit niedrigen Standards bei Entgelten, Umweltbestimmungen, Steuern, Arbeitsrechten und unterschiedlicher staatlicher Intervention und Steuerung.

Um diesem Kostendruck zu begegnen haben Unternehmen angefangen, die Verschwendung innerhalb des Unternehmens, die durch produktive, logistische, administrative Tätigkeiten verursacht wird, zu reduzieren bzw. zu eliminieren. Die Suche nach ständiger Verbesserung und Vermeidung von Verschwendung erfasst alle Unternehmensteile. In der Produktion ist dies sicherlich ein einfacheres Unterfangen, da die Messungen von Dingen seit Henry Ford und Frederick W. Taylor gang und gäbe sind – in den administrativen Bereichen, in den Forschungslaboren, in den Entwicklungsabteilungen, in Vertrieb und Marketing eine anspruchsvollere Aufgabe.

Da viele Unternehmen aber heute nicht mehr autark agieren können, sondern mit unterschiedlichem Vernetzungsgrad mit der externen Welt wie Lieferanten, Kunden, Vertriebskanälen, Forschungseinrichtungen, Dienstleistern etc. verbunden sind, erfordert dies ein gewisses Maß an Standardisierung, Normung und Vorschriften, um Nachhaltigkeit zu gewährleisten. Oftmals läuft dies über den Weg der IT oder im innerbetrieblichen Ablauf über Produktions-, Qualitäts- und Logistiksysteme mit den verschiedenartigsten Elementen.

Die Vernetzung eines Unternehmens mit der Außenwelt bringt automatisch einen gewissen Zwang der Standardisierung mit sich, um Waren, Dienstleistungen oder Informationen auszutauschen. Das Abweichen von den Standards kann vielfältige Konsequenzen mit sich ziehen und darum streben die Unternehmen danach, für die Einhaltung der Vereinheitlichungen und Standards zu sorgen. Diese systematische und standardisierte Vorgehensweise nimmt dann vielfach den Freiheitsgrad, Dinge auf einem anderen ggf. besseren Weg zu erledigen. Die Mächtigkeit der Systeme und der Standards beraubt dann in vielen Fällen die Menschen ihres positiven Einfallsreichtums, welcher aber notwendig für die Weiterentwicklung einer Unternehmung ist.

Daher dürfen die Lean-Management-Methoden und Kaizen im Mittel nur dazu dienen, an vielen Orten im Unternehmen Dinge effizienter, einfacher oder besser zu machen, um an anderen Orten Freiräume, Kapital und Ressourcen zu schaffen, um sich der innovativen Weiterentwicklung der Unternehmung aus Kundensicht zu widmen. Wenn die Mitarbeiter das Gefühl haben, dass die Suche nach Perfektion und Verschlankung dazu dient, dass Arbeitsplätze abgebaut werden oder dass die Vorteile, die daraus entstehen, vom Unternehmen abgezogen werden, wird sich über kurz oder lang der Dienst nach Vorschrift einstellen, die Risikobereitschaft reduzieren, die Einsatzbereitschaft und Flexibilität minimieren. Wenn dies eintritt, breitet sich der Virus der Angst, Ungerechtigkeit und Benachteiligung im Unternehmen aus und nistet sich an den Schaltstellen der Kreativität und Innovation ein, was innerhalb kurzer Zeit zum Mittelmaß und später zu einer Unternehmenskultur der Destruktion führt. Wenn man an diesem Punkt im Unternehmen angekommen ist, dann ist es in aller Regel sehr schwer, wieder auf den nachhaltigen Pfad für die Zukunft zu gelangen, weil die Zeit gegen das Unternehmen läuft. Daher ist es oberstes Gebot, niemals in diesen Strudel der Destruktion zu gelangen und im Vorfeld dagegen zu steuern.

Damit dies nicht geschieht, ist ein wichtiger Punkt bei der Anwendung von Lean-Management-Prinzipien, die Vorgänge transparent zu machen. Es ist für jeden Mitarbeiter verständlich, dass Unternehmensabläufe wettbewerbsfähiger gestaltet werden müssen, aber nicht auf Kosten seines eigenen Arbeitsplatzes, sondern um im Integral das Unternehmen wettbewerbsfähiger zu machen. Das bedeutet, die Verbesserungen in meinem persönlichen Arbeitsbereich dienen an anderer Stelle dazu, durch Innovation und Kreativität Wachstum und Mehrwert zu generieren, sodass auch mein Arbeitsplatz für die Zukunft gesichert ist. Ein viel besserer Ansatz ist es, eine Kultur zu schaffen, die es jedem Mitarbeiter ermöglicht – und es auch wertschätzt –, dass die Mitarbeiter in ihrem persönlichen Arbeitsumfeld die kontinuierliche Verbesserung betreiben können.

Die Schaffung von Unternehmenskultur und Werten, die die Notwendigkeit von Lean-Management-Methoden mit der Kraft der Kreativität und Innovation paart, stellt hohe Ansprüche an die Führungswelten und an die Mitarbeiter. Die Menschen, die wissen, wie man etwas in einem bestimmten Arbeitsumfeld besser machen kann, sind die Mitarbeiter vor Ort. Jetzt liegt es an den Führungskräften, ein Klima zu schaffen, das es ermöglicht, Dinge zu verändern, und an den Mitarbeitern, die Notwendigkeit zu sehen und sie als Chance zu begreifen. Die Rolle der Vorgesetzten als Wheeler und Dealer verschwindet und die des Mitarbeiters, der nur repetitiv seiner Tätigkeit in einem definierten Arbeitszeitraum nachgeht, auch. Die alten Grenzen der Rollenverteilung lösen sich auf. Nicht nur die Unternehmen und die Mitarbeiter werden mit den Veränderungen umgehen müssen, sondern auch die Betriebsräte, Gewerkschaften und die Politik. Menschen arbeiten nicht in einem Unternehmen, sondern an einem Unternehmen. Das Individuum in einem Humansystem – was wir Unternehmen nennen, welches sich durch Kunden, Mitarbeiter und Eigentümer auszeichnet – trägt durch eigen- und gemeinwohlverantwortliches Handeln dazu bei, dass sich ein Unternehmen weiterentwickeln kann.

17.5   Die Marke als Kern für nachhaltiges Unternehmertum, Innovation und Lean Management

Die Unternehmenskultur und die Unternehmenswerte bilden die Grundlage für jede Marke. Über kurz oder lang bildet sich die innerbetriebliche Kultur- und Wertelandschaft im Unternehmen auf die Außenwelt ab und wird durch die Produkte und Dienstleistungen oder die Mitarbeiter zum Kunden oder in die Gesellschaft getragen. Es gibt keine bidirektionalen Firewalls für Marken, es sei denn die unternehmensinterne Kulturlandschaft wird sehr behutsam nachhaltig gepflegt, ausgebaut und kultiviert. Wenn die Kultur sich auf den Weg macht, destruktiv zu werden, ist es eine Frage der Zeit, dass dies beim Kunden ankommt.

Die wesentlichen Werte der Marke sind in einem Unternehmen in aller Regel mit klaren Botschaften wie Vision und Mission versehen, nach denen sich die Menschen orientieren sollen. Ein zusätzlicher Verhaltenskodex und die Strategie geben den Menschen im Unternehmen Orientierungspunkte, an denen sich die Mitarbeiter ausrichten können. Die Kunst besteht darin, diese Themen in das tägliche Handeln und in die Führungswelten einfließen zu lassen. Vieles wurde versucht und beschrieben, doch es bleibt nur ein Rezept übrig, was in der Praxis funktioniert. Es gibt nur ein nachhaltiges Prinzip der Führungskunst – das Vorleben und in diesem Fall kann es nur von der obersten Führungsebene in die Organisation getragen werden. Sind die wesentlichen Werteelemente in irgendeiner Weise in der Führungsebene durch falsches Handeln oder Vorleben beschädigt worden, dauert es sehr lange, dies wieder zu korrigieren, und die Integrität und der Führungsanspruch werden in Zweifel gezogen.

Abbildung 17.1: Markenkern und seine Wirkung

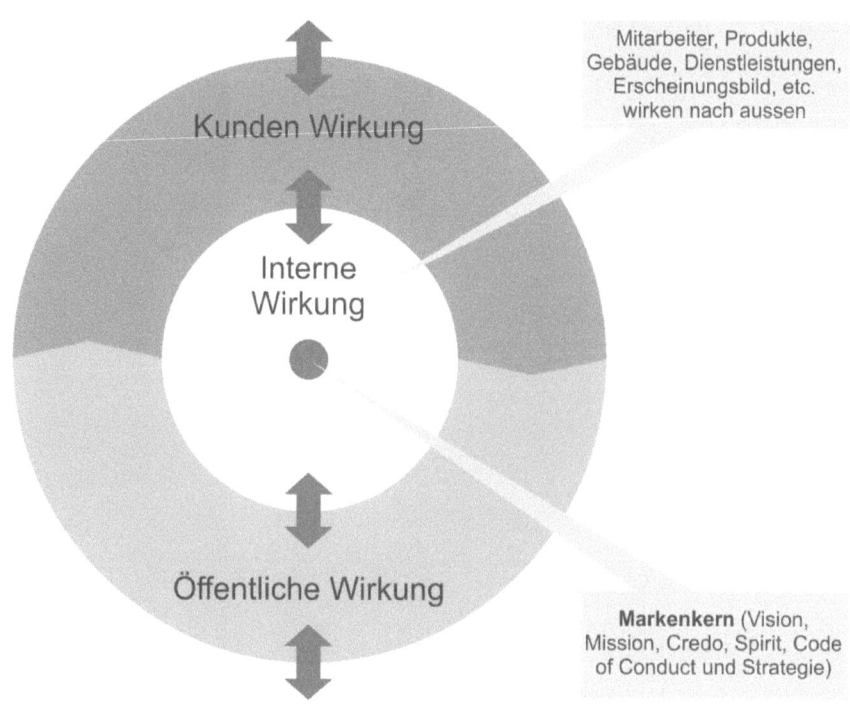

Wenn sich die Führungskräfte gegenüber ihren Mitarbeitern, wie oben im Beispiel beschrieben, zum Thema Einsatz nicht zuverlässig oder kundenorientiert verhalten, wird sich die ganze Organisation nicht daran orientieren. Somit wird die Kultur über die Zeit auf die Marke übertragen, der Kunde wird dies spüren und entsprechend darauf reagieren.

Wenn es um die Innovationskraft eines Unternehmens geht, muss der Markenkern immer im Vordergrund stehen. Die Menschen, Produkte und Dienstleistungen sind die Primärbotschafter einer Marke, die in aller Regel durch den Vertriebs- und Vermarktungsprozess transportiert und durch den Innovations-, Realisierungs- oder Dienstleistungsprozess in einem Unternehmen generiert werden. Verhalten sich die Menschen nicht nach dem Anspruch der Marke, wirkt sie unglaubwürdig. Finden sich die Wesenzüge der Marke nicht in den Produkten und Dienstleistungen wieder, lässt sich das angestrebte Erscheinungsbild nicht transportieren und aufrechterhalten. Gelingt es den verschiedenen Prozessen in einem Unternehmen nicht, sich nach dem Markenkern auszurichten, ist damit immer eine Schwächung einer Marke verbunden. Im globalen Wettbewerb ist die Schwächung der Marke vor allem unter dem Aspekt der neuen sozialen Medien und der Informationsgeschwindigkeit mit einem Geschäftsverlust und einer wenig kontrollierbaren Kommunikationspolitik verbunden. Je globaler ein Unternehmen auftritt, desto stärker muss die Marke in allen Bereichen gepflegt werden.

Abbildung 17.2: Markenkern, Bsp. Fa. Endress+Hauser [3]

Menschen	Produkte	Organisation	Auftritt
Einsatz	**Erstklassigkeit**	**Nachhaltigkeit**	**Sympathie**
■ persönlich	■ herausragend	■ verantwortungsvoll	■ unverwechselbar
■ kundenorientiert	■ lösungsorientiert	■ unabhängig	■ glaubwürdig
■ kompetent	■ innovativ	■ wertebewusst	■ partnerschaftlich
■ zuverlässig	■ nützlich	■ umweltfreundlich	■ unaufdringlich

17.6   Zusammenfassung

Um im Innovationsprozess nachhaltig erfolgreich zu sein, gilt es, die damit verbundenen Aktivitäten und Projekte neben der betriebswirtschaftlichen Sinnhaftigkeit auch auf die Konformität der Markenphilosophie zu überprüfen.

Die Lean-Management-Methoden helfen, die verschiedenen inneren und äußeren Tätigkeiten und Prozesse, die an der Wertschöpfungskette beteiligt sind, auf die wesentlichen Elemente zu reduzieren, für die der Kunde bereit ist zu bezahlen. Dennoch ist dafür Sorge zu tragen, dass durch diesen Ansatz nicht die Ausrichtung der Marke verloren geht und dass die freiwerdenden Kräfte in Kreativität und Innovation für Wachstum umgewandelt werden. Gelingt dies nicht, wird die Strahlkraft der Marke nach innen auf die Mitarbeiter geschwächt und verliert damit über die Zeit an Glaubwürdigkeit. Sind die Mitarbeiter von der Glaubwürdigkeit nicht überzeugt, tragen sie durch ihr Verhalten das Unternehmen in die schwer kontrollierbare Außenwelt und man befindet sich auf einem destruktiven Pfad.

Die Unternehmensmarke muss in sich die Atmosphäre beheimaten, die es einem Unternehmen ermöglicht, aus Sicht des Kunden und der Mitarbeiter kreativ und innovativ aufzutreten. Am Point of Sale entscheidet der Kunde, ob etwas innovativ oder kreativ ist, nicht der Wunsch der Marke. Die innerbetriebliche Kultur-, Werte-, und Verhaltenswelt muss auf die Marke abgestimmt sein. Stimmen diese Welten nicht, lässt sich die gewünschte Markenwelt nicht darstellen und transportieren.

Jegliche Elemente des Innovationsprozesses, der Marke oder des Lean Mangements beruhen auf Vertrauen und basieren auf Kultur und Werten. Diese Themen sind nicht über Nacht in einem erfolgreichen Konzert zu vereinen, sondern es sind jahrelange beharrliche Arbeit und der stetige Schweiß der Edlen vonnöten, denn sie sind die Art und Weise, wie Menschen in einem gewissen Raum – dem Unternehmen – miteinander agieren. In Zeiten des erhöhten Wettbewerbs, des übertriebenen Shareholder Values und der neuen Eindringlinge in den Märkten ist die Gefahr groß, dass sich ein Unternehmen dazu verleiten lässt, kurzfristig eine Medikation zu verabreichen, um Erfolg herzustellen oder um die Außenwelt für den Moment zu beruhigen. Die schweren Nebenwirkungen zeigen sich aber erst sehr viel später und treten dann in einer Mächtigkeit in Erscheinung, für die es wenig Gegenmittel gibt.

Um in einem Unternehmen nachhaltig die Innovationsfähigkeit zu erhalten, braucht es einen guten und starken Markenansatz. Das Streben nach dem Optimum hört niemals auf, das Gleiche gilt für das Lean Management. Man muss sich allerdings der Zeiträume und der Empfindlichkeit einer Etablierung und Veränderung einer Marke bewusst sein, da sie auf der Interaktion von Menschen beruht. Es dauert lange, bis dieser Unternehmenswert für die Innen- und Außenwelt aufgebaut ist, kann aber in wenigen Minuten, mit einer Handlung, mit einer Entscheidung massiv beschädigt werden. Nur ein Unternehmen mit einer starken Brand, welche nach innen und außen strahlt, kann global erfolgreich sein und im Spannungsfeld von Lean Management, Effizienzsteigerung und Kostendruck innovativ und kreativ bleiben, weil die Marke hilft, diese Widersprüche aufzulösen, und genügend Bindungskräfte besitzt.

Literatur

[1] A.T. KEARNEY (2010): Wesentliche Erkenntnisse aus dem 6. Best Innovator Wettbewerb.
[2] Vortrag, Mediokratie versus kreative Leadership, Dr. med. Gottlieb Guntern, Endress+Hauser, 14.1.2010.
[3] Endress+Hauser Strategie 2015+.

Der Herausgeber

Guido Happe ist seit Juli 2009 Vorstandsvorsitzender der Steinbach Consulting AG – Steinbach & Partner Executive Consultants.

Davor war er von 2000 bis 2009 bei der Kienbaum Executive Consultants GmbH angestellt und in seiner Funktion als Partner und Manager des Competence Centers Advanced Technologies mit nationalen und internationalen Executive Search Projekten betraut. Als einer der Partner bei Kienbaum war er außerdem verantwortlich für die Themen Venture Capital und Start-Up-Management.

Vor der Tätigkeit bei Kienbaum war er Berater und Projektleiter in einer auf Technologie und IT spezialisierten Personal- und Unternehmensberatung sowie im Veränderungsmanagement eines internationalen Technologiekonzerns.

Guido Happe ist Gründer der Beirats-Initiative „Beiratforum" (www.beiratforum.de) und in zwei IT- bzw. Technologieunternehmen als Beiratsmitglied aktiv.

Er studierte die integrierten Sozialwissenschaften Soziologie, Psychologie und Wirtschaftswissenschaften an der Gerhard Mercator Universität Duisburg und der Rijksuniversiteit Groningen/Niederlande.

Guido Happe ist Herausgeber des Buches „Demografischer Wandel in der unternehmerischen Praxis" (Gabler, 2. Auflage 2010) sowie – zusammen mit Mario Pufahl – Herausgeber des Buches „Innovatives Vertriebsmanagement" (Gabler 2004).

Die Autorinnen und Autoren

Matthias Altendorf, geboren 1967, ist seit Oktober 2009 Mitglied des Executive Board (Technologie) der Endress+Hauser AG und seit Oktober 2005 Geschäftsführer der Endress+Hauser GmbH+Co. KG, Maulburg, Deutschland. Seit 2000 war er Mitglied der Geschäftsleitung der Endress+Hauser Flowtec AG, Reinach, Schweiz, verantwortlich für Marketing, seit 2003 auch für Forschung & Entwicklung. Davor war er im Vertrieb desselben Unternehmens tätig. Nach einer Ausbildung zum Werkzeugbauer und Feinmechaniker studierte er an der naturwissenschaftlich-technischen Fachhochschule Isny, Deutschland, Schwerpunkte: Physikalische Chemie, Elektrotechnik,  Atom- und Kernphysik. Außerdem absolvierte er an der Universität Basel ein General Management Programm sowie ein Europreneur – Executive Management Programm.

Helmar Aßfalg, Dipl.-Ing., geboren 1960, trat am 1. Juli 2007 bei Allgaier als Geschäftsführer ein und ist seit 22. Januar 2008 Vorsitzender der Geschäftsführung. Davor arbeitete er 16 Jahre bei Müller Weingarten und stieg dort bis zum Technik-Vorstand auf. Er studierte Wirtschaftsingenieur an der TU München und der FH München.

Ulrich Bormann, Jahrgang 1960, studierte nach einer Ausbildung und Dienstzeit bei der Polizei Nordrhein-Westfalen Rechtswissenschaften an der Universität zu Köln. Nach dem 2. Staatsexamen (1993) arbeitete er bis 1997 bei Rechtsanwalt Deringer pp. (heute: Freshfields pp.) in Köln, Leipzig und San Francisco, 1998 war er Abteilungsleiter Arbeits- und Sozialrecht bei der Hüls AG, Marl, 1999-2005 nahm er weitere Personalfunktionen bei der Degussa-Hüls AG, Frankfurt, und der Degussa AG, Düsseldorf, wahr; 2006 wurde er Konzernbereichsleiter Corporate Human Resources, Degussa AG, Düsseldorf, und dann Zentralbereichsleiter Personal Konzern, RAG AG, Essen. Derzeit ist er Zentralbereichsleiter Corporate Human Resources (C-HR), Evonik Industries AG, Essen.

Petra Dose ist Principal Consultant bei Steinbach & Partner und Mitglied der Competence Center Advanced Technologies sowie Multi Channel Retail. Seit 1997 agiert Frau Dose als Personalberaterin und fokussiert sich auf Executive Search und Management Audit. Bevor sie 2009 bei Steinbach & Partner einstieg, war sie zuletzt als Senior Beraterin bei der internationalen Beratung Kienbaum Executive Search sowie der Gemini Executive Search tätig.

Ferner berät Petra Dose seit 2006 Gründer und Venture Capital Unternehmen in der Suche und Auswahl von Vorständen und Führungskräften sowie in zahlreichen HR Themen. Die umfassenden Kenntnisse einer Unternehmensgründung bringt sie unter anderem aus ihrer Zeit als Mitgründerin von art & office, einer internationalen Agentur und Kunstgalerie in Hamburg sowie vorangegangenen Führungsaufgaben in Industrieunternehmen mit.

Theresa Fleidl ist Leiterin Konzernausbildung und Human Resources Marketing bei der Flughafen München GmbH. Ihr derzeitiges Aufgabengebiet umfasst neben der Berufsausbildung für den Konzern Flughafen München auch das Human Resources Marketing, das insbesondere nationale und internationale Personal- und Bildungsprojekte mit einschließt. Ein aktueller Fokus liegt in den Themenbereichen: Ausbildungsmarketing und Employer Branding.

Theresa Fleidl ist Vorsitzende im europäischen Gremium „Airport HR-Net" der europäischen Flughäfen sowie beim regionalen Arbeitskreis Schule-Wirtschaft. Sie ist stellvertretende Vorsitzende der Arbeitsgemeinschaft der Kaufmännischen Ausbildungsleiter beim Kuratorium der deutschen Wirtschaft für Berufsbildung und Mitglied des Hochschulrates der Hochschule Landshut.

Sie hat eine Vielzahl von Artikeln in Fachzeitschriften und Zeitungen veröffentlicht. Als gefragte Referentin auf nationalen und internationalen Konferenzen hält sie zahlreiche Vorträge zu ihren Fachgebieten.

Dr. Alex von Frankenberg ist Geschäftsführer des High-Tech-Gründerfonds und seit 2000 im Venture Capital/Start-up-Umfeld tätig. Zuletzt war er beim Siemens Technology Accelerator als Venture Manager verantwortlich für Spin-offs aus der Corporate Technology von Siemens. 2001 war er Vertriebsleiter in einem IT-Start-up. Davor war er als Projektleiter bei Siemens Management Consulting unter anderem für den Aufbau eines konzern-internen Inkubators verantwortlich. Er begann seine Karriere bei Andersen Consulting mit der Entwicklung von komplexen IT-Systemen. Er hat an der Universität Mannheim und der University of Texas at Austin studiert (MBA) und in Mannheim über die Bildung von Technologiestandards promoviert.

Jörg Jeliniewski, geboren 1962, studierte Maschinenbau an der Ruhr-Universiät, Bochum; Abschluss an der Brown University, Providence, Rhode Island, USA, sowie Betriebswirtschaft an der Fernuniversität Hagen.

Seit 1989 ist er bei der GEA Group tätig. Seit 2001 ist er Geschäftsführer bei verschiedenen GEA-Gesellschaften. 2006 wechselte er als Technical Director in die Energy Technology Division (später unter dem Namen Thermal Engineering), ab 2007 war er COO der Division und ab 2009 Bereichsvorstand der Division. Seit 2010 ist Jörg Jeliniewski Segment President des Segments GEA Heat Exchangers.

Rudolf Kast ist Rechtsanwalt und Anwaltmediator und seit 1995 Leiter Personal- und Sozialwesen bei der Sick AG in Waldkirch. Seit 1997 ist er Mitglied der Geschäftsleitung des Unternehmens. Rudolf Kast war zunächst bei der Bundesvereinigung der deutschen Arbeitgeberverbände und später bei der Braas GmbH als Personalreferent tätig. Vor seinem Eintritt bei SICK leitete er fünf Jahre bei Siemens-Nixdorf die Personalabteilung Region Mitte.

Die Personalarbeit der Sick AG wurde in den letzten Jahren mehrfach im Rahmen des Wettbewerbs „Deutschlands Beste Arbeitgeber" ausgezeichnet. Der strategische Beitrag der Personalfunktion im Unternehmen ist Thema zahlreicher Veröffentlichungen und Vorträge des Autors. Rudolf Kast ist Mitglied des Vorstands des Deutschen Demographie-Netzwerks (ddn), Mitglied im Fachbeirat der Zeitschrift „Personalwirtschaft" und nach einer Befragung des „Personalmagazins" seit 2003 einer der 40 „Führenden Köpfe" im deutschen Personalwesen.

Dr. Dietmar Klein verantwortet seit Anfang 2009 als Head of HR – Plants & Regions das operative Personalgeschehen in der MAN Nutzfahrzeuge Gruppe. In den Jahren 2007 und 2008 führte er als Werkleiter und Head of Production & Logistics das Werk Salzgitter, in dem rund 2.800 Mitarbeiter mit der Montage von Schweren Lkw, Buschassis und der Produktion von Komponenten beschäftigt sind. Zuvor war Dr. Klein seit 1993 in verschiedenen produktionsnahen Personalfunktionen der MAN Gruppe eingesetzt. Er ist Jurist mit „automotive passion" und wurde an den Orten Marburg/Lahn, Speyer, Windhoek (Namibia) und Braunschweig ausgebildet.

Hans-Peter Kleitsch Diplom-Kaufmann, ist Senior Vice President Human Resources bei der MTU Aero Engines GmbH und als Konzernpersonalleiter für alle MTU-Standorte zuständig.

Nach dem Studium der Ökonomie und Betriebswirtschaft begann er seine berufliche Laufbahn im Personalwesen der Daimler-Benz AG. Ab 1993 war er in verschiedenen leitenden Positionen der Daimler-Benz AG/DaimlerChrysler sowie bei der TEMIC GmbH Nürnberg tätig. Seit 1999 ist Kleitsch nun bei Deutschlands führendem Triebwerkshersteller, der weltweit rund 7.500 Mitarbeiter beschäftigt.

Michael Kramer studierte Betriebswirtschaftslehre an der Universität Mannheim. Bis zum Wechsel in die Unternehmensberatung war er als Vertriebsleiter u. a. bei Raab Karcher für Menschen, Umsatz und Ergebnis verantwortlich. Nach Stationen bei zwei namhaften Unternehmensberatungen erfolgte zum 1. Januar 2010 der Wechsel zu Steinbach & Partner. Hier verantwortet Michael Kramer den Bereich Management Consulting. Zu seinen Beratungsschwerpunkten zählen Personal-Portfolio-Management, Organisations- und Personalentwicklung sowie Performance Management.

Regina Mehler ist seit mehr als zehn Jahren erfolgreich als Marketing-Chefin in verschiedenen Software-Unternehmen tätig und ist heute Marketing-Chefin bei Adobe Systems. Für sie wird es dann spannend, wenn andere „geht nicht" sagen. Für ihre Arbeit als Innovations-Marketier wurde Regina Mehler bereits mehrfach ausgezeichnet. Unter anderem erhielt sie Auszeichnungen für ihre Leistungen im Zusammenhang mit dem Rebranding der Software AG. Regina Mehler hält regelmäßig Vorträge zum Thema Marketing-Innovation.

Dr. Martin Meyer, geboren 1966, ist seit 1999 Leiter des Personal-marketings bei der Dr. Ing. h.c. F. Porsche AG und damit für das Bewerbungsmanagement, das Hochschulmarketing, die Personal-werbung sowie die personalpolitische Kommunikation verantwortlich.

Nach seinem Studium der technisch orientierten Betriebswirt-schaftslehre mit den Schwerpunkten Personalmanagement, Marke-ting und Fahrzeugtechnik an der TU Stuttgart arbeitete er als wis-senschaftlicher Mitarbeiter am Betriebswirtschaftlichen Institut der Universität Stuttgart. Nach Abschluss der Promotion begann er 1998 als Referent Grundsatzfragen im Personalbereich bei Porsche.

Prof. Dr. Gunther Olesch ist Geschäftsführer bei der Phoenix Con-tact GmbH & Co. KG mit dem Verantwortungsbereich Personal, Informatik und Recht. Das internationale Unternehmen ist mit 9.900 Mitarbeitern und fast eine Milliarde Umsatz weltweiter Marktführer der elektrotechnischen und elektronischen Verbindungstechnik. Phoenix Contact erhielt zahlreiche Preise für exzellente Personalar-beit und Führungskultur, darunter „Great Place to Work 2010" und „Top Arbeitgeber für Ingenieure 2009". Olesch ist Autor zahlreicher Veröffentlichungen zu den Themen Human Resources Manage-ment, Unternehmensführung und Informatik. Er ist Honorarprofes-sor an der Hochschule Ostwestfalen und hat diverse Ehrenämter

inne. Laut der Zeitschrift Personalmagazin zählt er (September 2009) zu den zehn führenden Personalmanagern Deutschland. Von 1979 bis 1985 war er Mitarbeiter in einer Unterneh-mensberatung. Von 1985 bis 1989 war er für Aufbau und Leitung der Personalentwicklung im Thyssen Konzern verantwortlich.

Astrid von Rudloff ist Chief Executive Officer der internationalen Kommunikationsagentur Weber Shandwick in Deutschland und ausgewiesene Expertin in den Bereichen Strategieberatung, Brand/Consumer PR sowie Markt- und Meinungsforschung. Sie berät nationale und internationale Unternehmen, Verbände und NGOs. Das internationale „Cannes Lions Werbefestival" berief sie 2009 als Deutschland-Vertreterin in die erste PR-Jury. Nach ihrem Studium der Volkswirtschaftslehre arbeitete sie zunächst als Ge-

schäftsführerin des Kölner Jugendrings, später beim Markt- und Meinungsforschungsinsti-tut Konzepte.

Holger Rust, geboren 1953, ist seit 1997 Leiter des Zentralen Personalmanagements der Dr. Ing. h.c. F. Porsche AG.

In dieser Funktion ist er u. a. für die Entwicklung der Personalstrategie und die HR-Standards im Konzern, für personalpolitische Grundsatzfragen, Arbeitsrecht und Labour Relations sowie die Personal- und Führungskräfteentwicklung, die Berufsausbildung und das Personalmarketing verantwortlich.

Vor Aufnahme seiner Tätigkeit bei Porsche hatte er verschiedene Führungsfunktionen in internationalen Unternehmen wie der BICC Plc. (London, Chester) sowie der Schering AG (Berlin) inne.

Jens Trompeter begann nach dem Abitur im Oktober 1993 das Studium der Wirtschafts- und Sozialwissenschaften an der Universität Dortmund, welches er Ende 1999 erfolgreich als Diplom-Kaufmann abschloss. Seine berufliche Karriere startete er bei der Brockhaus AG als Berater für Anforderungsanalyse und Softwareentwicklung mit Schwerpunkt B-to-B-Portale bei großen Unternehmen. Im Anschluss war Jens Trompeter in leitender Position bei Unilog Avinci im Bereich Content-Management und Portale tätig, ehe er im Mai 2006 als Bereichsleiter für Personal- und Organisationsentwicklung zu itemis stieß. Seit Oktober 2009 ist er als Vorstand verantwortlich für die strategische Ausrichtung der Beratungssparte von itemis. Zudem verantwortet er die Bereiche Partner- und Beziehungsmanagement.

Franziska Weber ist Kommunikationsberaterin und Corporate Editor bei der internationalen PR-Agentur Weber Shandwick in Berlin. Studium der Betriebswirtschaft sowie PR/Öffentlichkeitsarbeit, dann Einstieg bei Lufthansa Consulting mit Stationen in London, Athen, Budapest und Abu Dhabi. Bevor sie auf die Agenturseite wechselte, war sie zuletzt für die Unternehmenskommunikation von GlobalGround Berlin verantwortlich.

Mitarbeiter erfolgreich führen

↗

Fallen und Fehler vermeiden, Leistung fördern

Das Geschäft wird immer schneller, die Hektik und der Druck im Arbeitsleben immer größer. Wichtigtuerei und Besserwisserei sind an der Tagesordnung. Auf den äußersten Krafteinsatz folgt oft Erschöpfung. Muss das so sein? Bernd Hofmann schlägt einen anderen Weg vor, der auf seinen umfassenden Erfahrungen basiert: entspanntes Führen aus der Hängematte.

Bernd Hofmann
Führen aus der Hängematte
Mit Leichtigkeit und Eleganz
zu Leistung und Erfolg
2011. ca. 256 S.
Br. ca. EUR 34,95
ISBN 978-3-8349-2486-5

Bewährte Techniken und Instrumente für die Führungspraxis

Rainer Niermeyer und Nadia Postall zeigen, welche Führungsinstrumente und -techniken wirklich relevant sind und wie sie erfolgreich in der Praxis eingesetzt werden. Ob Führungsnachwuchskraft oder gestandener Manager – in diesem Buch erfahren Sie, wie Sie Mitarbeiter zielgerichtet unterstützen, lenken, fordern und fördern. Die erfahrenen Managementtrainer beschreiben die in der Praxis am besten bewährten Techniken und Instrumente für professionelle Meetings, Mitarbeitergespräche, Zielvereinbarungen sowie Mitarbeiterbeurteilungen. Alle Unterstützungsinstrumente für Ihre Praxis finden Sie zum Download unter www.gabler.de beim Buchtitel.

Rainer Niermeyer / Nadia Postall
Effektive Mitarbeiterführung
Praxiserprobte Tipps für Führungs-
kräfte
2010. 256 S.
Br. EUR 29,95
ISBN 978-3-8349-2112-3

Teamleistung konsequent steigern

Zwei erfahrene Management-Coaches zeigen in diesem konkreten Praxisführer wie Führungskräfte durch die richtigen Analysemethoden, fundierte Vorgehensweisen und Lösungsvorschläge die eigene Kompetenz verbessern und ein leistungsstarkes Team formen.

Bernhard Haas / Bettina von Troschke
Systemisches Teamcoaching
Exzellenz vom Zufall befreien
2010. ca. 192 S.
Br. ca. EUR 39,95
ISBN 978-3-8349-1644-0

Änderungen vorbehalten. Stand: August 2010.
Erhältlich im Buchhandel oder beim Verlag

Gabler Verlag . Abraham-Lincoln-Str. 46 . 65189 Wiesbaden . www.gabler.de

GABLER